KB067620

기업 경영의 6가지 새로운 규칙

린 스타우트(1957~2018), 기업 거버넌스와 신인의무에 대한
그녀의 학문과 가르침은 기업 목적에 대한 우리의 사고를 열어주었다.
그녀와 그 뒤를 이을 많은 학자와 지지자들에게 이 책을 바친다.

THE SIX NEW RULES OF BUSINESS
Copyright © 2021 by Judy Samuelson
All rights reserved

Korean translation copyright ©2021 by Bona Liber Publishing Cooperative Ltd.
Korean translation rights arranged with Berrett-Koehler Publishers
through EYA(Eric Yang Agency)

이 책의 한국어판 저작권은 EYA(Eric Yang Agency)를 통해 Berrett-Koehler Publishers와 독점 계약한
협동조합 착한책가게가 소유합니다. 저작권법에 의하여 한국 내에서 보호를 받는 저작물이므로
무단 전재 및 복제를 금합니다.

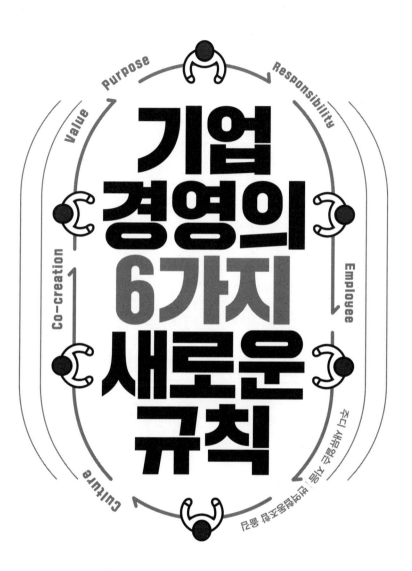

기업 경영의 6가지 새로운 규칙

Purpose
Responsibility
Employee
Culture
Co-creation
Value

주디 새뮤얼슨 지음 | 번역협동조합 옮김

착한책가게

추천사

한국 육상의 영웅 서말구 선수를 기억하는가? 그는 대학교 1학년이던 1975년 국가대표에 선발되었으며, 1979년 25세의 나이로 참가한 멕시코 유니버시아드 대회에서 100미터를 10초 34의 기록으로 달려 대한민국 신기록을 세웠다. 그는 2010년까지 31년 동안 한국 최고 기록을 보유했다. 그의 주력에 주목한 프로야구단 롯데 자이언츠는 1984년 서선수를 스카웃했다. 한국에서 가장 빠른 사람이니 야구에서 중요한 도루를 밥 먹듯이 할 수 있을 것이라 기대했기 때문이었다. 하지만 결국 그는 3년 동안 한 게임도 뛰지 못하고 야구계를 떠났다.

이는 육상과 야구 두 종목에서 '게임의 규칙Rule of Game'이 달랐기 때문이었다. 총성과 함께 질주를 시작해서 넘어지지 않고 결승선을 넘어야 하는 육상, 그리고 경기의 흐름과 투수의 투구습관을 잘 읽은 후 스타트를 끊고 다음 베이스 앞에서 상대방의 태그를 피해 효과적으로 넘어지면서 슬라이딩을 해야 하는 야구의 규칙은 근본적으로 달랐다. 아무리 빠른 육상선수라도 새로운 게임의 규칙 앞에서는 무기력할 뿐이었다.

2021년 현재 글로벌 비즈니스라는 영역에서 게임의 규칙이 급격히 바뀌고 있다. 그리고 그 변화의 크기는 100m 단거리 경주와 200m 장애물 경주의 차이 정도가 아니라, 육상과 야구의 차이 수준이 될 수도 있다. 물론 육상은 모든 운동의 기본이고 스피드와 순발력은 어느 종목에서든 중요하다. 그럼에도 불구하고 서말구 선수의 경쟁력이 야구에서는 통하지 않았던 것처럼, 과거의 비즈니스 영역에서 우수한 경쟁력을 가진 기업들이 새로운 게임의 규칙 하에서는 무기력하게 무너지거나 큰 타격을 받을 가능성이 있다.

지난 100년 이상 경영학의 지배적인 패러다임은 기업의 목적이 이익 극대화 또는 주주 가치 극대화라는 관점이었다. 이를 바탕으로 전략, 회계, 재무, 인사조직, 마케팅 등 다양한 경영학의 분과학문이 발전하면서 기업 경영 실무에 큰 영향을 미쳐왔다. 이는 오늘날 우리가 누리고 있는 경제적 번영과 편리함에 많은 기여를 해온 것이 사실이다. 이와 함께 기업이 세계 경제에서 가지는 중요성 및 영향력 역시 급격히 커져왔다.

하지만 2007~2008년 글로벌 금융위기가 발발하면서 기존의 자본주의 시스템이 지속가능한 것인지, 지난 100년 이상 지켜온 주주 가치 극대화의 원칙이 기업의 성장 및 생존, 그리고 사회와의 공존공영에 유익한 것인지에 대한 근본적 질문이 제기되었다. 또한 향후 10년 그리고 100년을 생각해볼 때 우리의 자본주의 시스템 그리고 기업 경영의 원칙을 어떤 방향으로 발전시켜야 할 것인지에 대한 토론이 활발해지고 있다.

이런 상황에서 2019년 시장 중심 자본주의의 본산인 미국에서 아마존, 애플, 뱅크오브아메리카, 보잉, GM, JP모건 체이스 등 글로벌 유수 기업들의 CEO들이 모여 더 이상 주주 이익이 기업의 최우선 목표가 되어서는 안 된다고 선언한 것은 특별한 의미를 가진다. 이들은 기업이 다양한 이해관계자를 고려하고 이들을 위한 가치를 창출해야 한다고 주장한다. 이에 더하여 전 세계적으로 특히 금융부문에서 ESG 리스크에 대한 경각심이 높아지고 있는 점도 주목할 만하다. 운용자산 9,600조 원 규모(2020년 말 현재)의 세계 최대 자산운용회사인 블랙록의 래리 핑크 회장은 2021년 국제금융협회 기후금융 서밋에서 지속가능하지 않은 기업에 대한 투자 축소를 공언했다. 그는 지난 몇 년간 ESG 경영의 중요성을 강조해왔으며, 비즈니스 영역의 다양한 분야 중에서도 주주의 재무적 이익에 가장 민감한 투자자들의 인식까지 빠르게 변화하고 있다는 점은 오늘날 경영자들에게 중요한 의미를 가진다.

이번에 발간된《기업경영의 6가지 새로운 규칙》은 비즈니스의 규칙이 어떻게 바뀌어가고 있는지에 대해서 풍부한 실제 사례와 함께 시의적절하고 중요한 통찰을 설득력 있게 제공하고 있다. 저자 주디 새뮤얼슨은 6가지의 규칙을 제시한다. 첫째, 기업 가치 창출에 있어서 평판, 신뢰 등 무형자산의 중요성이다. 둘째, 이윤 또는 주주 가치 극대화를 넘어서는 기업 목적 정립의 중요성이다. 셋째, 기업의 책임을 정의함에 있어서 다양한 이해관계자들이 가지는 중요성이다. 넷째, 내부 직원의 중요성에 대한 새로운 인식이다. 다섯째, 다양성과 포용성을 바탕으로 하는 기업 문화 정립의 중요성이다. 여섯째, 생태계 내 파트너들과의 협력 및 공동 창조를 통한 경쟁우위 창출의 중요성이다.

경영학자이자 사회혁신, 임팩트 비즈니스 영역에서 상당기간 활동해온 전문가로서 본인은 저자의 생각에 100% 동의하는 것은 아니다. 저자의 총론에는 전반적으로 동의하나, 이를 성취하기 위한 각론 내지 디테일에는 본인이 동의하기 어려운 부분들이 있었다. 예컨대 셋째 규칙의 경우 기업의 책임이 정부, NGO, 대중 등 외부 이해관계자들의 주도 하에 정해진다는 저자의 주장에는 동의하기 어렵다. 오히려 이해관계자 중에서도 기업의 목적, 미션, 비전, 비즈니스 모델, 가치사슬과 좀 더 밀접하게 관련된 핵심 이해관계자들과 기업이 함께 기업의 책임 범위 및 이를 달성하기 위한 구체적인 액션플랜을 주도적으로 설정해야 하며, 이때 특히 내부 직원들과 고객들의 의견이 많이 반영되어야 한다고 생각한다. 내부 직원들과 고객들이야말로 기업에게 매우 중요하고 직접적인 이해관계자들이며, 기업의 자율성 및 자발성은 기업이라는 도구가 세상을 위한 가치를 창출함에 있어서 매우 중요한 원칙이기 때문이다.

정부, NGO, 대중 등 외부 이해관계자들이 법규 및 제도를 통해 기업 책임의 경계를 설정하고 일정 수준의 방향성을 제시할 수는 있을 것이다. 하지만 결국 하나의 법인격으로서의 기업은 주주, 직원, 고객 등 핵심 이해관계자들 간의 숙의 과정을 통해 스스로 재무적 가치와 사회적 가치의 지속가능한 균형을 찾아나갈 필요가 있다고 생각한다.

의견을 달리하는 부분이 있음에도 비즈니스 영역에서 만들어지고 있는 새로운 게임의 규칙 하에서 기업은 무엇을, 왜, 언제, 어떻게 해야 할 것인지를 고민하는 경영자와 실무자들에게 이 책이 제공하는 가치는 매우 크다고 생각한다. 저자가 제시한 여러 가지 질문들과 그 해법들이 완벽하지 않을 수는 있다. 하지만 비판적인 시각을 가지고 이 책에 담긴 내용을 충분히 소화하고, 이를 바탕으로 함께 고민하고 노력한다면 우리는 좀 더 나은 솔루션을 찾을 수 있을 것이며, 그러한 여정에서 이 책은 우리에게 유용한 길잡이가 되어줄 것이다. 이 과정에서 얻게 될 경험과 지혜를 서로 공유하고 활용한다면 우리는 지속 가능한, 그리고 우리 모두를 위한 21세기형 비즈니스의 새로운 규칙들을 함께 써나갈 수 있을 것이다. 그것은 이 시대를 살아가는 우리 모두의 특권이자 책임이다.

신현상
한양대학교 경영대학 교수

차례

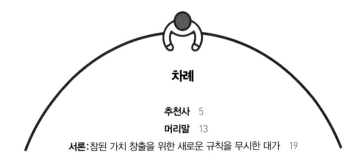

미래는 이미 여기에 있다.
다만 공평하게 분배되지 않을 뿐이다.
- 윌리엄 깁슨

머리말

기업이 의미 있는 역할을 수행하지 않는다면
오늘날 지구가 직면한 지속가능성, 보건의료, 빈곤,
금융제도 개선 등의 중요한 문제들은 해결될 수 없다.
- 니틴 노리아(하버드 경영대학원 학장)

내가 기업에 대해, 그리고 민간부문의 역할과 영향력에 대해 구체적으로 생각하기 시작한 것은 포드재단에 재직할 무렵이었다.

1995년 재단 이사들과의 회의에서 나는 한 가지 질문을 받았다. 당시에 나로서는 답하기 힘든 질문이었다. "왜 포드재단의 그 누구도 기업에 대해 이야기하지 않습니까?" 커민스 엔진사, 리바이스사, 로이터사, 타타사, 제록스사 등 포드재단의 일부 이사들이 이끌던 이들 회사의 역량과 자원은 포드재단이 왜소해 보일 정도로 막강하고 풍부했다. 우리 재단 활동에 기업들을 참여시킬 좋은 방법이 없을까?

답을 찾아 나서기로 결심한 순간이었다. 그 후로 줄곧 이 결심에서 뒤로 물러서지 않았다.

나는 동료들과 함께 경제개발이라는 재단의 사명과 맥을

같이하거나 그러한 이력이 있는 기업들을 연구하기 시작했다. 1995년 당시 우리가 주목한 기업의 리더들은 사적인 것에서 정치적인 것에 이르기까지 다양한 힘들의 영향을 받았다. 이들은 어떤 이유에서든 자신들의 사업 모델에 미치는 사회적 영향을 무시하지 않고 끌어안았다. 그리고 평범하지 않은 지점에서 사업 기회를 포착했다. 특별한 깨달음이나 강력한 비전, 또는 규제나 도덕적 규범을 계기로 기업과 사회를 연결해 생각하게 되었고 이에 따라 기업의 운영방식이나 자본 일부를 공공선 증진에 맞추었다.

청바지를 제조하는 리바이스사의 경우 창업 가문이 추구하는 가치에 따라 지역사회에 장기적으로 투자해왔다. 뱅크오브아메리카는 1977년에 통과된 지역사회재투자법Community Reinvestment Act에 따라 지역사회에 기여해왔다. 이 법은 은행이 예금을 조달하는 지역사회에 재투자할 것을 요구하는 것으로, 이 법을 계기로 지역사회 은행가들은 도심의 경제적 잠재력을 지원하기 위한 목적으로 시행되는 대출 이면에 어떤 역학과 전략이 있는지 이해하기 시작했다. 나이키사는 NGO가 주도한 공격적인 캠페인의 영향으로 자사 공급망 공장들의 노동착취 관행을 없애야 했다. 나아가 해당 산업과 경쟁업체의 기준을 높이는 데까지 나서게 되었다. 텍사스 인스트루먼츠사는 다양한 인종이 거주하는 텍사스주의 인구학적 특성을 반영하는 노동력에서 경쟁우위와 미래의 고객을 발견했다.

각각의 경우 모두 기업 문화를 참된 기업 가치의 창출과 밀접히 연결하는 데 최고경영자의 사고방식이나 개인적 열망이 중요한 역할을 했다. 그들은 도덕적 규범이나 필요에 의해, 아니면 이 둘 모두에 의해 이윤 극대화라는 단일목적함수를 극복하거나 다르게 해석하고 장기적 위험과 기회를 고려할 수 있었다.

이 리더들은 마치 다른 규칙으로 게임을 하는 듯 보였다.

오늘날 비즈니스는 현기증이 날 정도로 빠르게 변화하고 있다. 이런 상황에서 낡은 규칙을 고수한다면 회사의 평판에 커다란 금이 갈 위험이 있다. 인터넷이 가져다준 투명성을 비롯해 자본 역할의 심대한 변화, 나아가 재화와 서비스의 복잡한 국제 거래에 이르기까지 다양하고 역동적인 힘에 의해 가치 창출을 위한 새로운 규칙은 뚜렷해지는 반면 낡은 규칙은 작동을 멈추고 있다.

기업은 우리 시대의 가장 영향력 있는 조직이다. 기후변화는 물론 불평등, 새로운 시대에 걸맞은 노동자들의 업무 역량 함양에 이르기까지 해결하기 어려운 문제들을 조금씩 풀어가기 위해 기업에게는 인재, 투자, 문제해결 역량, 그리고 세계적 차원의 접근이 필요하다. 기업에 대해 이러한 관점을 갖는다고 해서 정부 규제와 공공 투자의 필요성을 무시하는 것은 아니다. 실제로 기업은 공공정책에 강력한 영향을 미치고 있기도 하다. 그렇다면 기업은 어떤 목적을 위해 자신의 목소리를 내고 있을까?

2018년 세계 최대의 자산관리회사 블랙록의 창업자이자 최고경영자인 래리 핑크는 CEO들이 기업의 공익적 목적을 고려해야 한다고 촉구했다. 그는 학자들과 공익 활동가들이 수십 년간 진행해온 활동에 영향을 받았고 그로부터 세월이 흘러도 변치 않을 하나의 질문을 이끌어냈다. "기업에게 영업면허를 내주는 이유는 무엇인가?" 핑크의 일관된 메시지는 지난 10년간, 특히 경제학자 밀턴 프리드먼이 이윤 추구와 주주 수익이 기업의 조직 원리라고 공언한 이래 게임의 규칙이 얼마나 많이 변화했는지 보여준다.

프리드먼의 그림자는 길게 드리워져 있다. 2000년대 초 S&P 500*에 등록된 공개기업의 수익 가운데 90% 이상은 사업 확장에 투자되거나 기업 실패의 실제 위험을 견뎌낸 직원들에게 보상으로 돌아가지 않았다. 대신 주식환매와 배당금 형태로 주식 소유자들에게 재분배되었다. 시장에서 잠깐 동안 불만의 목소리가 터져 나오긴 했지만 그나마도 그때뿐이었다. 이렇게 지나치게 단순화된 재정 모델은 사회의 안정성과 생물권에 위협이 되지만 이와 관련된 중요한 기업 이슈들은 여전히 윤리학 강의실에서만 다뤄질 뿐이다. 기업들이 우리에게 보여주는 모습은 웰스파고사에서 퍼듀파마사, 폭스바겐사에서 보

---

*국제 신용평가기관인 스탠더드 앤드 푸어사가 발표하는 500종목 평균 주가지수-옮긴이

잉사에 이르기까지 단기적 사고로 점철된 탐욕의 이야기로 가득 차 있다.

하지만 오늘날 비즈니스 생태계 속으로 들어가 보면 우리는 태도의 근본적 변화와 새로운 유형의 기업 비전을 발견하게 된다. 변화를 추동하는 내부 직원과 노련한 NGO들은 새로운 규칙을 적용 중이다. 이러한 NGO들은 공급망을 확장해감에 따라 더 많은 문제에 노출될 수밖에 없는 세계적 브랜드를 표적으로 삼는다. 치열한 인재 영입을 비롯해 기후변화의 현실 속에서 신뢰할 수 있는 공급망 탐색에 이르기까지 새로운 규칙은 자기 이익, 심지어 자기 보호를 우선시하는 이사회실에서도 서서히 모습을 드러내고 있다.

이 책은 경영자뿐 아니라 기업 리더들에게 조언을 하거나 기업에 영향을 미치고자 하는 이들을 위한 것이기도 하다. 처음 여섯 개 장에서 우리는 여섯 가지 새로운 규칙의 동향과 변화의 속도를 높이도록 촉진하는 기능들을 탐구할 것이다. 집합적 목소리를 낼 수 있게 하는 기술과 소셜 미디어의 확산으로 변화의 도구가 마련되었고 이로 인해 위험과 기회, 그리고 기업의 변화를 촉구하는 목소리가 점점 더 크게 표출되고 있다. 기업 리더의 사고방식과 본능적 행위에 영향을 주는 규범이 바뀌었다는 사실에는 논란의 여지가 없다. 하지만 여전히 해야 할 일은 남아 있다. 7장과 8장에서는 기존 상태를 강화하고 변화에 가장 강력히 저항하는 시스템 요소들을 검토하면서 우리가 나아가야 할 방향을 모색할 것이다.

지금 필요한 일은 변화를 가로막는 의사결정 규칙을 근본적으로 재고하면서 낡은 규범을 깨뜨리는 것이다. 변화를 가로막는 의사결정은 금융학 강의에서 가치평가를 가르치는 방식부터 경영자가 주가에 초점을 맞출 수밖에 없도록 하는 인센티브 및 보상제도에 이르기까지 다양하다. 미래를 위한 설계는, 노동자와 자연을 비롯한 실제 기여자들에게 가치를 부여하는 동시에 영업면허를 내주는 사회에 이익을 돌려주는 기업 경영 모델이 바탕이 되어야 한다.

새로운 규칙은 우리에게 당연하면서도 필수적인 것들에 기여하는 기업에 대한 신뢰를 회복하는 출발점이다. 아울러 참된 가치를 창출하고 지속가능한 미래를 여는 열쇠이다.

서론

참된 가치 창출을 위한
새로운 규칙을 무시한 대가

모든 것은 이야기에 관한 문제다. 우리가 지금 곤경에 빠져 있는 것은
우리에게 좋은 이야기가 없기 때문이다. 우리는 두 이야기 사이에 있다.
세상이 어떻게 생겨났으며 어떻게 하면 이 세상에 적응할 수 있을지 설명하는
낡은 이야기는 제대로 기능하지 않는다. 그리고 우리는 아직
새로운 이야기를 익히지 못했다.
- 토머스 베리, "새로운 이야기"

1999년에 〈뉴욕타임스〉가 로열캐리비언 크루즈라인Royal Caribbean cruise line의 충격적인 행위를 보도한 바 있다. 노르웨이에서 창립되어 플로리다에 본사를 두고 있는 이 회사는 카리브해와 미 해안 수역에 유독성 폐기물과 폐연료를 투기한 행위로 여론의 지탄을 받았다. 회사의 이러한 투기 행위로 산호초와 해변, 그리고 바다 생물은 위험에 빠졌다.

배가 출항하기 전 폐기물 저장 시스템에 대한 점검이 이루

어진 것으로 보아 폐기물의 투기는 명백히 의도적인 것이었다. 폐연료를 투기하면 선박의 하중을 줄이고 연료비용을 절감할 수 있다. 또 항구에서 부과되는 폐기물 처리 수수료를 지불하지 않아도 된다. 하지만 이러한 행위는 생태계를 위험에 빠뜨리며 대중의 신뢰를 저버리는 일이다. 비난을 산 로열캐리비언사의 행위는 그와 동시에 회사의 장기적 이익과 평판을 위험에 빠뜨렸다.

배의 기술자들은 무슨 생각을 한 걸까? 왜 당장의 돈을 아끼기 위해 브랜드를 더럽히는 위험을 감수한 걸까?

고장 난 시스템 이야기: 로열캐리비언사에서 보잉사까지

제임스 로버트 리앙이 폭스바겐사 직원으로서는 처음으로 회사의 악성 프로그램에 잘못이 있었음을 인정한 2016년으로 빠르게 넘어가 보자. 리앙을 비롯한 폭스바겐사의 직원들은 배출 제한을 위한 혁신이 필요했다. 그런데 이 혁신은 더 우수한 디젤 엔진을 만드는 것이 아니라 검사할 때 실제 배출도를 속이는 소프트웨어를 설계하여 장착하는 쪽으로 진행되었다.

그들은 이러한 속임수가 얼마나 오래갈 거라 기대했을까? 폭스바겐사는 파산 위기에 빠져들었고 이 이야기는 충격과 함께 당혹스러움을 안겨주었다. 리앙이 불법 행위를 인정한 시점에 회사는 이미 150억 달러의 벌금과 이보다 훨씬 더 큰 규모의 배상액을 지불한 상태였다. 그리고 미국은 물론 시장 규모가 훨씬 더 큰 유럽에서도 소송에 걸려 있었다.

보잉사는 결산상의 수익만을 노골적으로 추구했다. 그리고 이러한 문화가 불러온 치명적 결과에서 온전히 회복하지 못할지도 모른다. 2020년 4월 코로나 바이러스가 항공 산업을 뒤흔들어 놓았을 때 보잉사는 가장 잘 팔리는 항공기인 737맥스 150여 기에 대한 주문이 취소됐다고 발표했다. 그 시기에 보잉사는 잘못된 설계로 두 건의 항공 사고를 일으킨 운영 시스템을 고치기 위해 노력하고 있었고, 비행기는 일 년 이상 지상에 발이 묶여 있었다. 이 사고들로 수백 명이 목숨을 잃었고 조종사들이 보잉사에 가졌던 신뢰는 완전히 무너져 내렸다. 그리고 이러한 시스템의 정비 때문에 2019년 여름 여행 시즌이 한창일 때 매일 수백 편의 비행이 취소될 수밖에 없었다. 보잉사가 입은 49억 달러의 영업 손실은 그저 사업 실패 비용 평가의 첫 단계이자 비난 폭주의 서막에 지나지 않는다. 수십 년까지는 아니더라도 앞으로 수년간은 인명 손실에 대한 가치평가와 배상이 진행될 테니 말이다.

우리 시대의 긴급한 현안 중 어떤 것이 여러분의 밤잠을 설치게 하는가? 이에 대해 말해준다면 나는 여러분에게 이윤 극대화와 단기적 사고의 낡은 규칙이 어떻게 그 문제의 원인이 되는지 들려줄 수 있다.

넓은 사업 무대를 배경으로 세계 구석구석에 이르는 공급망을 보유한 세계적 브랜드는 산업과 기술, 상업을 아우르며 우리 삶의 모든 측면에 맞닿아 있다. 기후변화는 산업 공정의 산물이다. 엄청난 결과를 불러오는 문제이며 집합 행동 없이는 해결할 수 없다. 기후변화는 이제 세계적 이슈 목록의 꼭대기에 자리 잡고 있다. 그런가 하면 저임금 노동시장, 인권 침해와 심지어 인신매매가 끊임없이 벌어지는 노동 조건은 가격에 기초해 물건을 구매하는 소비자와 연관이 깊다. 과잉소비와 지속불가능한 성장의 경제학은 호황과 불황의 순환을 만들어내는데, 이는 일부에게는 유리하지만 다른 이들을 주변으로 밀어내는 결과를 낳는다. 유해한 제품의 판매, 조세 회피, 비만, 총기에 대한 탐닉, 음식물 쓰레기, 삼림 벌목, 만연한 불평등과 그 결과들….

인재를 풍부하게 확보하고 있고 규모가 크며 매우 복잡한 연결망을 지닌 세계적 기업은 중세시대 교회처럼 우리 시대의 가장 영향력 있는 조직이다. 기업의 힘을 보여주는 증거는 신문기사와 정치 등 일상에서 흔히 볼 수 있다.

우리에게는 새로운 각본이 필요하다.

이 책은 기업이 게임을 바꿔나갈 수 있는 다르면서도 유용한 규칙들을 알려준다. 또한 이미 새로운 규칙에 따라 게임이 어떻게 변하고 있는지 들려준다.

기업들이 따르는 규칙은 바티칸처럼 한 곳에서 정해지는

것이 아니라 의회, 규제기관, 업종협회에서 제기된다. 그리고 투자 기간이 제각각이면서 정당한 투자수익ROI의 의미를 서로 다르게 생각하는 여러 투자자들에 의해, 또한 기업 성공의 의미를 재정의하라고 압박하는 외부 활동가나 내부 비판자, 구매 주체들에 의해 정해진다. 하지만 궁극적으로 규칙이 생성되는 곳은 기업 내부이다. 즉 지향과 행동을 결정하는 기업 내부의 지배적 인식, 의사결정 방식, 규약, 인센티브 제도에 의해 규칙이 정해진다.

하지만 회사가 따르기로 선택한 규칙과 기대가 기업을 주주가 소유한다는 믿음, 그리고 경영이 주주 가치라는 단일목적에 확실히 복무해야 모두가 더 부유해질 것이라는 믿음에 구속되어 있다는 점 역시 사실이다. 그 반대를 뒷받침하는 증거가 압도적으로 많지만 시스템이 변화한다는 건 어려운 일이다. 특히 이러한 이데올로기가 강의실의 종신재직제도tenure system와 이사회실의 무수한 힘에 의해 강화될 때는 더욱 그러하다.

낡은 규칙은 주주의 사고방식이 지닌 영향력에서 도출되며, 새로운 규칙은 가치 창출에 기여하는 강력한 다른 요인들이 불러오는 변화에서 비롯된다. 기업의 목적을 주제로 한 이야기들은 이 책의 각 장에서 제시하는 규칙들이 엮여 이루어진다.

기업 목적이라는 주제의 밑바탕에 깔려 있는 기존의 이야기들, 그리고 주주 우선주의에 힘을 실어주는 관행과 사고방식은 마침내 기업과 사회가 상호의존적이라는 명백한 현실 앞에 굴복하고 있다. 그러한 현실에서 비롯된 새롭고 미래지향적인 힘과 영향력이 이미 게임에 영향을 미치고 있다. 더불어 새로운 기업 리더들로 구성된 핵심 그룹들이 기업의 성공을 새롭게 정의하고 있다. 진보적이고 새로운 척도를 제시하고 미래를 이끌 세대가 추구하는 가치에 부합하는 새로운 지침을 마련하기 위해 이사회실은 고심하고 있으며, 경영대학원들 또한 이에 발맞춰 가고 있다.

가치 창출을 위한 새로운 규칙을 무시한 대가

로열캐리비언사와 폭스바겐사, 그리고 보잉사의 이야기는 모두 비슷한 흐름을 보여준다. 폐기물 투기는 약간의 위험부담이 따르지만 확실히 사업비용을 줄이고 소비자 가격을 낮게 유지할 수 있게 한다. 배의 기술자들은 아마도 비용 절감 방법을 찾은 것에 대해 보상을 받았을 것이다. 폭스바겐사의 기술자들은 환경을 걱정했지만 그들의 문화를 규정하는 규칙과 인센티브는 일차적으로 높은 시장점유율을 목적으로 설계된 것이었다. 보잉사는 에어버스를 이기자는 캠페인을 앞세워 위험을 무시하고 반대 목소리를 잠재웠다. 웰스파고사는 고객 계좌를 관리하는 직원들이 고객들도 모르게 계좌를 개설할 수 있는 여건을 만듦으로써 수익을 극대화했다. 골드만삭스사와 JP모건 체이스사는 모기지 시장을 위한 혁신적 증권을 창안했다. 위험에 대한 투자자 보호를 표방한 이 증권은(물론 실제로는 그러지 않았다) 주택시장 거품을 부채질하고 이후 2008년의 모기지 붕괴가 일어나는 데 일조했다.

이 모든 사례들이 신문 1면에 실리기 전, 이미 엔론사의 사례가 있었다. 90년대 후반 엔론사의 주식은 높은 상승률을 기록했지만 곧 사상누각으로 판명되었고, 2001년 회사는 터무니없이 무너져 내렸다.

엔론사의 붕괴가 진행되던 몇 년 동안 나는 강의실과 이사회실에서 기업의 목적에 대한 참신한 사고를 뒷받침할 수 있도록 지원하는 프로그램을 설계하고 있었다. 이 프로그램은 1998년에 수립되었는데, 자금은 포드재단의 보조금을 지원받아 충당했다. 나는 아스펜연구소Aspen Institute를 이 프로그램의 본거지로 선택했다. 아스펜연구소는 1949년 한 시카고 기업가가 창립한 것으로, 대화와 리더십 개발을 통한 문제해결로 잘 알려져 있었다.

이보다 십 년 전인 1989년에 나는 뱅커스 트러스트에서 담당하고 있던 의류 제조·수입업자 대출 업무를 그만두고 포드재단의 프로그램 연계 투자 부서에 합류했었다. 당시 나는 오늘날 '임팩트 투자'로 불리는 포드재단의 벤처기금을 담당하는 책임자로서 1억 달러 규모의 포트폴리오를 감독했다. 이 포트폴리오는 올스테이트사에서 뱅크오브아메리카에 이르기까지 은행 및 보험회사가 지역사회 기반 경제개발에 공동 투자하도록 촉진하는 대출과 투자로 구성되었다.

포드재단에서 담당한 업무 영역은 뱅커스 트러스트에서의 대출 업무에 비하면 엄청난 도약이었다. 나는 아칸소주와 메인주의 농촌 지역과 클리블랜드 도심의 미국 지역뿐만 아니라 엘패소 인근의 멕시코 후아레스에서 미국 기업들이 운영하는 공장들과 방글라데시의 마을들을 방문해 소액대출 실험을 진행했다. 다방면에 통찰력을 지닌 재단 이사회 회원에는 제록스사의 데이비드 컨스, 타타 인더스트리즈사의 라탄 타타, 커민스 엔진사의 헨리 샤흐트, 리바이스사의 밥 하스와 같은 재계 거물들이 포함되어 있었다.

이들 이사들은 프로그램의 지향에 불편함을 느끼지 않았으며 우리가 안고 있던 위험에 대해서도 이의를 제기하지 않았다. 대신 몇 가지 질문을 했는데 이는 재단 활동이 설립 취지에 어긋나는 것은 아닌지 검토해보는 계기를 제공해주었다. 우리는 헨리 포드의 막대한 부를 투자함에 있어 재단이 어떻게 설립되었는지를 잊지 않았다.

7년간의 은행 업무 경험을 통해 나는 포드재단이 기업의 그림자 안에서 일하고 있음을 이해할 수 있었다. 하지만 미국을 비롯한 전 세계에서 경제적 기회를 확장한다는 재단의 사명과 관련하여 민간부문이 어떠한 역할을 수행하고 어떠한 영향을 미칠 수 있을지에는 그리 관심을 기울이지 않았다.

아스펜연구소에서 기업과 사회 프로그램Business and Society Program에 착수하면서 우리는 책임에 대한 리더들의 사고방식과 경영학 강의를 통해 형성된 태도에 어떤 관계가 있는지 조사하는 것부터 시작했다. MBA 전성시대였다. 떠오르는 경영자들은 모두 경영대학원을 마친 듯 보였다.

엔론사의 파국은 하룻밤 사이에 일어난 것처럼 보였다. 이 소식이 전해졌을 당시 나는 동료들과 함께 기업 리더들과 진행할 대담 내용을 검토하고 있었다. 지난 몇 년간 진행된 이 대담에는 엔론사의 CEO인 켄 레이, 그리고 쉘사, 맥킨지사, 블랙록사, 제너럴 다이내믹스사, 커민스 엔진사, 펩시사의 경영자들도 참여했다. 콜로라도주의 아스펜 회의장을 떠나 뉴욕의 집으로 향했을 때 쌍둥이빌딩에 가해진 공격은 시장 전체에 파문을 일으켰을 뿐 아니라 영원히 우리의 세계관을 바꿔놓았다.

2001년 9월 11일 세계무역센터의 비극이 불러온 여러 사건들과 그해 가을 있었던 엔론사의 파산은 내 기억 속에서 언제나 하나로 엮여 있을 것이다. 엔론사를 파산으로 몰고 간 것은 회사가 주요 시장을 지배하고 주식당 수익분배를 유지할 수 있도록 만든 많은 결정들이었다. 엔론사를 지배한 이윤 극대화라는 낡은 규칙은 일부를 부유하게 했지만 결국에는 우리 모두를 실망시켰다.

이제 새로운 규칙들을 적용할 때가 되었다.

낡은 규칙은 청산되었다. 적어도 당분간은 그렇다. 이 책은 경영자가 다르게 생각하고 다르게 경영하는 여건을 조성하는 변화를 다룬다. 이러한 변화의 힘은 기업과 비즈니스 생태계 내에서 동시에 작용한다. 이 책에는 새로운 규칙과 기업 성공에 대한 새로운 정의를 받아들이지 못하는 기업들이 맞이하게 될 결말도 담겨 있다.

사회학자들은 인간 행동을 이끄는 메커니즘에 대해 이야기 한다. 인간의 행동은 사실상 문화적 규범에 따른 지향과 결정의 상호작용으로 이루어진다. 엔론사와 폭스바겐사, 그리고 보잉사의 기술자와 전문가, 그리고 관리자들은 회사에 파멸의 씨앗을 뿌리려는 불평분자들이 아니었다. 그들은 회사의 규약 내에서, 또한 고도의 경쟁적 산업체계 속에서 활동했다.

공개 자본시장도 이들과 공모한다. 이른바 사회적 책임 투자자들이 많은 관심과 주목을 받지만 회사가 공공재에 투자할 때 여전히 주가는 하락한다. 예컨대 기술 회사가 일자리를 늘리겠다고 발표할 때, 제약회사가 즉각적인 경제적 성과가 나오지 않는 R&D에 지출할 때, 또는 펩시사와 같은 소비재 회사나 CVS, 월마트와 같은 소매업체가 회사의 수익에 상당한 기여를 하지만 심각한 사회적 비용을 발생시키는 제품의 판매를 줄일 때 주가는 어김없이 하락한다. 펩시사가 일반 탄산음료에 대한 마케팅 예산을 삭감하고 '굿포유good for you' 음료와 스낵의 비중을 늘렸을 때 이러한 결정은 월스트리트에서 대가를 치렀다. 3장에서 우리는 펩시사가 결국에는 시장의 압력에 굴복하고 말았지만 계속해서 건강한 제품군을 개발했음을 보게 될 것이다. 펩시사는 탄산음료와 더불어 이러한 건강한 제품들로 잘 알려지게 되었다.

경기장은 매우 복합적인 요소들로 구성되어 있다. 그리고 기업은 그 자체로 도덕적이거나 비도덕적이지 않다. 사람과 마찬가지로 선하거나 악하지 않은 것이다. 하지만 회사가 내리는 결정은 선하거나 악한 결과를 가져온다. 그리고 의사결정은 경영진과 현장 직원의 행동에 영향을 미치는 규칙과 인센티브, 그리고 측정지표와 직접적인 연관이 있다. 규칙은 리더들이 정한다. 즉, 리더들이 옳다고 믿는 것과 그들이 가치 있다고 여기는 것을 반영한다. 우리의 밤잠을 설치게 하는 문제들을 개선하고 악순환을 깨기 위해서는 기업 리더들, 그리고 금융계의 리더들이 생각하고 행동하는 방식이 바뀌어야 한다.

2000년대 초 엔론사가 파산한 직후, 많은 존경을 받던 돈 제이콥스 켈로그 경영대학원 학장은 학생들의 등록을 받기 전에 "썩은 사과"를 솎아내기 위한 새로운 선별 절차를 발표했다. 하지만 켈로그나 하버드 경영대학원이 문을 걸어 잠근다고 해서, 또는 폭스바겐사의 중간 기술자나 엔론사의 최고경영자를 만족할 만큼 감옥에 보낸다고 해서 시스템이 개선되지는 않는다. 우리는 엔론사의 경영진, 그리고 이후에 드러난 많은 행위자들이 내린 결정을 합리적인 것으로 받아들이게 했던 규칙들을 해체해야 한다.

이를 위한 첫 단계는 기업 시스템을 살펴봄으로써 핵심 가정과 지배적 신념(경영자의 사고방식)이 어떻게 구축·강화되며 나아가 중간 관리자, 기술자, CFO의 인센티브를 형성하는지 심층적으로 검토하는 것이다.

새로운 규칙:참된 가치

1장에서는 핵심 가정과 기업의 행동에 이미 영향을 미치고 있는 여섯 가지 새로운 규칙 중 첫 번째 규칙을 검토한다. 규칙 1의 배후에는 직원들의 노하우와 충성심부터 기업의 평판과 영업면허에 이르기까지 무형적 가치의 성장이 자리하고 있다. 이러한 자산은 측정하기가 어려우며 전통적인 가치평가 공식과 척도를 뒤엎는다. 참된 가치는 회사와 회사가 의존하는 자연 및 인간 생태계를 연결하며 측정된다. 그리고 오늘의 결정이 미래 세대에 미치는 효과는 할인될 수 없다. 미래의 가치, 즉 실질 지속 가치real sustained value는 오늘날 무시하기 쉬운 위험들을 포함하여 이해해야 하는 것이다.

규칙 2(기업 목적의 문제)를 다루는 2장은 '주주 가치'라는 조직 원리가 상식적 경영에 길을 내어주면서 일어나는 심대한 전환을 탐색한다. 여기서 상식적 경영이란 회사는 번성하기 위해 자연스럽게 다양한 목적에 복무하는 것을 뜻한다. 린 스타우트Lynn Stout, 마티 립턴Marty Lipton, 아이라 밀스타인Ira Millstein, 린 페인Lynn Paine, 레오 스트라인Leo Strine을 비롯한 많은 주요 인물들의 저작을 통해 수십 년간 이론과 관행이 검토되었고, 그 결과 하나의 믿음이 깨어졌다. 즉, 주주가 주식 지분이라는 특정한 권리가 아니라 마치 기업 자체를 소유하는 양 회사를 경영하도록 미국 기업법이 공개기업에게 요구한다는 믿음이 깨진 것이다.(미국 기업법은 많은 공개기업들이 설립되는 지역의 이름을 따 델라웨어주 회사법이라 불리기도 한다.)

새로운 규칙은 기업이 미래지향적 의사결정으로 나아가도록 길을 닦는다. 이 규칙은 주주 우선주의를 고수하는 것보다 훨씬 효과적임이 입증된 기업의 책임성에 기초하고 있다는 점에서 중요하다.

하지만 엔론사가 몰락한 지 20년이 지난 지금도 여전히 우리는 수십 년간 이어진 경제적 교리, 그리고 이윤이나 주가를 기업의 주목적으로 삼는 전략적 조언의 영향 아래에 놓여 있다. 이윤 극대화라는 낡은 규칙은 참된 가치를 창출하는 더 중요한 척도에 자리를 내어주고 있기는 하다. 하지만 주주의 사고방식을 떠받치는 발판이 여전히 확고하게 자리 잡고 있는 것 또한 사실이다.

기업의 목적은 이사회와 경영자에 의해 결정되지만 그것이 그 리더들의 행동방식과 선택 속에서 드러난다는 사실 또한 중요하다.

주주 우선주의를 뒷받침하는 가정과 인센티브는 그 자체의 언어와 이야기를 발전시켰다. "성과급"이나 "주주 가치 극대화" 등의 표현은 마치 십계명과 함께 전해지기라도 한 듯 이야기된다. 주주 우선주의의 요란한 주장, 총주주수익TSR 등의 성과 척도는 직원, 천연자원에 대한 책임관리stewardship, 지역사회에 대한 적극적인 관심을 저버린 채 단기 지향적 투자자들의 욕망을 충족시킨다.

앞서 열거한 직원, 천연자원에 대한 책임관리, 지역사회에 대한 관심이야말로 참된 기업 가치의 원천이 되는 투입요소이다.

《통합의 리더십:열린 대화로 새로운 현실을 창조하는 미래형 문제해결법*Solving Tough Problems: An Open Way of Talking, Listening, and Creating New Realities*》(에이지21, 2008)의 저자 애덤 카헤인은 엔론사를 무너뜨린 파멸의 씨앗이 움트고 있을 때 우리가 개최한 제1회 기업 리더 대담의 사회를 맡았다. 애덤은 로열더치쉘사에서 배운 시나리오 플래닝 기법을 활용해 어려운 환경 속에서도 변화에 대한 의지를 북돋았다. 그는 다음과 같은 생각으로 대담을 시작했다. "우리가 현재 내오고 있는 결과에 대해서라면 시스템은 완벽하게 설계되어 있습니다. 하지만 우리가 다른 결과를 원한다면 시스템을 다시 생각할 필요가 있습니다."

강의실과 이사회실에서 신인의무fiduciary duty*에 대해 더 일관성 있고 유용한 개념화로 나아감에 따라 새로운 질문들이 대두되었다.

- 우리는 기업 의사결정의 장기적 결과와 동떨어져 활동하는 자본시장 행위자의 요구에 덜 휘둘리는 회사를 설계할 수 있는가?
- 우리는 단기·중기·장기의 균형을 맞추는 의사결정 규칙, 즉 증권거래자보다 실제 투자자의 필요를 우선시하고 천연자원이 한정되어 있음을 존중하며 직원을 비용이 아니라 자산으로 대우하는 의사결정 규칙을 포용할 수 있는가?
- 우리의 행동을 지배하는 인센티브와 의사결정 규칙을 재고할 수 있는가?

메인스트리트에서 월스트리트에 이르기까지 기업의 성공을 가늠하는 새로운 척도에 대한 요구는 곳곳에서 들려오고 있다. 새로운 규칙은 이미 작동하고 있으며 경영진, 이사회실,

---

*타인 재산의 관리와 운용을 맡은 수탁자가 위탁자에게 최대 이익을 안겨주기 위해 성실하게 최선을 다해 행동해야 할 의무-옮긴이

강의실, 직원 네트워크에서 일고 있는 변화에 뿌리를 내리고 있다.

지금 필요한 것은 변화의 속도를 높이는 것이다.

아일린 피셔사, 파타고니아사, SC 존슨사같이 소비재 브랜드가 있는 민간 창업자 주도 기업이나 가족 기업의 경우 당연시하는 가치가 세계를 누비는 거대 주식공개기업에서도 입지를 확보하고 있다. 담배 판매를 중단하겠다는 CVS의 대담한 움직임에서, 플라스틱 산업협회의 회원자격을 반납하고 포장을 재고하겠다는 펩시사와 코카콜라사의 결정에서, 계약 노동자들에게 최저 15달러의 시급을 지급하겠다는 구글의 약속에서, 그리고 미국을 상대로 한 오일 로비를 중단하고 점점 많은 회사들이 약속하고 있는 탄소 발자국의 공격적 감축 흐름에 동참하겠다는 쉘사의 결정에서 새로운 사고가 미치는 효과를 볼 수 있다.

이러한 각각의 주장과 목표가 위장환경주의greenwashing의 사례가 아니라 근본적인 변화를 나타내는 것일까? 이 점을 확고히 하려면 좀 더 깊이 파고들어 행동의 배후에 있는 동기와 사업 모델을 파악해봐야 한다. 그렇긴 하지만 각 사례에서 내외적 힘이 변화를 추동하는 데 영향을 끼치고 있으며 지배적인 태도에 변화가 일고 있다는 것은 감지할 수 있다.

새로운 규칙과 연결되어 있는 변화의 힘은 강제적인 성격을 띤다. 그 힘은 가장 인간적인 본능에 호소하는 동시에 우리가 건강한 생태계와 지역사회에 의존하고 있다는 인식과 맥을 같이한다. 이러한 이야기들은 새로운 형태의 책임성을 보여주며 기업 경영의 역할과 목적에 대해 참신한 사고를 하도록 북돋는다. 지금 필요한 것이 무엇인지를 분명히 드러내는 것이다.

3장에서는 규칙 3을 검토하면서 브랜드의 책임과 잠재력을 재정의하고 확장하기 위해 세계자연기금*의 제이슨 클레이와 옥스팜 및 그린피스에서 활동하는 그의 동료들이 어떻게 소셜 미디어를 활용하고 공급망의 실태를 파헤치는지 살펴볼 것이다. 규칙 4를 다루는 4장에서는 미투 운동#MeToo, 구글 파업#GoogleWalkout, '흑인의 생명은 소중하다' 운동#BlackLivesMatter에서 영감을 얻은 직원들이 이러한 도구를 어떻게 활용하는지 살펴볼 것이다. 그리하여 비즈니스가 일으키는 위험에 대해 어떤 식으로 새로운 목소리를 내고 기업 리더의 지평을 확장하는지, 그리고 또 한편으로 기업과 노동자의 관계를 다시 생각하게 만드는지 살펴볼 것이다.

규칙 5를 제시하는 5장에서는 금융자본에 초점을 맞춘다. 즉, 자본이 희소하지 않고 오히려 풍부한 현실에서 기업들이 문화를 어떻게 재형성하는지 살펴볼 것이다.

---

*1961년 세계야생생물기금(World Wildlife Fund, WWF)이라는 이름으로 설립되어 1986년 세계자연기금(World Wild Fund for Nature, WWF)으로 명칭을 바꾸었으나 미국에서는 세계야생생물기금으로 계속 사용하고 있다. 이 책에서는 세계자연기금으로 통일해서 표기한다.-옮긴이

이들 장에서 탐구하는 행동규범은 회사들에서 분명하게 나타나고 있으며 직원을 환경 활동가 및 노동 단체와 연결하는 사회적 네트워크에 의해 촉진된다. 이와 같은 새로운 참여 규칙은 금융자본 중심성과 공개 자본시장의 지배에 도전한다.

우리는 경영진이 자본 배분과 '인재 전략'에 관한 문제를 다루는 방식에서도 새로운 규칙을 확인할 수 있다. 그리고 2019년 미국 비즈니스 원탁회의Business Roundtable가 많은 미국 기업 리더들의 열망을 반영해 사명 선언문을 다시 쓰기로 한 결정에서도 변화를 읽을 수 있다. 이 원탁회의는 미국 최대 기업들을 대변하는 단체로 CEO만이 회원으로 가입할 수 있다. 새로운 규칙은 자본주의의 쇄신을 주제로 다보스 세계경제포럼에서 선포된 2020 선언을 뒷받침한다. 우리가 코로나19 위기를 극복하고 마침내 인종 불평등과 기후변화의 구조적 해결을 위한 도전을 감행할 때 새로운 규칙은 우선순위를 설정하는 데 도움이 될 것이다. 또한 주주 우선주의라는 이야기가 시작되고 여전히 기능하고 있는 주류 경영학 강의실에 기업 성공에 대한 새로운 정의가 스며들어 균열을 일으키기 시작했다는 사실도 중요하다. 이 강의실은 골드만삭스와 모건스탠리의 분석가들, 그리고 맥킨지사와 보스턴컨설팅그룹, 딜로이트사 신입 직원들의 지향을 형성시키는 곳이다.

새로운 규칙은 기업 내에서 활동하거나 기업 밖에서 고투하는 변화 주체에 영향을 미치며 또 그들에게서 영향을 받는다. 그들은 자본주의를 통렬히 비판하고 기업에 대한 신뢰 저하에 어떻게 대응해야 할지 제시한다. 최종적으로는 사회적·환경적으로 중요한 목표를 향해 나아갈 수 있도록 기업이 우수한 역량을 확보할 수 있게 한다.

니틴 노리아는 리더십에 관한 저술가다. 하버드 경영대학원 학장이 되자마자 환경적 지속가능성과 기후변화에서부터 빈곤 및 보건의료 제도의 개선에 이르기까지 우리에게 가장 중요한 문제들을 해결해나가는 데 기업부문과 민간의 실천이 갖는 중요성에 대한 글을 썼다.

머뭇거리는 기업은 미래에 투자할 핵심 역량을 잃게 된다. 기업이 방관하고 있음을 보여주는 실망스런 사례들로는 일관된 기후변화 정책을 세우지 못하는 기업 업종협회나 2018년도 조세 감면분을 노동력과 기반시설 등의 경제적 미래에 투자하는 대신 주식환매*에 지출한 공개기업 등을 들 수 있다.

세계에 주어진 과업에 기업의 역량을 활용하기 위해서는 무엇이 필요할까? 시민 활동가와 직원 활동가의 상호작용, 비범한 지도자, 기업이 주도하는 사회적으로 유용한 혁신이야말로 변화의 큰 힘이다. 그리고 이들을 살펴보면 변화가 뿌리 내리고 확대되는 방식을 이해하는 데 도움이 된다. 지금 필요한

---

*기업이 주식시장에서 자사 주식을 다시 사들이는 일. 주식 가치가 올라 주주들이 이익을 보게 된다.-옮긴이

것은 새로운 규칙으로 실현 가능해지는 변화의 속도를 높이고, 일시적이고 퇴행적인 재정적 가치 척도와 참된 가치를 구분하는 것이다.

한편, 시스템이 위험에 처할 때, 시장이 소멸의 길에 들어설 때에는 여건을 안정시키고 문제의 근원을 드러내며 비즈니스 모델을 재설계하기 위해 협력과 공동 창조가 필요하다. 그리고 이를 통한 가치 창출이 요구되는데 이 역시 중요하다. 6장에서 살펴볼 규칙 6은 공동 창조의 길, 궁극적으로 한 산업의 기준을 높이고 새로운 사업 모델을 폭넓게 채택하도록 하는 실천과 규약, 계획과 관련된다. 이때 주역이 되는 것은 위협에 가장 많이 노출되는 브랜드이다. 변화는 종종 성장의 한계 및 새로운 가치의 정의에 시장이 부합하도록 노력할 의지나 필요가 있는 산업에서 일어난다. 그리고 변화를 위해서는 외부의 신뢰할 만한 중재자, 뜻을 같이하는 정예 생산자 연합과 고객이 필요하며 이들과 장기적 관점을 공유해야 한다.

기업 리더들, 그리고 NGO와 재단이 변화 주체로서 자신들이 해야 할 역할에 대해 고민하고, 새로운 규칙들이 비즈니스의 미래와 지속가능한 시장에 얼마나 중요한지 깊이 생각해보는 데 이 책이 도움이 되기를 희망한다. 이 책을 통해 그들을 가로막는 낡은 규범과 지배적 규칙을 조망해보고자 했다. 또 변화를 모색하지만 완전히 새로운 행동 경로를 수립하는 대신 여전히 미봉책에만 집중하는 개인들에게 이 책이 마음을 바꾸는 계기가 되기를 희망한다. 여기에 실린 이야기들이 변화를 가시적이고 실현 가능한 것으로 만드는 데, 또한 가치 착취의 낡은 규칙을 몰아내는 데 도움이 되기를 희망한다. 그리고 변화의 이야기가 지금 무엇이 가능한지를 보여줄 수 있기를 희망한다.

학자들과 캠페인 활동가, 그리고 뜻을 같이하는 기업 리더들이 지난 수십 년간 기울여온 노력이 결실을 맺고 있다. 이제 새로운 규칙과 관련해 공개 발표와 발언, 학문의 육성, 실천 등이 뒤따라야 할 때다.

7장과 8장에서는 우리가 나아가야 할 방향을 모색한다. 특히 낡은 규칙을 강화하는 이들, 즉 현재 상태를 강화하는 의사결정 규칙의 생명을 연장하는 전략 컨설팅 기업, 투자 은행, 보상 컨설턴트, 회계사, 학자들이 왜 새로운 규칙을 받아들여야 하는지 검토할 것이다.

7장에서는 시스템 설계, 특히 경영자에 대한 인센티브와 보상의 역할을 더욱 상세히 검토한다. 1980년대 시작된 주식 기반 보수로의 거대한 전환은 직원과 장기 투자를 희생시켰다. 그러면서 CEO에게는 가파른 보수 인상을, 주주들에게는 초과 이득을 안겨주었다. 이러한 실태가 보내는 신호는 곧바로 새로운 규칙의 기반을 약화시킨다. 동시에 CEO가 기업과 사회의 이익에 중요한 사안들을 선도해야 한다는 긴급한 요구를 묵살하게 만든다. CEO는 중요하다. 그가 어떻게 생각하고 어떤 것을 가치 있게 여기는지가 결정적으로 중요한 변화의 출발점이다. 우리는 사회에 이바지하려는 경영자의 지향에 발맞추어 경영자 보수를 재설계해야 한다.

마지막 장에서는 경영대학원 교수의 역할을 다룬다. 그들은 중요한 측면에서 발전을 거듭하며 새로운 인재들을 배출해 왔다. 하지만 아직도 해야 할 일이 많다. 우리는 특히 시대에 뒤처진 주주 중심적 사고방식을 고수하고 낡은 이야기를 강화하는 금융학 강의실에 균열을 낼 필요가 있다. 새로운 규칙은 금융 및 기타 전문 서비스 부문의 채용담당자가 여전히 낡은 스펙에 나사를 조이는 것을 반박한다. 토머스 베리가 말하듯 낡은 이야기는 제대로 기능하지 않으며 우리는 아직 새로운 이야기를 익히지 못했다.

세계 시장의 상호작용 속에서 운영되는 기업들은 작은 변화를 산업적 규모의 영향력 있는 협약으로 바꿔낼 힘이 있다. 점진적으로 이루어지는 작지만 중요한 행위들 속에서, 막다른 곳으로 치닫는 경쟁 대신 공동 창조를 꾀하는 작지만 영향력 있는 단체들의 힘을 통해서 우리는 기업 의사결정과 관련하여 전환이 일어나고 있음을 목도하고 있다. 이는 지속성을 담보하는 질 높은 의사결정으로의 전환이라 할 수 있다.

새로운 규칙은 이미 뚜렷이 나타나고 있다. 이 책에서 설명하는 강제적 메커니즘은 새로운 규칙에 지속력을 부여한다.(다음 표에 규칙을 요약했으니 참고하기 바란다.) 기업 안팎의 변화 주체들은 투자와 비즈니스 전략에 대한 규약 및 의사결정 규칙에 대해 다시 판단하고 있다.

이제 새로운 규칙에 따라 경기를 할 시간이다.

6가지 새로운 규칙	낡은 규칙	강제 기능 : 변화의 도구	참된 가치 창출의 동인
규칙 1 기업의 가치는 평판과 신뢰를 비롯한 무형의 요인들에서 나온다	**경질자산*이 기업의 가치를 결정한다** 현재 가치는 고정자산과 현금흐름의 미래 가치를 할인한 것과 같다.	**변화의 동인** 손익계산서는 가장 중요한 자산인 인재, 평판, 핵심 관계 등을 담아내지 못한다. 인권부터 기후변화에 이르기까지 공급망에 도사린 위험은 종래의 재무 가치평가 방식을 거부하며 지역사회, 직원, 투자자에 관심을 기울이게 한다.	직원과 사업 파트너의 신뢰, 인재와 천연자원에 대한 우수한 접근성은 참된 가치의 원천이므로 이를 무시해서는 안 된다. 또한 이들은 전통적인 방식으로 측정될 수 없다. 그것들의 가치는 기업의 건강과 비즈니스 생태계의 건강을 분리하는 장벽을 허물어뜨릴 때 온전히 드러난다.
규칙 2 기업은 주주 가치를 넘어서는 많은 목적에 복무한다	**주주 가치 또는 이윤 극대화가 기업의 조직 원리다** 단일목적함수인 이윤은 측정하기 수월하며 부서 간 또는 기업 간 비교를 가능하게 한다. 주주 가치와 그것의 귀결인 이윤 극대화는 책임성의 핵심이다.	**변화의 동인** 실적관리, 주식환매, 일자리 아웃소싱을 비롯해 주주 수익에 매인 단기주의는 임금 정체, 나쁜 의사결정, 신뢰의 쇠퇴(엔론사, 보잉사)로 이어진다. 월가점령부터 '흑인의 생명은 중요하다' 운동까지 사회적 · 경제적 정의를 향한 저항은 기존 사업 방식을 붕괴시킨다. (이를 뒷받침하는 관행들이 지속될 때조차) 경영자들은 단기주의와 주주 중심적 사고를 비판한다.	책임자들의 일차적 의무는 기업의 건강성이며, 따라서 참된 가치의 가장 중요한 기여자들에 주목하는 것이다. 기업은 자신의 목적을 선택한다. 또한 그 목적은 회사가 운영되는 방식과 회사가 내리는 결정을 통해 드러난다.
규칙 3 기업의 책임은 정문에서 멀리 떨어진 곳에서 정의된다	**기업의 책임은 소재지 지역사회와 울타리 밖 이웃들에 의해 정의된다** 기업은 일자리를 창출하고 지역 서비스와 시민단체를 지원하는 한편 오염을 억제할 사회적 책임이 있다.	**변화의 동인** NGO는 근본적 투명성의 시대에 세계적 브랜드에 초점을 맞춤으로써 변화를 강제한다. 기후변화와 생물다양성에 관한 대중의 우려는 책임의 경계를 재정의한다.	기업의 책임은 움직이는 표적과 같다. 그 책임은 공급망과 생태계로, 심지어 제품의 개인적 사용으로까지 확장된다. 또한 기업의 관할과 통제 밖에 있는 힘들에 의해 정의된다.

*Hard assets : 주식, 채권 또는 무형의 자산에 대비되는 부동산, 상품, 원자재, 에너지 자원 등을 가리킨다. - 옮긴이

6가지 새로운 규칙	낡은 규칙	강제 기능 : 변화의 도구	참된 가치 창출의 동인
규칙 4 **직원들은 위험을 포착하고 경쟁우위를 알려준다**	**노동은 최소화되어야 할 비용이다** 노조와 직원 행동주의는 비용을 상승시키고 경영진의 직무 수행을 방해한다.	**변화의 동인** 직원 네트워크 및 소셜 미디어, 미투운동, 점증하는 불평등, '흑인의 생명은 중요하다' 운동, 사회적 불안이 기업 내 권력 균형을 뒤집는다. 직원들은 사회적 · 환경적 사안을 경영 우선순위에 연결시킨다. 그들은 새로운 방식으로 기업에 책임을 묻는다.	직원들은 변화하는 세계에서 기업의 결정적 동맹군 역할을 한다. 그들은 미래의 위험을 알아차리는 한편 지속가능성과 사회적 책임을 둘러싼 새로운 규범에 내재되어 있는 사업 기회를 포착한다.
규칙 5 **문화가 왕이며 인재가 지배한다**	**자본이 왕이며 주주가 지배한다** 경질자산의 세상에서 금융자본은 희소 자원이다. 회사는 그것을 '소유'하는 주주에게 책임을 진다.	**변화의 동인** 서비스 경제와 사물 인터넷, 낮은 자본 수요, 외주 노동으로 구성되는 새로운 사업 모델은 금융자본과 자본시장의 권력을 약화시킨다. 가치는 내부에서 발생한다. 한때 자본시장이 지배했던 곳에서 이제 인재 경쟁, 그리고 혁신과 인적 요소에 대한 초점이 우위를 점한다.	가치 창출은 기업 문화에서 비롯된다. CEO는 다양한 인재와 팀작업을 포용하고 핵심 관계에 초점을 맞춘다. 경쟁우위는 우수한 고객 서비스, 사람 중심의 설계, 지구의 한계를 고려한 사업 모델을 통해 달성된다.
규칙 6 **이기기 위해 공동 창조한다**	**이기기 위해 경쟁한다** 경쟁은 혁신과 성장을 추동한다.	**변화의 동인** 기후, 불평등, 개인정보보호, 생물종 감소 등의 세계적 도전의 영향은 기업으로 되돌아오며 시스템 변화를 달성하기 위해 산업 규약 및 경쟁적 환경의 급속한 변화를 요구한다. NGO는 변화 주체들을 모으고 성공적인 연합을 결성함으로써 목적을 달성하고 산업의 기준을 높인다.	시스템 자체가 위험에 처할 때 참된 가치를 창출하기 위해서는 공급망 전체에 걸쳐 사업 파트너들의 참여를 요구해야 한다. NGO는 물론 이해관계에 있는 경쟁업체 모두 사업의 동맹군이 될 수 있다.

▪ 낡은 규칙 ▪

경질자산이 기업의 가치를 결정한다

현재 가치는 고정자산과 현금흐름의 미래 가치를 할인한 것과 같다.

▪ 새로운 규칙 ▪

기업의 가치는 평판과 신뢰를 비롯한 무형의 요인들에서 나온다

직원과 사업 파트너의 신뢰, 인재와 천연자원에 대한 우수한 접근성은 참된 가치의 원천이므로 이를 무시해서는 안 된다. 또한 이들은 전통적인 방식으로 측정될 수 없다. 그것들의 가치는 기업의 건강과 비즈니스 생태계의 건강을 분리하는 장벽을 허물어뜨릴 때 온전히 드러난다.

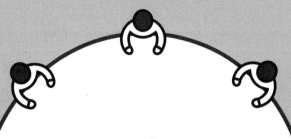

| 1장 |

위험을 다시 생각한다

▪ 규칙 1 ▪

기업의 가치는 평판과 신뢰를 비롯한 무형의 요인들에서 나온다

더 공정한 경제와 번영을 폭넓게 공유함으로써
더욱 지속가능한 경제를 창출하기 위해
우리는 가치의 본질과 기원에 대해
다시 한 번 활발하고 진지하게 논의해야 한다.

– 마리아나 마추카토, 《가치의 모든 것》

2010년 9월 어느 따스한 오후였다. 눈부시게 푸른 하늘 아래 한 무리의 금융학자들이, 콜로라도주 아스펜연구소 캠퍼스를 가로질러 흐르는 로링포크강의 물소리를 등지고 서로 자기 이야기를 들어보라며 언쟁을 벌이고 있었다. 베어스턴스와 리먼 브라더스의 실패부터 메이저 은행들의 긴급 구제에 이르기까지 금융시장의 붕괴는 여전히 월스트리트에 파문을 일으키고 있었다. 메인스트리트의 경우에는 주택 가치가 폭락하고 10년 후까지 그 실질적 효과가 감지되는 등 금융시장 붕괴의 여파가 특히 더 심각했다.

금융학자들 모임의 취지는 신임 대통령의 집권 초반 시장이 요동치는 혼란 속에서 금융학계가 어떤 역할을 할 수 있었는지 생각해보자는 것이었다. 영향력 있는 경영대학원, 특히 스탠퍼드, 뉴욕대학교, 와튼스쿨, 시카고대학교, 버지니아대학교 다든 경영대학원에서 뽑힌 19명의 교수 회원들이 우리의 대화 초대에 응했다. 우리는 무엇을 배워왔으며 우리가 금융을 가르치는 방식은 어떤 결과를 초래했는가?

데이비드 블러드는 2005년 골드만삭스의 자산관리 책

임자 자리를 그만두고 제너레이션 투자관리Generation Investment Management라는 새로운 회사를 차렸다. 데이비드는 15피트 아래로 낙하해 콜로라도 강으로 흘러가는 급류를 가리키며 학자들에게 도발적인 질문을 던졌다. "물고기에 어떻게 값을 매길 수 있죠?" 한 학자가 미끼를 물었다. "매길 수 없습니다." 그가 딱 잘라 말했다. 이렇게 빠른 부정에서 짐작건대 '그래서는 안 된다'고 생각하는 게 분명해 보였다.

하천의 물고기 또는 우리가 마시는 물이나 숨 쉬는 공기에 가치를 매기는 것은 추상적 행위이다. 하지만 강에서 시선을 돌려 위험에 처한 생태계가 초래할 결과를 생각해보면 그것은 따스한 오후 로키 산맥에서 있었던 학문적 활동 이상의 의미를 지닌다. 지역사회의 생활과 미래 세대가 누릴 삶의 질에 눈을 돌려보자. 그러면 우리는 도전적인 질문들과 마주하게 된다. 또한 전통적인 금융 도구로는 제대로 측정하기 어려운 매우 실제적인 비용과 맞닥뜨리게 된다.

경제학자들과 그들의 금융학계 동료들은 거래 당사자가 아닌 제3자에게 부과되는 비용에 대해 '외부효과'라는 이름을 붙인다. 비즈니스 관점에서 보자면 이 외부효과는 기업 내부에서 이루어지는 의사결정으로 인해 발생된 것이지만 기업 바깥에서 살아가는 지역사회에 전가되는 비용을 의미한다. 알코올 남용이나 탄산음료 소비로 인한 공중보건 비용과 같이 의도하지 않은 결과가 사회적으로 눈에 띄는 영향을 미친 경우, 효율성 극대화를 위한 업무 편제가 가정생활이나 교육 활동에 영향을 주는 경우 등을 예로 들 수 있다. 이윤과 성장을 중시하는 관리자들에게 외부효과는 대체로 방해 요소로 여겨진다.

기업 의사결정의 사회적·환경적 영향은 재무 분석의 틀 바깥에 놓인다. 적어도 지금까지는 그렇다. 하지만 강의실을 벗어나 학생들이 졸업 후 진입하는 세계를 들여다보면 우리가 투자하고 가치를 측정하는 방식에 변화가 필요하다는 점이 분명해진다.

위험 분석에 관한 흐름은 제품의 전 생애주기를 포괄하는 쪽으로 바뀌고 있다. 기업 의사결정의 장기적 효과를 고려하며, 시야를 넓혀 제품 생산에 기여하는 이들이나 유통과 소비 부문에서 제품의 효과를 느끼는 이들의 관점을 반영한다. 이들의 관점에 기대어 우리는 가치를 정의하게 된다.

이러한 생각이 그다지 새로운 것은 아니다. 엘런 맥아더 재단Ellen MacArthur Foundation, 그리고 이 재단과 뜻을 같이하는 많은 사상가들에 의해 순환경제라는 개념이 부각되었는데, 이 현대적 개념의 뿌리는 유서가 깊다. 즉, 애덤 스미스 시대 이래 진화되어온 가치 창출에 관한 논의와 무엇을 어떻게 측정할 것인가에 대한 논의의 연장선에 있다. 순환경제는 시스템 속에서 사고하는 개념인데, 이런 관점은 500여 년 전 다섯 개의 미국 원주민 부족이 결성한 이로쿼이 연맹의 핵심 원칙과 맥을 같이한다. 예를 들어, 생태 친화적 소비재 회사인 세븐스 제너레이션사의 이름은 오늘의 결정이 먼 미래 세대에 미칠 영향을 고려하는 미국 원주민의 이상을 연상시킨다. 데이비드 블러드의 성공적인 투자회사 제너레이션 투자관리를 떠받치는 명제 역시 동일한 철학에서 나온다. 이 회사는 경영 규범과 그것이 생명계에 미치는 영향을 투자 이론과 분석에 반영한다.

창조적 사상가이자 아스펜연구소의 재능 있는 고문이기도 한 로레인 스미스는 자연을 한가운데에 두고 비즈니스와 금융의 세계를 함께 엮는다. 캐나다 출신이어서 그런지 그녀는 "콜로라도 강이 이사회라면 어떻게 될까, 물고기가 기업을 소유한다면 어떻게 될까?"와 같은 질문들을 아무렇지도 않게 던진다.

금융의 게임이 시시각각 바뀌는 비즈니스의 최전선에 오신 것을 환영한다.

경영대학원의 교수와 학자들은 시장과 기업 의사결정의 변화와 혼돈에서 단절되어 있다. 그들이 하는 일은 데이터를 관찰하고 해석함으로써 지식을 쌓는 것이다. 이러한 일들은 일상과 일정한 거리를 두는 것이 필요하다. 그들은 대량의 데이터 집합과 사례 연구를 활용하여 광범위한 산업의 관리자와 투자자를 위한 명쾌한 의사결정 규칙을 찾기 위해 노력한다.

이론과 실천의 긴장관계는 건강한 것일 수 있다. 금융학 강의실에서 가르치고 컨설팅과 금융 등의 영역에서 사고의 방식을 형성하는 주요 개념과 분석틀은 현재의 흐름에 뒤처질 수는 있지만 어쨌든 오랜 기간 자신의 존재를 인정받아온 것들이다.

하지만 기업의 핵심 자산이 측정될 수 없다면 금융 분석가와 금융학자들은 어떻게 해야 할까?

지난 수십 년 동안 경영학 강의실을 지배해온 단순한 학문 체계는 자본 형성과 가치평가에 관한 규칙으로 틀지어진 세계였다. 그리고 이 세계는 2008년의 혼란 속에서 마지막 숨을 내쉬었다. 이 학문 체계는 기업의 장기적 건강과 기업이 의존하는 사회와 자연의 장기적 건강을 연결하는 데 실패했다.

금융계에 울린 경종

근본적인 변화가 필요함을 알리는 조기경보는 2008년 붕괴 이전인 2007년 초에 급상승 시장에서 울렸다. 당시 TXU로 알려진 텍사스 파워앤라이트사는 미국 전체에서 가장 수익성이 좋은 공익사업체의 하나였다. 이 기업의 성장과 번영은 텍사스 경제를 비추는 거울이었다. 당시에, 영향력 있는 사모펀드 회사인 콜버그 크래비스 로버츠가 제휴사인 텍사스 퍼시픽 그룹, 골드만삭스와 함께 상장회사인 TXU의 비공개 전환 합병을 준비하고 있었다. 이때 그들은 낡은 가치평가 규칙의 실패를 들여다볼 수 있는 하나의 창을 제공했던 셈이다. 나중에 TXU는 예일대 경영대학원의 사례 연구 대상이 되었다. 새로운 현실에 들어맞는 위험평가, 또한 월스트리트와 맞설 준비가 되어 있는 새로운 목소리의 영향력을 반영하는 위험평가가 필요함을 보여주는 연구였다.

TXU의 전환 합병은 최종적으로 440억 달러의 가치평가로 거래가 마무리되었다. 당시 기록된 금액으로는 가장 큰 규모의 차입매수leveraged buyout였다. 가치평가는 반은 예술이고 반은 수학이다. 그것은 회사 현 자산의 시장 가치 추산치와 미래 자산 가치, 이윤, 현금흐름 추정치의 합으로 도출된다. 그리고 모든 미래 추정치는 경쟁적 환경과 사업 모델에 내포된 미래 위험에 대한 스트레스 테스트를 받아야 한다. 그리고 나서 현재의 가치로 다시 할인되어야 한다. 이 거래를 위해 시티뱅크, 모건스탠리, JP모건을 비롯한 여러 회사들이 투자 모집을 주도했다. 그리고 사실상 월스트리트의 모든 대형 자산관리 투자사, 나아가 미국 내의 모든 연기금이 막대한 자본을 출연했다. 상대적으로 낮은 이자율 시대임에도 고수익을 바라며 정크본드에 투자했던 것이다.

하지만 이는 이야기의 일부에 지나지 않는다. 소요 자본에 대한 청약과 인수단 결성, 납입금 등록이 거의 완료된 가장 결정적인 순간에 거래 설계자들은 제도판 위의 설계도를 다시 들여다보아야 했다. 환경 활동가 네트워크가 압박한 탓에 텍사스주의 향후 석탄 전망에 관한 가정을 재검토해야 했기 때문이다.

결국 좀 더 환경 친화적인 거래가 진척되었다. 그리고 월스트리트의 가치평가 및 투자 게임을 투자 결정이 불러오는 실제 결과와 분리시키는 장벽이 허물어지기 시작했다. 불안정한 에너지 부문의 비즈니스 환경은 계속해서 변화했고 우리는 브랜드 및 비즈니스 위험에 대해 새로운 방식으로 이해하게 되었다.

B2C 브랜드가 사업의 실제 비용 및 이른바 외부효과를 온

TXU와 금융 분석의 미래

2007년 2월 한 무리의 전투적이고 단호한 환경 활동가들이 거래 실행자, 은행, 채권단, TXU 차입매수 기금을 약정한 고객들과 함께 제11차 협상을 진행했다. 이 협상에서 환경 활동가들은 TXU의 사업계획서에 큰 구멍을 냈다. 미국에서 가장 빠르게 성장하는 주에 에너지를 공급하기 위해 탄소를 배출하는 11개의 화력발전소를 추가로 건설한다는 구상을 산산조각 내버린 것이다.

공익설비 사업계획을 좌절시킨 이 캠페인은 훨씬 더 일찍 시작되었다. 2006년 봄 TXU를 매수하려는 주요 사모펀드 회사들의 의도가 공개되었을 때 지역과 전국 단위에서 활동하는 환경 활동가들의 네트워크가 행동을 개시했다. 이 행동은 회사 경영진과 직접 접촉하는 것에서 시작해 대중적 반대를 조직하는 현장 활동으

로 이어졌다. 또한 TV 광고를 내보내고 편지와 청원으로 주 입법부에 물량 공세를 퍼붓는 등 가능한 모든 수단을 동원했다. 2007년 2월 거래는 보류되었다. 한 달 후 거래협상이 재개되었을 때 추정 부채는 여전히 충격적이었지만 텍사스 시민들을 위한 에너지원에 대한 구상은 극적으로 변화했다. 제안된 석탄화력발전소의 수는 11개에서 3개로 줄었다. 공익설비 계획은 그 규모가 크게 축소되었으며 이는 앞으로의 사태를 암시하는 신호이기도 했다. 많은 비평가들은 탄소를 배출하는 3개의 새로운 발전소마저 너무 많다고 생각했다. 열대우림 행동 네트워크Rainforest Action Network의 대표는 기후변화를 진정으로 심각하게 받아들인다면 신규 석탄발전소가 건설될 일은 없을 것이라고 목소리를 높였다.

역대 최대 규모의 차입매수를 관리한 이들은 분명하고 감지할 수 있는 위험을 간과함으로써 월스트리트 거대 회사들의 얼굴에 먹칠을 했다. 그것은 투자자라면 구체적인 위험이라고 여길 만한 것, 다시 말해 계약이 완수되지 못하여 손실이 발생할 위험이 있는 것이었다.

결국 TXU를 대상으로 한 캠페인의 핵심 설계자인 환경보호기금과 천연자원 보호위원회, 그리고 텍사스주의 제휴·협력 단체들은 적어도 일부 규제기관 및 여론 형성자들의 지원 속에서 공익사업체를 상대로 제기한 소송 여러 건을 취하했다. 이에 상응해 TXU는 텍사스주에 계획되었던 8개 석탄화력발전소 건설 및 펜실베이니아주와 버지니아주에 예정되었던 몇 건의 추가 건설 계획을 취소하기로 합의했다. TXU는 또한 CO_2 배출을 규제하기 위한 연방 배출권 거래제도 입법을 지원하는 한편 환경 보존 및 에너지 효율성에 4억 달러를 투자하기로 합의했다.

전히 반영시키겠다고 마음먹은 끈질긴 활동가들에 의해 강제되더라도 우리는 더 이상 놀라지 않는다. 한때 이윤을 추구하는 투자자의 관심 밖에 있었던 무형의 것을 이제 유형의 것에서 분리하기 어려워졌다. 실질가치를 구성하는 요인들이 재정의되고 있는 것이다. 그리고 가치의 핵심 원리는 기업 가치와 인적 시스템, 생물권 간의 구체적 관계에 대한 비판적 사고를 바탕으로 정의되고 있다. 단순한 최대 이윤 추구는 더 이상 우위를 점하거나 유용한 것으로 여겨지지 않는다.

거래가 종료된 지 5년이 채 지나지 않아 TXU는 비틀거리며 파산을 향해 나아갔다. 석탄보다 값싼 천연가스로 전환됨에 따라 막대한 수준의 부채가 발생했지만 이를 해결하는 데 필요한 현금 흐름이 막혀버렸다. 이 과정에서 TXU는 어쩌면 더 나은 미래를 맞이할지 모른다는 희망 속에서 에너지 퓨처 홀딩스Energy Future Holdings로 이름을 바꿨고 게임은 새롭게 시작되었다.

이제는 연기금, 주 회계감사관, 기관 투자자들은 물론이고 심지어 증권 투자 은행가까지 가치를 재정의하는 한편 위험에 대한 좀 더 복합적이고 실효성 있는 이해를 모색하기 시작했다.

자산 관리에 나타나는 변화의 조짐들

모건스탠리 투자관리회사의 카운터포인트 글로벌 펀드에서 인터넷 부문을 중점 관리하는 투자자 토머스 카메이는 2015년 아스펜연구소의 퍼스트무버스 펠로우십First Movers Fellowship 프로그램에 참가한 회원이다. 프로그램 참가자들은 팀당 21명으로 편성되어 직업 능력을 연마하고 기업 내부에서부터 변화를 불러일으키는 노하우를 익힌다. 참가자들은 중장비 제조사에서 소비재 제조사, 금융, 소매업에 이르기까지 여러 사업 부문에서 선발되었다. 이들이 선정된 것은 새로운 사업 모델과 측정기준을 마련하고 기업의 의사결정이 사회의 장기적 건강과 부합하도록 하는 일에 헌신할 것을 다짐했기 때문이다.

토머스는 투자를 위해 태어났다. 그는 열 살의 나이에 오마하의 현인 워런 버핏의 제자가 되기 위해 그의 어머니와 함께 연례 오마하 순례를 시작했다. 펠로우십 프로그램에 참가했던 2019년에 토머스와 모건스탠리 투자관리회사의 동료들은 토머스가 수립한 위험평가모델에 대한 검증에 착수했다. 이 모델은 규칙이 더 이상 기업과 사회를 가르는 장벽을 지지하지 않을 때 어떤 위험과 보상이 뒤따르는지 뚜렷이 보여준다. 장기 투자는 새로운 접근법이 필요했고 토머스에게는 실험의 기회가 주어졌다.

토머스를 고용한 카운터포인트 글로벌은 인내심 있는 투자자들을 위해 높은 장기 수익을 추구한다. 이 펀드는 저평가 주식을 파악하여 장기 투자를 할 목적으로 설계되었다. 그리고 가장 성공적인 장기전용 펀드 중 하나이며 토머스의 직무는 회사를 분석하고 현재와 미래의 위험과 기회를 파악함으로써 장기적 경쟁우위가 있는 주식을 고르는 것이었다.

토머스는 시스템 변화의 열쇠가 된 놀라운 끈기로 카운터포인트 글로벌의 시야를 넓혔다. 그래서 평범하지 않은 곳에서 일어나는 구체적이지만 측정하기 어려운 위험을 고려하는 데 도움을 주었다. 일례로 토머스와 그의 동료들은 해양 플라스틱 제거를 위해 노력하는 NGO 외로운 고래 재단Lonely Whale과 협력해 플라스틱 빨대 사용에 관해 스타벅스의 주의를 환기시켰다. 토머스는 스타벅스의 상징인 아이스음료용 녹색 빨대를 "관문이 되는 플라스틱gateway plastic"으로 생각했다. 이는 빨대가 해양 생태계를 보호하는 열쇠라는 의미는 결코 아니었다. 다만 생산자 책임을 둘러싼 규범에서 커다란 변화를 추구하는 캠페인 활동가들에게 이 빨대가 분명한 표적이 된다는 뜻이었다. 2018년 진행된 대화에서는 플라스틱 폐기물에 대해 아무런 조치가 없을 경우 발생할 수 있는 구체적 위험을 강조하였다. 그 뒤 CEO 하워드 슐츠는 스타벅스 초기부터 중요한 투자자였던 카운터포인트 글로벌의 요청에 응답해 빨대를 없애는 절차를 진행했다.

2019년 말에는 펩시사와 코카콜라사가 플라스틱 산업협회Plastics Industry Association에서 탈퇴하고 플라스틱 포장 용기의 대안을 찾는 일에 기존 금액의 2배를 투자하기로 한 결정을 발표했다.

모건스탠리의 카운터포인트 글로벌 펀드가 토머스의 평가모델을 검증한다는 것은 그것이 단지 하나의 분석 도구가 아니라 회사 경영에 참고할 만한 지침이 된다는 것을 뜻했다. 이 평가모델은 데이터 대시보드 및 대상 기업의 태도, 보상제도, 사고방식을 파악하기 위한 일련의 질문들을 주요 특징으로 한다.

분석자의 대시보드에 제시되는 양적 측정값은 회사가 장기적 가치 창출에 부합하고 있는지를 파악할 수 있는 통찰력을 제공한다. 토머스가 계속해서 발전시키고 있는 이 방법론은 리더십과 실행력을 측정하는 일련의 질문들을 활용한다. 경영자가 장기적 전망을 취할 의향이 있는가, 그리고 이에 부합하는 보상제도를 갖추고 있는가? 투자자들의 기대가 변함으로써 빚어지는 충돌을 받아들일 문화가 조성되어 있는가? 조만간 발생할 것으로 예상되며 기업에게 영향을 줄 수 있는 사회적 규범과 환경적 추세의 전환을 이해할 준비가 되어 있는가? 그리고 경영진은 이러한 추세가 제시하는 기회와 위험을 깨닫고 있는가?

깊이 있는 사고가 필요한 이러한 종류의 분석은 단순한 재무 분석을 넘어서는 일이다.

토머스와 카운터포인트 글로벌의 동료들은 도처의 경영학 강의실에서 가르치는 의사결정 규칙의 한계를 시시각각 체감하고 있다. 현금흐름할인DCF 모델에는 명백한 결함이 있다.

첫째, 현금흐름할인은 플라스틱 병이나 육류 소비에 대한 소비자의 태도를 반영하지 못한다. 또한 공급망 어디선가 일어나고 있는 지속적 가뭄, 파업이나 직원 시위 가능성 등의 구체적이지만 측정하기 어려운 위험을 감안하지 못한다. 사실상 재무 서류에 빈틈을 만들어내는 이러한 종류의 위험은 전혀 일어나지 않을 수도 있다. 또 그러한 문제가 실제로 일어날지라도 그것이 지금 당장의 일은 아니다. 따라서 장기적으로 기후변화의 영향은 물론 노동시장의 추세와 생활임금에 관한 논쟁에 이르기까지 미래에 소요되는 큰 비용을 무시해버릴 수 있다.

둘째, '장기'를 3년에서 5년, 심지어 통상적인 사업 주기보다 훨씬 짧게 1년으로 잡는 기존 관행 속에서 경영자들은 90일 단위로 이익의 증가에 대해 보고해야 한다. 그러니 경영자들로서는 위험 속에 깃들어 있는 미래 기회를 볼 수 있는 여지가 거의 없다. 게다가 대부분의 자산 관리자들이 최근의 주식 성과를 바탕으로 1년 단위로 상여금을 받는다는 사실 때문에 문제는 더욱 복잡해진다.

토머스와 동료들이 활용하는 분석 방법과 직접적 참여는 고도로 정선된 수십 개 기업들로 구성되는 포트폴리오에서 가장 잘 기능한다. 그들의 방법은 일종의 백병전 같아서 표적을 눈으로 확인하면서 그 전투태세를 평가할 수 있다. 포트폴리오에 수천 개의 주식이 포함되는 인덱스펀드나 수백 군데에 투자하는 대형 뮤추얼 펀드에 대한 위험 관리는 이와는 다른 접근법이 필요하다.

예컨대 7조 달러의 자산을 관리하는 블랙록사는 세계 최대의 투자회사이며 공공시장과 민간시장 모두에서 큰 영향력을 행사한다. 블랙록사의 CEO가 하는 발언은 모든 공개 상장회사 최고경영진의 귀에 들어간다. 래리 핑크는 2020년 CEO들에게 보낸 연례 서한에서 지속가능성 회계기준위원회[SASB]를 유용하고 종합적인 보고 틀이라고 언급했다. 래리의 서한이 발송된 지 2주 만에 지속가능성 회계기준위원회의 1일 다운로드 수는 5배나 증가했다. 그러나 지속가능성 회계기준위원회에게 훨씬 더 중요했던 것은 새로 사이트를 방문한 기업 회계, 위험 관리, 법률 팀 관리자들이 증가했다는 점이다.

하지만 빠르게 변하는 최종 투자자들의 기대는 복합적으로 관리되어야 한다. 환경·사회·거버넌스를 투자 목적으로 삼는 ESG 투자는 매우 다양한 주요 이슈들을 포괄한다. ESG 펀드 매니저는 모든 자산 관리자와 마찬가지로 고객을 두고 서로 경쟁한다. 그리고 관리하는 자산이 얼마나 증식했느냐로 업무 성과가 측정된다. 경쟁적 환경은 혼란스러울 정도로 많은 개별 펀드를 만들어낸다. 이들 펀드는 가치와 재무성과가 연결되기를 원하는 투자자들을 유치하기 위해 총기에 투자하지 않는다거나 다양성을 존중한다는 점을 내세운다. 하지만 그러면서도 S&P 500과 같이 많은 기업들이 포함된 폭넓은 주식 지수를 보유함으로써 발생하는 수익이나 안전성을 희생하지 않는다.

투자 상품이 늘어난다는 것은 기업에게 긍적적인 추세를 나타내는 신호가 될 수 있다. 하지만 그것이 혼란을 일으킬 수도 있고 겉보기와 다를 수도 있다. 인기 있고 종종 아주 웃기는 블룸버그 칼럼 "머니 스터프Money Stuff"의 칼럼니스트 맷 레빈은 ESG 펀드 매니저의 타고난 욕망을 "분포곡선상에 놓인" 주식을 가능한 한 적게 배제하는 것이라고 말한다.

ESG 투자가 투자자를 행복하게 하기 위해, 가령 많은 위험을 유발하지 않으면서 바람직한 입장을 취하도록 설계된다면 실제로 기업의 행동 변화를 이끌어낼 수 있을까? 자산 관리자는 노동자 친화성을 어떻게 평가하는가, 또는 여러 회사들이 공급망 깊숙이 자리하고 있는 인권에 관한 행적을 어떻게 비교하는가? 여러 산업에 걸쳐서 갈피를 잃지 않으면서도 가장 효과적으로 탄소배출량을 측정할 수 있는 방법은 무엇인가? 그리고 펩시의 광범위한 공급망에서 그다지 크지 않지만 눈에 띄는 변화를 이끌어내는 것과 우수한 기준을 지닌 신생 기업이나 소기업을 지원하는 것 중에서 어느 것이 투자 전략으로서 더 중요한가?

최고경영진에서 기업 경영의 규칙을 정하는 것은 복합적인 노력이 요구된다. 환경 및 노동자 친화적임을 표방하는 마케팅 이면에 퇴행적 측정 기준과 실행방식이 그대로 남아있을 수 있기 때문이다. 장기적으로 참된 가치를 창출한다는 목표를 합리적으로 관리하려고 할 때 흔히 부딪힐 수 있는 문제인 것이다.

그렇다면 위험평가 및 가치평가에 대한 대중의 기대와 보조를 맞추기 위해 필요한 것은 무엇일까?

2019년 9월 중국 윈난에서 〈포춘〉지 주관으로 세계 지속가능성 포럼이 열렸다. 연단에 오른 네덜란드 디자이너 단 로세하르더는 우리가 직면하고 있는 지구의 한계에 대해 이렇게 말했다. 그의 말은 개인 투자자들과 그들의 돈을 관리하는 사람들의 이목을 사로잡았다.

> 두려워하지 마십시오. 궁금해하십시오. 저는 유토피아를 믿지 않습니다. 저는 프로토피아protopia를 믿습니다. 그것은 더 나은 세계를 창조할 수 있는 해법의 원형prototype을 설계하고 그것이 실현되도록 노력하는 것을 의미합니다. 우리 인간은 배우고 실패하고 진화합니다. 그만 투덜대고 그만 걱정하십시오. 우리는 이 점을 고쳐야 합니다.[1]

오늘날 헌신적인 분석가와 컨설턴트들이 참여하는 활기찬 산업들에서 바로 이러한 노력을 하고 있다. 이 산업들은 건축가 빌 맥도너의 선구적 작업, 로열더치쉘사의 아리 드 게우스,

스미스앤호켄사의 창업자 폴 호켄, 《그들은 왜 회사의 주인이 되었나Owning Our Future》(북돋움, 2013)의 저자 마조리 켈리, 그리고 자연계와 협력하는 사업 모델, 생명을 지탱하는 자연계의 재생을 목표로 하는 사업 모델을 설계하는 많은 이들에게서 영감을 받았다.

지속가능성 전문가들은 산업 공정의 실제 비용을 이해하고 그것의 가격을 산정하기 위해, 또한 기업 성과의 새로운 기준을 수립하는 데 필요한 변화를 이뤄내기 위해 기업 경영진과 협력한다. 첫 번째 단계는 혁신적 기업 협회의 하나인 퓨처핏Future-Fit이 "손익 균형break even" 목표라고 부르는 것이다. 하지만 오늘날 최고의 인재와 최고의 언론을 동시에 보유할 수 있는 기업들은 한발 더 나아간다. 그들은 피해를 주지 않는다는 사고방식을 넘어선다.

선도적 회사들은 제품과 산업 공정을 천연자원의 한계 내에서 설계한다. 리바이스사의 창업 스토리는 골드러시에서 시작된다. 리바이스사는 혁신적 디자인과 지역사회의 가치를 연계하며 높은 노동 기준과 자원 보존 모두를 중시하는 인재들을 계속해서 영입한다. 바트 사이즈는 리바이스사에서 영입된 다섯 명의 아스펜 퍼스트무버 펠로우즈 중 한 명이다. 바트는 켄터키주 헨더슨에 있는 한 직물회사 집안에서 성장했다. 리바이 스트라우스는 데님을 생산하던 바트 가족의 고객이었다. 데님 생산이 역외로 이동하자 리바이스사는 바트를 채용하여 제조 공정을 지원하게 했다. 바트는 터키에서 첫 근무를 시작했고 현재는 샌프란시스코 본사에서 유레카 혁신 연구소Eureka Innovation Lab를 운영하고 있다. 펠로우십 프로그램에 참가한 해에 바트는 '낡게 보이는distressed' 청바지 생산에 사용되는 화학물질을 레이저 사용으로 대체하는 시험을 했다. 이 과정은 의류 산업의 기준을 높이는 동시에 환경적 가치를 디자인에 통합하는 리바이스사의 전통을 이어나갔다.

다우케미칼사는 자연보호협회Nature Conservancy와 10년간의 장기 협력관계를 맺었다. 그리고 이 협력관계를 기반으로 기술자들은 다우 공장의 하류에 있는 습지를 회복시키기 위해 환경 활동가들과 긴밀히 협력했다. 2020년 봄 마이크로소프트사는 창립 이래 전기 사용으로 인한 것뿐 아니라 회사에서 발생시키는 모든 탄소배출을 2050년까지 모두 포집해 들이겠다는 공약을 발표했다. 그리고 10억 달러 규모의 기후혁신기금을 만들었는데 이것은 다른 회사들을 위한 재원이 될 것이다. 하지만 당시에 마이크로소프트는 탄소 문제를 해결하기 위한 기술이 아직 존재하지 않는다는 사실도 인지하고 있었다.

이들 회사는 이러한 혁신에서 어떤 이점을 얻을까? 직원 참여나 소비자 태도를 측정하는 조사는 기업 의사결정의 근거를 마련해준다는 점에서 도움이 된다. 하지만 회사가 얻는 이점은 당장의 주가나 수익성에서 확실하게 나타나지 않을 수 있다. 그럼에도 리바이스사, 다우케미칼사, 마이크로소프트사가 각각 단행한 투자는 일차적으로 재무 이익이 아닌 생태계의 건강을 목표로 한다. 이들 회사의 경영진은 본능에 따라 행동한다. 그들은 지금 올바르게 행동한다면 실제적인 보상이 주어질 것이라 믿는다. 자산 분배와 투자에서 외부효과를 간단히 무시해도 된다는 생각은 점점 더 받아들여지지 않고 있다.

웰스파고사의 크리스 맥넛과 블랙록사의 애슐리 슐텐 역시 아스펜 펠로우즈로 활동하고 있다. 크리스는 금융계 경력을 쌓아오는 동안 'ESG 가치'를 구체화하려고 노력했다. 한 테드 강연에서 그는 이러한 이상을 위험과 기회의 문제로 매우 설득력 있게 설명한다.[2] 그는 애슐리처럼 생태적으로 건강한 제품과 탄력 있는 경영 모델에 가치를 두는 "깨어 있는" 자산 관리자들에 대해 언급한다. 애슐리는 블랙록사의 고정수입 배분을 위해 ESG 통합, 기후 위험 평가, 지속가능한 투자의 조직화를 이끈다. 그리고 이 과정에서 기후변화가 불러오는 기업 위험을 파악하기 위해 혁신적 접근법을 모색한다. 그녀는 기후 모델을 활용해 물리적이고 사회경제적인 영향을 밝히는 한편 사용자 친화적 인터페이스를 활용해 금융 자산 평가에 이러한 영향을 반영한다.

애슐리는 투자자들이 기후변화와 경영 현실을 연관 지을 수 있기를 바란다. 그리고 연금, 기금, 뮤추얼펀드와 같은 기관들의 장기적 위험 관리를 지원함으로써 투자와 기업 의사결정을 연계하고 경영자가 업무를 좀 더 수월하게 할 수 있도록 한다. 나아가 그녀의 업무는 대학 등록금이나 은퇴 자금을 위해 장기 저축을 하는 사람들을 포함하여 광범위한 다수의 개별 저축자와 자산 투자자들의 매우 장기적인 시간 지평에 맞춰져 있다.

애슐리, 토머스, 크리스, 그리고 금융업계에 종사하는 그들의 동료들은 지금까지의 위험평가 방식을 거부한다. 그들은 또 기업의 장기적 전망에는 거의 관심이 없으면서 공공 및 민간 시장의 규범과 의사결정에 영향을 미치는 투자자들의 단기적 시장 압박에 저항한다.

빠르게 성장하는 엘리트 투자 분야인 사모펀드를 예로 들어보자. 여기서 고액 순자산 보유 개인 및 기관과 같은 "자격이 있는" 투자자들은 공개 시장의 강도 높은 조사와 규제를 벗어나 더 많은 수익을 추구한다.

TXU 거래에서 파트너로 활약한 콜버그 크래비스 로버츠와 텍사스 퍼시픽 그룹 등의 사모펀드 투자회사들은 그들이 취득하는 회사에 대해 통상 5년에서 7년의 그리 길지 않은 투자 지평을 갖는다. 이는 효율성과 생산성, 투자 수익률ROI을 높일 목적으로 기술을 개선하고 전략과 경영상의 변화를 가져오기에는 충분한 시간이다. 생산성의 제고는 통상적으로 사업 일부의 매각 및 인력 감축을 통해 이루어진다. 대부분의 사모펀드 거래는 주식 매수 및 후속 투자의 재정을 조달하기 위해 과중한 채무를 지며, 재정상의 이익은 회사가 공개 시장이나 다른 비상장주식 투자자에게 더 높은 값으로 다시 매각될 때 실현된다.

경제학자 마리아나 마추카토와 같은 비평가들은 생산적인 것에 대한 우리의 생각을 뒤엎는다. 《가치의 모든 것: 위기의 자본주의, 가치 논의로 다시 시작하는 경제학 *The Value of Everything: Making and Taking in the Global Economy*》(민음사, 2020)에서 마추카토는 경제사상사 전체를 관통하는 생산적 노동이 무엇인가에 관한 해묵은 논쟁을 되살린다. 생산성은 산출량의 측정과 관계된다. 생산성은 한때 토지에 의존했으며 이후 산업시대에는 노동에 의존했다. 애덤 스미스와 그의 계승자들은 상업의 활성화에 기여하는 활동들을 생산의 경계 밖에 있는 것으로 여겼다. 금융과 투자 등의 활동, 또 재화를 사고파는 사실상의 모든 상업 부문은 국가의 경제적 산출을 구성하는 일부로 측정되지 않았다.

오늘날 생산성은 완전히 다른 개념으로 바뀌었다. 사모펀드 회사를 찬양하는 이들이 있는가 하면 반대로 비난하는 이들도 있다. 하지만 양자 모두 이러한 투자 회사들은 일차적으로 투자자가 얻는 수익의 관점에서 경제적 생산성을 측정한다는 점을 인정한다. 최근 수년간 메인스트리트를 사냥감으로 삼아 다음 목표를 찾고 이윤을 추출하는 개인 투자자들의 이야기는 금융업계가 어떤 지점에서 우리를 실망시켰는지 잘 설명해준다. 유사한 사례들이 공개 자본시장에서도 나타난다. 여기서 기업 사냥꾼이나 오늘날의 '행동주의 투자자activist investors'* 들은 그 특성상 단기적인 목표를 위해 감독하는 한편 단기 투자자들을 위해 주가를 높이는 '가치 방출' 조치들을 도입하기 위해 이사회 의석을 요구한다. 헤지펀드 행동주의가 장기적으로 주식 가치에 대해 발생시키는 비용을 계산한 연구들이 있는데, 이보다 더 중요한 것은 장기적으로 실제 비용을 부담하는 다른 이해관계자들이다.[3]

민주당의 태미 볼드윈 위스콘신주 상원의원은 비공개 전환 합병에 굴복해야 했던 한 제지공장을 대표적인 사례로 들었다.

> 워소 제지사는 100년의 역사 동안 위스콘신주에서 종이를 제조해왔다. 승냥이떼들이 회사를 통제하면서 그들은 회사 경영진을 몰아내고 일부 공장을 매각했다. 이 때문에 위스콘신주의 한 마을은 파산을 선언해야만 했다. 헤지펀드는 워소가 미래 성장을 위한 투자를 포기하고 대신 지분을 환매해 주가를 높일 것을 요구했다. 이 사례는 비극적이지만 유일한 것은 아니다. 2014년만 해도 헤지펀드 활동가가 주도한 작전은 348차례나 있었다. 이 숫자는 2010년 이후 매년 60% 증가했다.[4]

워소 제지사의 사례는 강렬하지만 다소 복잡한 성격을 띤

---

*특정 기업, 특히 가치가 낮은 기업의 지분을 대량으로 사들여 의결권을 확보한 뒤 지배구조 변화, 구조 조정, 주주 배당 확대 등을 적극적으로 요구해 주주 이익을 극대화하거나 매매 차익을 얻으려는 투자자-옮긴이

다. 제지 산업은 자연자원의 추출이라는 사업 모델에 기초하며 목적은 사람이나 생명을 지탱하는 생태계의 건강과 안녕을 제고하는 것과는 관련이 없다. 그리고 직원, 마을, 지역 기업들 등 제지사를 육성하거나 지원해온 행위자 중 어느 누구도 거래의 혜택을 받지 못했다.

전직 매사추세츠 주지사인 밋 롬니의 2012년 대선 출마가 좌절된 것도 이와 비슷한 상황에서 치를 수밖에 없는 대가였는지 모른다. 그는 베인캐피탈사에서 경력을 쌓은 후 정치에 입문한 인물이었다. 마찬가지로 매사추세츠 주지사를 역임한 더발 패트릭이 2019년 대선에 출사표를 던졌을 때 그는 베인캐피탈사의 직책을 사임하고 후보 약력에서 회사 이름을 지운 바 있다.

부의 집중이 심해지고 기업들이 새로운 재무 규칙, 즉 사업 수행으로 발생하는 환경 비용 산입, 투자자 수익과 일자리 및 노동자 수익의 균형을 고려해야 하는 상황에 처하면서 투명성이 약한 사모펀드 업계에서조차 흐름이 바뀌기 시작했다. 투자회사 아폴로가 호스티스사와 그 대표 브랜드를 파산에서 구했을 때 회사는 화두를 바꾸고자 하는 바람을 피력했다. 그리고 노동자와의 관계 개선과 이를 통한 생산성 증대를 위한 방안으로 직원에게 이윤을 분배하는 시도를 했다. 콜버그 크래비스 로버츠, 칼라일사와 같은 선도적 기업들은 현재 ESG 전문가를 고용해 기존 사업 방식이 초래한 인적·환경적 비용에 대해 분석가들의 경각심을 일깨우고 있다. 사모펀드 투자회사들은 위험 완화에서 가치 창출로 논의의 폭을 넓히기 시작했다. 기업이 무형의 가치에 중점을 둠으로써 투자자, 포트폴리오 회사, 사회에 더 나은 기회와 이익을 창출할 수 있을 것인가 하는 논의로 말이다.

마티 립턴은 법률 회사 왁텔 립턴 로젠 앤 카츠Wachtell, Lipton, Rosen & Katz의 창업자이자 비우호적 인수를 좌절시킨 "독약 조항poison pill"의 창안자이다. 1979년 〈비즈니스 로여Business Lawyer〉에 게재된 논문 "인수대상기업 이사회실에서의 인수 입찰Takeover Bids in the Target's Boardroom"에서 마티는 "지분을 매입한 기업의 활력과 지속적 생존이 아니라 지분 매각을 통한 빠른 이윤 창출에만 관심이 있는 투기꾼들을 이롭게 하기 위해 국가 기업 시스템과 경제의 장기적 이익을 위험에 빠뜨려야 하는지" 묻고 있다."[5]

공공 및 민간 자본시장에서 활동하는 금융업계는 1980년대부터 지속적으로 강화되면서 좋은 기업 경영에 대한 우리의 관점을 혼란에 빠뜨렸다. 금융업계 밖에서 볼 때 다양한 투자는 목적을 분명히 하기보다는 혼란스럽게 하는 경향이 있다. 사업의 목적은 무엇인가, 그리고 그것은 다양한 종류의 투자자들이 가진 목적과 부합하는가, 아니면 어긋나는가?

로저 마틴은 유명한 사업 전략가이자 토론토대학교 로트만 경영대학원 학장을 역임한 인물이다. 마틴이 아스펜연구소 대담에 참석해 달라는 요청을 받아들인 것은 1990년대의 주식 시장 활황이 끝나갈 무렵이었다. 이 대담은 밑바닥으로 치닫는 경쟁으로 내모는 시장 압박을 견뎌내기 위해 무엇이 필요한지를 더 잘 이해하자는 취지에서 개최되었다. 그리고 사회 속에서 기업의 역할 변화라는 모호한 주제에 대해 참가자들이 심층적인 논의를 할 수 있도록 기획되었다. 기업과 사회를 위해 참된 가치를 창출하는 의사결정을 우리는 어떻게 지원할 수 있을까?

로저 마틴은 이러한 도전에 대해 적고 있다.《게임 바로잡기:거품과 붕괴, 그리고 자본주의가 NFL로부터 배울 수 있는 것*Fixing the Game: Bubbles, Crashes, and What Capitalism Can Learn from the NFL*》에서 그는 두 가지 시장 활동을 구분한다. 실물시장에는 재화와 서비스를 만들어내는 데 필요한 모든 것, 즉 R&D, 자원 조달, 제조 및 생산, 마케팅, 경영 활동을 지원하는 모든 노동과 기반시설 등이 있다. 예측시장expectations market은 주식 지분의 미래 가치에 투자하고 베팅하는 것과 관련된다. 이 지분은 애초 기업의 성장을 지원하는 현금을 모금하기 위해 발행되지만 회사와 간접적으로만 연결된 2차 시장에서 계속 유통된다. 오늘날의 주가는 기업 자체의 토대와는 거의 관계가 없는 무수한 사건들과 거시경제적 추세의 영향을 받는다.

요점을 분명히 하기 위해 마틴은 이를 실물시장과 예측시장이 분리되어 있는 미식축구에 빗대어 설명한다. 미식축구에서는 선수들, 그리고 코치진과 경영진을 비롯해 경기에 영향을

미칠 수 있는 모든 사람들은 경기 결과에 베팅을 하는 것이 금지된다.[6]

미국 공개기업의 경우 경영자들은 두 가지 모두, 즉 한편으로는 시장 전략 수립과 집행을, 다른 한편으로는 주가 관리를 해야 한다. 7장에서 살펴보겠지만 보수 설계에 있어서 목표의 불분명함은 경영자와 노동자 사이의 긴장을 심화시킨다. 경영진이 주로 주가 상승으로 보상을 받는 반면 노동자는 더 높은 보수, 복지 혜택, 재정적 안정성을 추구하기 때문이다.

최고경영진에서 일어나는 변화: 무엇이 가장 중요한가?

2020년 초봄 코로나19로 인해 지역사회와 국가, 세계 경제가 큰 피해를 입었다. 이때 아스펜연구소의 동료인 에릭 모틀리는 연구소 직원들에게 한 통의 이메일을 보냈다. 이메일에서 그는 의사결정의 딜레마와 함께 추상적 개념과 거래가 오늘날 어떻게 물질화되었는지, 어떻게 "현재적이고 실제적이며 교란적인 것"이 되었는지 이야기한다.[7]

에릭은 시카고대학교의 교육자이자 철학자이며, 지금까지도 아스펜연구소의 핵심 프로그램으로 남아 있는 아스펜 세미나를 1950년대에 설계한 모티머 애들러를 인용한다. 《독서의 방법*How to Read a Book*》에서 애들러는 이렇게 적었다. "비극의 본질은 시간이다. 아니 오히려 시간의 부족이다. 충분한 시간이 있었다면 그리스 비극에서 해결되지 않는 문제는 없었을 것이다. 하지만 시간은 결코 충분치 않다. 결정과 선택은 짧은 순간에 이루어져야 한다."[8]

에릭은 짐 오툴의 아이디어를 바탕으로 메시지를 마무리한다. 에릭은 오툴이 아스펜 세미나에서 발표한 현대적이고 강력한 글을 저서 《경영자의 나침반*The Executive's Compass*》[9]에서 한층 더 깊이 탐구하며 이렇게 적고 있다.

> 최선의 경우 이러한 결정의 순간은 도덕적 나침반, 옳고 그름에 대한 우리 내부의 감각에 근거를 두게 됩니다. 그것은 교육과 경험에 의해 형성되고 다듬어집니다. 그럼에도 우리의 도덕 체계는 그 형성 시기부터 복잡하면서도 종종 모순적인 성격을 가집니다. 다름 아닌 사회의 교차로에는 비극적인 동시에 역설적인 역사 감각 … 그리고 가치의 충돌, 자유·평등·효율성·공동체의 변증법적 딜레마가 놓여 있습니다. 저는 여기에 공정을 덧붙이겠습니다.

2020년 봄 팬데믹 위기가 전개되면서 공정에 대한 질문이 다시 미국인들의 대화 속으로 들어왔다. 기업 문화의 다른 특성과 마찬가지로 공정은 측정하기가 어렵다. 그것은 어떤 관점을 적용하느냐에 따라, 또한 누구의 필요를 고려하느냐에 따라 달라진다. 공정은 자산을 산정하는 데 거의 중요하지 않으며, 최근까지 공정이나 형평은 보수와 보상의 배분에 중요한 요인이 아니었다. 기업 문화를 구성하는 하나의 가치로서 공정은 무형의 성질을 갖는다. 오늘날 공정의 부재가 강하게 감지되며, 광장에서 그리고 모든 조직에서 공정이 논의의 중심에 있다.

이 글을 쓰고 있는 현재 아마존 물류창고 노동자들과 인스타카트Instacart 배달 노동자들은 집단적 모임이 제한된 가운데 소비자들의 구매 습관이 바뀌는 거대한 전환의 일선에 서 있다. 필수 서비스를 제공하는 이들 회사의 직원들은 자가격리 명령으로 점차 일거리를 잃어가며 노동 조건이 열악해진 것과 노동자 건강 보호규칙이 미비한 것에 저항하기 위해서 용기를 내야 했다. 병원과 요양원에서 환자들을 돌보는 용기 있는 간호사나 조무사와 마찬가지로, 상업을 뒷받침하는 노동자들에게 이것은 사활이 걸린 문제였다.

점점 많은 노동자들이 한 세대 만에 처음으로 자신들의 목소리를 내는 장면은 과거의 노동 시위를 연상시켰다. 공정의 문제가 다시 테이블 위에 올랐다. 공정이 어디에, 그리고 어떻게 적용될지를 말하기에는 아직 이르다.

지금 이 순간 경영자들은 다시금 더 많은 것을 해야 한다는 요구를 받고 있다. 시장을 넘어서, 안정성과 성장 모두에 꼭 필요한 새로운 사고방식과 가치평가 방식으로 나아가라는 요구이다. 콘페리사의 CEO 스카우트 분과 공동 의장이자 아스펜 연구소 기업과 사회 프로그램 자문위원회 회원이기도 한 티어니 레믹은 정말 유능한 CEO는 강력한 상업적 리더인 동시에 담대한 사회적 건축가라고 말한다.

오늘날 CEO들에게는 다양한 역량과 새로운 경영 방식이 필요하다. 급속하게 바뀌는 직원들의 기대, 또 비즈니스의 중단business disruption 기술의 진화, 사회적 기대가 교차하는 지점에서 일어나는 빠른 변화가 그들을 강타하고 있다. 경영자가 주도하는 대응이 진정성이 있을 때, 다시 말해 자신이 말한 약속에 부응할 때 그것은 사업 운영뿐만 아니라 기업의 평판에도 영향을 미친다. 그것은 다름 아닌 장기적 가치를 이해하고 육성하는 열쇠가 될 수 있다. 진정성은 유능한 지도자들의 행동에서 분명하게 드러나지만 측정하기는 어렵다. 하지만 그렇다고 무시될 수 있는 건 아니다.

■■■

로이 바젤로스는 1980년대 머크사의 CEO였다. 그와 가장 가까운 조언자는 멕티잔 약을 생산하고 보급하겠다는 그의 결정을 말렸다. 멕티잔은 강변실명증으로 알려진 질병의 치료제다. 환자들은 이 약에 돈을 지불할 여력이 없는 상황이었다. 머크사는 공익을 위해 민간 투자를 선도했으며 바젤로스는 장기적 가치 창출에 대한 예리한 통찰력을 보여주었다. 2장에서 기업의 목적과 그가 내린 결정 사이의 관련성을 살펴볼 것이다.

월마트사의 CEO 더그 맥밀런은 2019년 월마트 매장에서 총기난사 사건이 일어난 직후에 행동에 나서라는 요구를 받았다. 첫 번째 총격 사건은 엘패소 외곽의 한 매장에서, 또 다른 사건은 멤피스 남부 미시시피주에 있는 사우스에이븐시에서 일어났다. 일주일 간격으로 고객과 직원 24명이 살해되었다. 자문 기간을 거쳐 맥밀런은 전 세계 모든 월마트 매장에서 권총과 탄약 판매를 중단할 것이라고 선언했다. 여기에는 군대식 무기에 사용되는 탄약도 포함되었다. 그의 결정은 더 이전의 정책에서 고려되었는데, 이 결정이 미국의 시대 상황과 사회적 다양성 속에서 기업에 미칠 의미가 불확실했다. 그래서 그는 직원들의 목소리에 귀를 기울였다.

자본과 노동의 긴장관계가 고조되던 1901년 윌리엄 매킨리 암살 이후 대통령이 된 시어도어 루스벨트에 경의를 표하며, 아스펜 대담의 참가자들은 이러한 사고와 행동의 영역을 시장 공동체의식market civitas이라 부르기 시작했다. 루스벨트 대통령이 철도 및 독점 기업들과 벌인 싸움에는 시민을 위한 "공정 정책square deal", 다른 종류의 의식과 시민 참여 등 여러 가지 목적이 깔려 있었다. 이것은 오늘날 경영자가 회사의 사회적·환경적 가치와 영향을 고려해야 한다는 점과 다르지 않다.

시장 공동체의식은 중요 기반시설, 교육받은 노동력, 공공재에 대한 만인의 평등한 접근성 등 커먼즈commons*의 건강에

---

*공유지, 공동의 자원 또는 자산, 공유 활동 등을 뜻한다. - 옮긴이

상당한 비중을 둘 것을 요구한다. 시장 공동체의식은 소비자 데이터를 현명하게 사용하고 기후 온난화를 완화하는 동시에 자연의 상품화 및 인간과 자연의 분리를 종식할 것을 요구한다. 실질적 진보를 이루기 위해 기업 리더들은 업종협회의 지원을 통해 미래의 집합적 이익을 위한 탄소 가격 및 공정한 조세 제도를 비롯해 보완적 공공정책을 제시해야 한다.

하지만 시장 공동체의식은 또한 민간이 시간과 돈을 투자할 것을 요구한다. 항공사는 탄소배출을 감축하는 기술에 투자할 수 있고, 기술회사는 데이터 개인정보 보호의 규칙을 변화시킬 수 있다. 또 의류 제조사는 계약직 노동에 대한 국제 규약을 재정립할 수 있다. 6장에서 더욱 상세히 살펴보겠지만 시장 공동체의식은 때로 변화의 주체들과 경쟁업체들 사이의 복잡한 연합에 참여하는 것을 의미한다. 아마존사가 전국을 물색하며 추진했던 제2본사 건설 계획을 철회하면서 깨닫게 된 것처럼 시장 공동체의식은 공공의 이익을 사적 이익만큼이나 중요하게 여긴다는 것을 의미한다.

시장 공동체의식은 경영 소프트파워를 활용하는 것과 관계있다. 동시에 기업의 역량을 지혜롭게 그리고 민주주의와 지역사회를 떠받치는 제도를 존중하면서 발휘하는 것과 관련된다.

광고대행사인 에델만사는 정부, 기업, 언론, 시민사회단체 등의 기관에 대한 여론을 파악하기 위해 매년 신뢰도 지표Trust Barometer라는 조사를 실시한다. 코로나19가 확산하면서 언론과

시장 공동체의식

시장 공동체의식에 부합하는 올바른 행동은 미리 정해져 있지 않다. 그러한 행동이 무엇인지를 알려면 요술 방망이가 필요할지도 모른다. 시장 공동체의식 영역에서 행동을 취할 때 핵심이 되는 것은 기업이 참된 가치를 창출하도록 이끌어내는 것, 그리고 건강한 생활 체계 안에서 사회가 번영할 수 있는 여건을 조성하는 기업의 투자와 의사결정을 이끌어내는 것에 대해 깊은 이해를 갖는 것이다. 이는 다음과 같은 모습으로 나타날 것이다.

- 드비어스사와 같은 광산 업체의 경우 향후 수십 년간 환경적으로 민감한 지역에서 사업을 운영하기 위해 정치적 지지와 지역사회의 지지를 획득
- 펩시사와 리바이스사의 경우 물 보존, 그리고 농업과 상품(감자에서 면화에 이르기까지)의 장기적 건강성에 대해 깊게 이해하기
- 스타벅스의 경우 옥스팜에서 유엔에 이르는 제3의 행위자와 협력하기. 이들 조직은 희소한 커피콩 품종을 관리하고 재배하는 전통적 사회와 공정하게 거래하기 위해 무엇이 필요한지 알고 있다.
- 폐기물 관리회사 웨이스트 매니지먼트사의 경우 연구개발에 대해 매우 장기적인 관점을 취하기. 이러한 연구개발을 통해 유기물질에 대해 완전히 새로운 폐기물 배출경로를 만들고 관리함으로써 비료로 사용할 수 있게 된다. 즉, 유기물질은 비용이 많이 들어가는 매립지에서 썩어가는 대신 가치를 창출하는 잠재력을 갖게 된다.

증권거래소를 점령한 2020년 5월, 에델만사는 1월에 발표했던 2020 신뢰도 지표를 새롭게 업데이트했다. 발표된 자료에 따르면 대중의 불안 속에서 정부 신뢰도는 상당히 올라갔다. 또 기업이 "이윤보다 사람을 우선"할 것이라는 기대 역시 높아졌다. 기업에 대한 관심은 기업의 능력에 관한 인식, 즉 문제해결 능력과 일자리 창출 능력에 관한 인식에 뿌리를 두고 있다. 정부가 우리를 실망시킬 때 기다리기만 하는 것은 현실적이지 않다. 대중은 기업이 당장 행동하기를 원한다.

코로나19와 기후위기는 기업의 건강과 사회의 건강이 서로 연결되어 있다는 사실을 부각시켰다. 기업에 대한 대중의 신뢰가 지속되려면 기업은 정서지능을 갖추고, 또 민주주의와 자유 시장, 문화와 상업의 복잡한 상호작용에 대해 정확하게 이해해야 한다.

핵심 자산이 무형일 때 금융학자들이 직면하는 도전

가치평가와 투자를 하나의 수학 문제로 가르치는 금융학 교수들이 있다. 이들은 최고경영자나 CFO로서 성공하기 위해 필요한 많은 복잡한 도구들 중에서 딱 한 가지 도구만을 가르치고 있는 셈이다. 엘리트 학교에서 배출된 많은 MBA들이 기업에게 자문을 하는 직업에 종사한다. 이들은 기존의 경제논리에 입각한 의사결정 규칙보다 훨씬 더 많은 것을 알아야 한다. 그리고 이들은 경영자의 행위가 실질적으로 변화하기를 원한다.

제품을 신뢰하는 직원들이 없다면, 또는 깨끗한 물, 기반시설, 광물과 같은 유형 자산에 대한 접근성을 관할하는 지역사회에 바탕을 두지 않는다면 기업은 아무런 의미가 없다. 함께 일하고 투자할 가치가 있는 기업이나 브랜드는 자신이 의존하는 핵심 관계들을 통해 가치를 높이는 기업이다. 그러한 가치는 부동산 한 필지보다 훨씬 더 큰 의미가 있다.

기존의 논리를 따르는 금융학 교수들은 무엇이 가장 중요하며 무엇을 무시해도 괜찮은지와 같은 문제들을 놓고 자신의 학문 분야에 제기되는 변화 요구와 씨름할 때, 여전히 밀턴 프리드먼이 일으킨 소용돌이의 잔해 속에서 허우적대고 있다.

이 장의 서두에서 나는 2010년 아스펜연구소에서 있었던 금융학 교수들의 모임에 대해 이야기했다. 이 모임이 끝나갈 무렵 미국에서 가장 높은 평가를 받는 경영대학원 중 한 곳에 재직 중인 한 경험 많은 학자이자 교수가 대화를 새롭게 이어갈 화두에 대해 다음과 같은 생각을 꺼내놓았다. "내가 학교에 있는 동안 가르친 학생들은 월스트리트 이곳저곳에서 일하고 있지만 재무부에 근무하는 친구들도 있습니다. 나는 그들이 사적인 효용과 공익 사이에서 균형 잡힌 행동이 무엇인지 이해하기를 바랍니다. 개인의 이익과 공공복지가 함께 가지 않는다면 내가 가르치는 의미가 있을까요?”

영업면허를 부여받은 기업의 경영자에 대해서도 똑같이 말할 수 있다.

금융학자들이 쉽게 바뀔 사람들은 아니지만 경영대학원 내에서, 그리고 핵심 금융학 강의를 중심으로 실질적인 변화가 일어나고 있다. 하버드 경영대학원의 마이클 포터와 조지 세라페임, 그리고 그들의 동료인 마크 크레이머는 〈기관투자자 Institutional Investor〉에서 2019년의 금융 현황과 목표에 대해 이렇게 적었다.

> 우리는 투자자의 가장 근본적인 목적이 자본을 제대로 활용함으로써 사회의 가장 중요한 필요를 충족시킬 기업에게 자본을 배분하는 것이라고 믿는다. 실물경제에 대해 효과적인 자본 투자 없이 사회는 번영할 수 없다.
> 하지만 오늘날 우리는 투자자가 이윤을 얻는 동안 사회의 많은 부분이 힘겨운 싸움을 벌이는 세계에 살고 있다. 이러한 분리는 자본시장의 정당성뿐만 아니라 바로 미래에도 위협이 된다.[10]

아스펜연구소의 ‘가르칠 가치가 있는 아이디어 상’을 수상한 수십 명의 교수들을 훑어보면 금융학에 종사하는 이들이 거의 없다는 것을 알 수 있다. 소액신용과 같이 금융과 금융 도구의 모범적 활용을 검토하거나 금융의 윤리적 딜레마, 또는 심지어 금융제도의 실패를 고찰하는 강의가 있기는 하다. 하지만 금융학을 어떻게 가르칠지, 또는 오늘날 어떻게 다르게 가르칠지에 대한 근본 원칙에 접근하는 것은 여전히 불가능하거나 매우 어려운 것처럼 보인다.

아낫 아드마티는 스탠퍼드 경영대학원의 금융학 및 경제학 교수이다. 수년간 2008년 금융제도 붕괴를 바라보는 다양한 분야의 관점을 탐색한 끝에 그녀는 '금융과 사회'라는 강의를 개설하여 실험에 나섰다. 강의계획서는 이렇게 강의를 소개한다.

> 본 학제 간 강의는 광범위한 경제 내에서 금융제도가 수행하는 역할 및 금융제도와 나머지 사회 간의 상호작용을 논의할 것이다. … [강의는] 금융의 역할을 이해하기 위해 꼭 필요한 기본적인 경제 원칙을 포괄하며 금융 규제를 둘러싼 정책 사안을 논의할 것이다.

그녀는 강의에서 소액금융부터 세계적 거대은행에 이르는 다양한 금융제도와 규제의 역할, 그리고 그것이 필요한 이유와 실행 방식 등을 다룬다. 강의 주제는 '다른 사람의 돈'을 책임지는 신인의무 분야와 여기에서 비롯되는 거버넌스 사안을 포괄한다. 또한 그녀는 스스로 "은행과 금융의 정치"라 명명한 것을 고찰한다.

아낫은 학제 간 환경에 익숙하며 법과 정책을 공부하는 학생들이 경영대학원 학생들과 함께 강의에 참여하는 것을 장려한다. 그녀는 공개적으로 대화를 이어가기 위해 최근 '기업과 사회 이니셔티브' 과정을 개설하기도 했다.

그녀는 열성적으로 금융 붕괴의 핵심에 있는 단절을 탐구해왔으며 스탠퍼드 경영대학원에서 간행하는 저널을 통해 새로운 이니셔티브를 개설한 이유를 설명했다.

> 금융회사들은 주주 가치를 극대화하기 위해 우리가 하라고 하는 모든 것을 할 수 있지만 여전히 모든 것을 엉망으로 만들고 있다. 경솔하게 주택담보대출을 시행하고 채권을 묶어 전 세계에 판매했다. 그래서 주택소유자들이 상환불능 상태에 빠지기 시작하자 세계 경제를 해체하는 허술한 제도를 만든다. 이것이 어떻게 가능할까? 그리고 어떻게 용인될 수 있을까?
> 규칙은 약하고 시장에 대한 우리의 가정은 틀렸음이 입증되었다. 더욱 심각한 것은 자세히 들여다볼수록 이러한 제도를 뒷받침하고 가능하게 하는 그릇되거나 오도하는 주장들을 접할 수 있었다는 사실이다. 우리의 강의와 연구는 기업들이 주주 가치 또는 주가를 극대화한다면 그것은 사회에 유익하다고 가정하거나 제안한다. 하지만 이러한 목표를 추구할 때 상당한 피해를 불러올 수 있다는 사실이 드러나고 있다.[11]

아낫은 무엇이 잘못되었는지에 대한 의문을 품고 토머스 베리가 말하는 낡은 이야기와 새로운 이야기의 필요성을 이해하기 위해 다른 분야, 즉 사회과학과 법학으로 방향을 돌렸다. "나는 경제학과 금융의 표준 모형에서는 얻을 수 없는 더 나은 이해와 통찰력을 갖기 시작했다. 그리고 많은 기본적 가정들에 의문이 들기 시작했다."

그녀는 잘못된 것에 대한 깨달음과 다른 방식의 금융 교육을 이어줄 자본주의 3.0 강의에 대해 생각하게 되었다. 그리고 아제이 밀러의 비전에서 영감을 받았다고 말했다. 1969년부터 1979년까지 스탠퍼드 금융대학원 학장을 지낸 밀러는 공익경영public management 프로그램을 신설해 처음으로 기업 책임성의 문제에 관한 강의와 연구를 주관했다. 현재는 선한 목적을 위해 자본을 활용하는 사회적기업과 비영리단체에 관한 내용을 다루고 있다.

이것은 하나의 시작이다.

리베카 헨더슨은 하버드 경영대학원에서 대학원생들에게 전략을 가르친다. 그녀는 최근 필수 리더십 과목을 관장하는 책임 교수로 임명되었다. 이 강의는 '다시 자본주의를 상상한다'는 이름의 선택 과목으로 시작된 것이었다. 그녀의 강의는 아스펜연구소의 '가르칠 가치가 있는 아이디어 상'을 수상했으며 2020년에는 《자본주의 대전환-하버드 ESG 경영 수업 *Reimagining Capitalism in a World on Fire*》(어크로스, 2021)라는 책으로 출간되었다.

첫 해에는 28명의 학생들이 수업을 들었다. 강의는 상당한 화제를 불러일으켰고 다음 해에는 거의 400명에 가까운 학생들이 수강 신청을 했다. 이는 2학년 전체 학생의 거의 절반에 가까운 수다. 강의의 성공은 자본주의가 무엇을 가져다줄 수 있으며 또 왜 그래야 하는지, 그리고 기업의 건강과 기업이 의존하는 사회의 건강 사이에서의 경영 노하우에 대한 지식의 갈증이 있음을 뚜렷이 보여준다.

리베카는 2x2 행렬을 이용해 오늘날 경영자들이 직면하는 도전, 즉 '지금의 나'에게 최선인 결정과 '다른 사람'의 장기적인 미래의 필요 사이의 긴장을 묘사한다. '다른 사람'이라는 이름이 붙은 사분면은 소재지 지역사회에 대한 기업의 의존, 공급망의 복잡성, 자원 사용으로 미래 세대가 치르는 대가 등의 복잡한 문제들을 담아낸다. 오늘날 경영자가 다양한 관점과 기업 의사결정의 역동적 효과들 사이에서 균형을 이루어야 한다는 것은 분명하고도 거부할 수 없는 현실이다. 이는 또 현저한 복잡성의 시대에 기업에 입사할 학생들에게도 현실적인 문제이다.

경영학 수업의 이러한 변화는 투자에서 일어나는 변화를 반영한다. 여기서 자산 관리자는 새로운 투자자 세대의 필요와 희망에 적합한 기준을 고려한다. 이들 세대에게 건강한 하천의 중요성은 더 이상 무시될 수 없다.

■■■

기업의 규칙들을 새로 쓰고 기업 내에서 이러한 규칙들을 연결하는 과정은 기업의 목적이 무엇이냐는 믿을 수 없을 정도로 간단한 질문에서 시작한다.

기업의 목적은 슬로건이 아니다. 그것은 무형 자산의 가치를 드러내는 열쇠이다. 그리고 소비자와 투자자, 직원에게 신뢰를 얻고 이를 유지하는 핵심이 된다. 다음 장에서 자세히 다룰 텐데 기업의 목적은 경영 행위에서 온전히 드러나며 따라서 그것을 통해 가장 잘 이해할 수 있다

▪ 낡은 규칙 ▪

주주 가치 또는 이윤 극대화가 기업의 조직 원리다

단일목적함수인 이윤은 측정하기 수월하며 부서 간 또는 기업 간 비교를 가능하게 한다. 주주 가치와 그것의 귀결인 이윤 극대화는 책임성의 핵심이다.

▪ 새로운 규칙 ▪

기업은 주주 가치를 넘어서는 많은 목적에 복무한다

책임자들의 일차적 의무는 기업의 건강성이며, 따라서 참된 가치의 가장 중요한 기여자들에 주목하는 것이다. 기업은 자신의 목적을 선택한다. 또한 그 목적은 회사가 운영되는 방식과 회사가 내리는 결정을 통해 드러난다.

| 2장 |

기업의 목적

▪ 규칙 2 ▪

기업은 주주 가치를 넘어서는 많은 목적에 복무한다

이윤이 우리를 지탱하지만
그것이 우리를 정의하는 것은 아니다.

– **마조리 스카디노(피어슨사 전 CEO)**

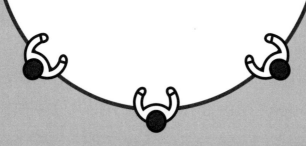

캐런 브레너는 뉴욕대학교에서 법학과 경영학을 가르친다. 매 학기 그녀가 가르치는 학생들은 영업면허를 취득하기 위한 서류를 제출하는 간단한 실습을 통과해야 한다. 서류를 제출하려면 60달러의 비용이 들며 양식에 맞춰 기업의 목적을 작성해야 한다. 이때가 바로 깨달음의 순간이다. 목적이 곧 출발점인 것이다.

애석하게도 회계사에게 통상적으로 듣는 조언은 법이 허용하는 한에서라면 목적은 아무래도 상관없다는 말이다. 하지만 캐런의 수업에서 배울 수 있는 교훈은 매우 중요하다. 여러분이 사업 주체인 한 기업 목적은 여러분 자신에게 달려 있다. 영업면허를 활용해 이루려는 목적을 결정하는 것은 여러분 자신이다.

말장난처럼 들릴지 모르지만 기업의 목적이 법인의 목적과 동일한 것은 아니다. 법인의 목적은 법적 구성물이다. 기업의 목적은 더 깊이 들어간다. 그것은 사업을 이끄는 사람과 거기에 고용되는 사람들에 의해, 그리고 시간의 흐름 속에서 그 의미를 갖게 된다. 리더의 의도가 결정적이지만 고정된 것은 아니다. 기업은 의도와 실행의 형태를 규정하는 시스템과 구성원으로부터 부단히 영향을 받는다.

법적 틀과 함께 기업에 활력을 불어넣는 진정한 요인들을 이해하는 것이 중요하다. 이런 생각이 처음으로 분명하게 떠오른 것은 한 경영자와 그가 10년 전 내린 결정에 대해 환담을 나누던 중이었다. 포드재단에서의 임기가 끝나갈 무렵이던 1997년이었다. 나는 제약회사 머크의 CEO로서 상업적 가치가 없지만 인류에게 헤아릴 수 없이 큰 혜택을 가져다줄 한 약품의 제조에 착수한 로이 바젤로스와 함께 시간을 보낸 적이 있다.

그 약은 이버멕틴이라는 일반 명칭으로도 알려져 있는 멕티잔이다. 멕티잔은 강변실명증의 효과적인 예방치료제로, 금전적 손실을 안겨주는데도 머크사는 지금도 멕티잔을 생산하고 있다. 강변실명증은 사하라 이남 아프리카 전역의 오지에서 발생하며 유속이 빠른 강과 하천 근처에 서식하는 감염된 흑파리에 의해 전파된다. 이 질환은 라틴 아메리카와 예멘의 여러 지역에서도 발견된다.

하버드 경영대학원이 발표한 한 사례 연구는 바젤로스가 직면한 결정의 상황을 이렇게 기록한다. 성공하는 데 비용이 너무 많이 들고 회사가 얻는 이익은 기껏해야 무형의 것일 때 회사는 공중보건 활동에 참여해야 하는가? 강변실명증은 치명적인 증상을 일으키지만 치료가 가능한 질환이다. 자신이 보유한 지적 재산이 환자들에게 새로운 삶과 희망을 안겨줄 수 있지만 생산을 뒷받침할 만한 수익을 가져다주지는 않는다는 사실을 알게 되었을 때 취해야 할 올바른 행동은 무엇인가?

바젤로스는 자신이 특허를 받은 약을 제조하고 투약할 의향이 있는 공공기관을 찾고자 유엔에서 백악관에 이르기까지 수많은 사람을 붙잡고 호소했지만 허사였다. 결국 머크사가 직접 나서기로 했다.

바젤로스는 이 약을 "어디서든 필요하면 필요한 만큼 무료로 이용할 수 있도록" 하겠다고 다짐했다. 이 다짐에 힘입어 1988년 머크사가 단행한 투자는 실로 수업시간에 다루어질 만한 위대한 사례이다. 머크사의 사례는 리더십과 윤리적 딜레마에 관한 이야기 이상의 것을 담고 있다. 즉 장기적인 사고가 무엇인지 보여주는 강력한 사례이자 무엇이 회사를 움직이게 하는지 들여다볼 수 있는 창과 같은 역할을 한다.

머크사의 이 모험이 성공하기 위해서는 과학과 약품 제조, 감염 지역의 오지 마을을 연결하는 복잡한 협력관계가 형성되어야 했다. 약품 인도가 지속적으로 이루어지게 하기 위해서는 공중보건 요원과 탄탄한 네트워크가 필요했다. 이러한 실천이 효력을 발휘하는 지역에서는 회선사상충증이 전파하는 강변 실명증이 점진적으로 근절되고 있다. 머크사의 전략은 현장에서 이렇게 성과를 보이고 있다.

바젤로스가 행동을 취한 지 수십 년이 지나 세계은행 그룹의 김용 총재는 질병이 근절될 때까지 약품을 제조하고 보급하겠다는 머크사의 굳은 결심이 "판도를 바꾸는 개입"이 되었다고 공언했다. 이는 대차대조표상으로는 파악하기 어려운 의미 있는 이익을 머크사에 안겨주었다.

바젤로스가 머크사의 CEO로서 보여준 결단은 궁극적으로는 성공적인 홍보 수단이자 인류 건강에 헌신하는 회사로 자리매김하는 결정적인 계기가 되었다. 하지만 바젤로스는 그 이전에 회사 구성원들의 저항을 넘어서야 했다. 경영진은 가시적인 목표 없는 캠페인 참여가 불러올지 모를 연쇄반응을 두려워했다. 그렇다. 모종의 선의를 발휘할 수는 있지만 감당해야 할 부담이 커진다면 그 선의는 빛을 잃을 것이다.

바젤로스는 나와 인터뷰하면서 멕티잔 사례 이후 수년간 참여했던 MBA 수업에 대해 이야기했다. 학생들은 이미 결과를 알고 있으면서도 그의 행동방침에 의문을 제기하고 그것에 반대했다는 것이다. 바젤로스는 머크사의 역사에서 배운 것이자 결단의 발판이 된 다른 계기들에 대해 이야기했다. 2차 세계대전이 끝난 후 점령당한 일본이 자치로 이행하던 시기에 머크사는 일본의 의약품 제조 역량 개발을 지원했다. 개발도상국이던 중국에도 비슷한 투자를 했고 그럼으로써 머크사는 중요한 개발과 교역의 파트너로 자리매김했다.

그렇긴 하지만 과연 멕티잔 생산과 보급이라는 결단을 이끈 진정한 힘은 무엇이었을까?

바젤로스는 이렇게 말했다. "우리는 과학자들 없이는 아무것도 아닙니다. 신약 개발을 이끄는 창조력은 그들에게 있습니다. 강변실명증처럼 치명적인 질병의 치료제를 만들지 않기로 결정했다면 그 결정은 우리 직원들에게 어떤 메시지를 전했을까요?"

상황은 다른 식으로 전개될 수도 있었다.

바젤로스는 CEO였지만 그에 앞서 과학자였다. 그는 머크사를 움직이는 힘이 무엇인지 분명하게 인식하고 있었다. 그는 회사의 장기적인 성공의 토대, 즉 과학 인재의 확보가 브랜드를 차별화하는 한편 "전 세계의 생명을 구하고 개선하는 혁신적 제품과 서비스를 발견하고 개발하고 제공한다."는 회사의 사명을 달성할 수 있는 희소 자원임을 알고 있었다.

내가 바젤로스와 보낸 시간, 그리고 그의 품행, 과학과 신약 개발의 중요성에 대한 뚜렷한 소신, 인간미가 느껴지는 강렬한 인상은 20년이 지난 지금도 여전히 생생하다. 그는 살면서 지켜온 가치, 물려받은 회사에 대한 명민한 이해를 기반으로 위대한 리더가 될 수 있었다.

오늘날의 주주 가치 문화로 빠르게 테이프를 돌려보자. 밸리언트사의 목적은 무엇이었을까?

2015년 밸리언트사의 주식은 뜨거운 종목이었다. 밸리언트사는 머크사와 마찬가지로 제약회사로 여겨졌지만 신약 개발에 참여하거나 스스로 지적 재산을 창출하지는 않았다. 회사의 수익은 다른 제약회사를 사들인 후 비용을 절감하거나, 팔리지 않는 제품의 가격을 공격적으로 책정하고 심지어 회사가 통제하는 약국에 제품을 떠넘기는 것에서 나왔다. 회사의 조직 원리는 주주 가치의 극대화였다. 공격적인 주가 목표가 보상 계획에 포함되어 있었다.

환자는 사업 모델의 어디에 들어 있을까? 이 회사에는 어떤 사람들이 들어올까? 의약품이 필요한 이들은 고려 대상도 아닌 듯 보인다. 경제적 의미의 생산 영역에서 회사와 회사가 돈을 버는 방식을 구분하는 것은 사실상 불가능하다.

2015년이 끝날 무렵 밸리언트사의 운영 모델은 산산조각이 났고 주가는 폭락했다. 주주 가치 또는 주주 가치 극대화라는 조직 원리는 당연하게도 한계에 도달했다.

때로는 회사의 목적을 밝히는 것이 홍보 활동에 지나지 않는 경우도 있다. 코미디 프로그램의 소재로 쓰이기에 충분할 만큼 고상한 문구를 내세우면 냉소의 대상이 되기 십상이다. 매트리스 회사인 캐스퍼사의 "좋은 잠이 세상의 잠재력을 깨운다Awakening the potential of a well-rested world"라는 슬로건은 농담의 표적이 되었다.

내가 생각하기에 위워크사의 공동 창업자인 애덤 노이만은 실제로 자신이 "세계의 의식을 고양"하는 일을 하고 있다고 믿었다. 하지만 그가 표방한 가치는 직원이나 고객에게 하나의 영감이 아니라 반면교사로 기억될 것이다. 위워크사는 부실하게 운영되었을지언정 개인과 기업가, 심지어 직원을 수용하는 좀 더 유연한 방식을 찾는 대기업에게 훌륭한 교훈을 준다. 사업 모델에 목적이 명확하고 확고하게 자리 잡았다면, 그 목적은 의사결정의 유용한 토대이자 투자 자본과 인력 배치 방식을 조직하는 원리가 될 수 있었을 것이다.

기업의 진정한 목적은 한 페이지의 선언을 넘어서는 것이다. 그것은 기업의 지향과 주변 상황에 대한 이해의 수준을 보여준다. 하지만 핵심은 따로 있다. 모든 회사의 목적은 드러나게 마련이라는 것이다. 밸리언트사가 이윤 극대화를 따라 운영된 반면, 머크사의 CEO는 과학에 대해 명민하게 이해하고 있었고, 신약을 개발하고 환자들에게 가치를 전달하는 출발점으로서 과학자들이 중요하다는 원칙을 따랐다.

1장에서 이야기한 것처럼 블랙록사의 CEO 래리 핑크는 매년 공개기업의 CEO들에게 서한을 보낸다. 7조 달러의 자금을 운영하는 블랙록사는 대다수 주식의 단일 최대 투자자이다. 2018년 핑크는 CEO들에게 자신들이 경영하는 회사의 목적을 검토할 것을 촉구했다. 그는 사회가 왜 특정한 보호와 혜택을 제공하는 영업면허를 기업에게 부여하는지 다시 한 번 살펴볼 것을 요구했다.

래리는 이렇게 적었다. "목적은 단지 구호나 마케팅 활동이 아닙니다. 그것은 회사가 존재해야 할 근본적인 근거, 즉 자신의 이해관계자들을 위한 가치를 창출하기 위해 회사가 일상적으로 행하는 것과 관련됩니다. 목적은 단지 이윤을 추구하기 위한 것이 아니라 이윤 획득을 위해 생기를 불어넣는 힘입니다."

목적과 이윤 사이

신약 개발은 길고도 복잡한 과정이다. 과학에 대한 헌신, 높은 수준의 직업적 기준과 규약, 운영 목표를 위한 빈틈없는 실행, 기업에 대한 사회적 인정을 이해하는 예리한 감각이 필요하다. 여러분이 머크사의 CEO가 된다면 그것은 독일과 미국에서 뿌리를 내린 영업 유산을 물려받게 되는 셈이다. 이 유산은 1891년까지 거슬러 올라간다. 머크사는 짐 콜린스의 베스트셀러 《성공하는 기업들의 8가지 습관*Built to Last: Successful Habits of Visionary Companies*》(김영사, 2002)의 내용을 입증하는 하나의 본보기다. 래리 핑크는 머크사가 자신의 사회적 목적을 분명히 했기 때문에 잠재력을 온전히 발휘할 수 있었다고 주장한다.

공개 시장을 통해 자본을 모으는 회사는 무엇이 가장 중요한지를 분명히 이해함으로써 장기적 집중점을 희생시키면서 더 높은 수익이라는 단기적 요구를 쫓는 것을 뿌리칠 수 있다.

내 동료이자 조언자이기도 한 데이비드 랭스태프는 1997년 베러디언사를 창립하여 방위산업 분야에 기술 솔루션과 보안 서비스를 제공하는 최고의 회사로 키워냈다. 회사의 기원은 훨씬 더 이전의 어떤 회사로 거슬러 올라간다. 이 회사는 데이비드가 베러디언사를 창립하기 10년 전에 참여한 한 우주 프로그램과 밀접한 관련이 있었다. 1998년 처음 데이비드를 만났을 때 나는 아스펜연구소의 기업과 사회 프로그램을 새로

만들기 위해 포드재단에서 이직할 준비를 하고 있었다. 우리는 '21세기 기업'이라는 제목으로 열린 한 세미나에서 만났다. 이 세미나는 정부가 취약하고 법규가 거의 준수되지 않는 국가를 대상으로, 점점 복잡해지는 공급망 속에서 더 높은 노동 기준을 달성하고 인권을 보호하는 과제와 같이 세계화 시대에 내재한 긴장 상태에 대해 검토하는 것이었다.

포드재단에서 일하던 나는 이 세미나 덕분에, 복잡성을 수용하고 사회에서의 역할에 문제의식을 갖고 있던 기업 리더들의 가치와 내 업무가 어떻게 연결되어 있는지 인식하기 시작했다. 나중에 안 사실이지만 데이비드는 전문 자문단 참여를 준비하면서 아스펜 세미나 과목을 수강하고 있었다. 그는 이 책에서 다루는 많은 부분을 이미 잘 이해하고 있었지만 여전히 많은 것을 궁금해했다. 우리는 계속해서 연락을 주고받았고 자문위원회를 구성할 때가 되었을 때 데이비드는 의장 자리를 수락했다.

데이비드는 투입과 산출의 관점에서 사고한다. 그는 목적과 비전, 그리고 전략이 핵심 투입요소라고 생각한다. 머크사의 로이 바젤로스와 마찬가지로 데이비드와 자신이 육성하던 기업에게 있어 성공의 열쇠는 가치에 뿌리를 둔 사람 중심의 전략이었다. 이러한 전략 덕분에 그는 신뢰가 사업 관계의 토대인 한 경쟁력 있는 산업에 최고의 인재들을 끌어들일 수 있었다. 베러디언사 직원의 75%가 비밀정보 취급인가를 보유하고 있었다. 한편 산출물은 제공하는 재화와 서비스, 이윤, 여타의 측정 가능한 형태의 가치를 의미한다. 목적은 하나의 투입 요소이고 이윤은 산출물 중 하나일 뿐이다.

데이비드는 회사의 가치에 대해 정말 만족스러워하며 이야기했다. 그러한 그가 기업 육성가로서 성공했음을 보여주는 하나의 신호는 2002년 베러디언사가 상장된 직후에 나타났다. 데이비드는 회사 주식의 공개 매수가 진행되기 전까지는 공개기업의 CEO로서 거의 자신의 역할을 찾지 못했다. 베러디언사가 제공하는 서비스는 주요 방위산업 계약자에게 안성맞춤으로 매력적인 것이었다. 막바지에 국면을 바꾼 제안을 한 것은 150억 달러 규모의 거대 방위기업인 제너럴 다이내믹스사였다. 그들은 베러디언사가 기술 기반 방위 솔루션을 통해 보여준 것과 같은 역량과 인재들을 찾고 있었기에 이 회사의 주식에 대해 매력적인 제안을 했다.

외부 압력이 없었다면 데이비드는 입찰에 반대했을 것이다. 하지만 그의 문을 두드린 자문회사들은 주주에게 최선인 것을 우선시해야 한다고 거침없이 주장했다. 제너럴 다이내믹스사가 제안한 구매 가격은 베러디언사와 같은 회사가 지금껏 접한 적 없는 높은 금액이었다. 회사 주식에 투자한 이들의 주머니에 현금을 두둑하게 챙겨줄 만한 액수였다. 지금 당장 현금을 얻을 것인가, 아니면 장기적으로 더 큰 수익 잠재력이 있는 미래를 위해 계속해서 매진할 것인가? 데이비드는 대안을 모색했다. 재정적 수익이 성공의 유일한 척도인가? 베러디언사처럼 국가 안보에 중요한 회사의 고유한 역량을 재무제표로 어떻게 파악할 수 있는가? 지금껏 의사결정과 고객과의 약속에 엮어 넣은 고유한 가치, 그리고 지난 10년간 키운 팀은 어떻게 되는가?

어떻게 숫자 하나로 실제 가치를 파악할 수 있는가? 데이비드가 베러디언사에서 직면한 결정의 상황에 대해 하버드 경영대학원의 사례 연구에서 제기한 것처럼, 가치에 어떻게 값을 매길 것인가?

결과적으로 제너럴 다이내믹스사는 75%의 프리미엄을 더해 회사를 사들였다. 주주의 80%가 매각에 동의한 결과 회사는 제너럴 다이내믹스사의 두 대형 부서에 흡수되었다. 지배권 교체 시기의 이사회 신인의무에 관한 법률, 이른바 레블론 규칙Revlon rule*은 계속 논쟁이 되어왔다. 하지만 오늘날은 더 이상 주주의 현금 가치가 입찰 제안의 유일한, 또는 가장 중요한 요인으로 가정되지 않는다. 사실상 기업 거버넌스 법률의 표준이라고 할 수 있는 델라웨어주 법률 하에서 이사회는 장기적으로 회사의 이익이 무엇인지 판단할 자유, 따라서 제안을 수용하거나 거절할 자유를 가진다.

베러디언사의 이야기, 그리고 가치는 최고의 인재와 상업

---

*기업 인수합병 시 이사는 최선의 가격을 통해 주주에게 최대의 이익을 안겨주어야 한다는 원칙 - 옮긴이

적 성공을 끌어당기는 접착제라는 데이비드의 강조는 가치 창출의 궁극적 원천이 무엇인지 설득력 있게 보여준다. 하지만 그의 비전은 공개기업 안에서 완전한 검증을 거치지 못하게 되었다. 얼마 지나지 않아 데이비드, 그리고 그가 고도의 경쟁력을 갖춘 팀으로 키워낸 재능 있는 핵심 인재들이 회사를 떠났기 때문이다. 이윤과 목적이 혼동되면서 문제가 불거졌던 것이다. 목적이 단지 기업의 사회적 책임CSR 보고서의 한 문장에 지나지 않게 될 경우 기업의 실제 목적이 드러나는 것은 시간 문제다.

2016년 9월 웰스파고사의 최고경영자 존 스텀프는 의회 위원회에 출석해 허위 수수료 및 계정, 5천 여 직원들의 해고로 이어진 강매 전술에 대해 사과했다. 해고된 직원들에게 귀책사유가 있는지의 여부는 논의해볼 문제다. 하지만 분명한 것은 관리 규약 및 인센티브 제도를 통해 기업의 실제 목적이 무엇이었는지가 명백하게 드러났다는 점이다. 그것은 이윤과 주가였다. 고객 데이터를 판매하는 페이스북의 사업 모델("제품에 돈을 지불하지 않고 있다면 당신이 제품이기 때문이다."라는 문구는 여기서 나왔다) 또한 설명하기가 더 복잡할 수는 있지만 비슷한 경우다.

목적과 가치 창출

브루킹스 연구소가 개최한 한 행사에서 베러디언사의 창업자 데이비드 랭스태프는 그에게 가장 결정적이었던 사업 경험, 그를 우수한 경영자이자 리더의 길로 들어서게 한 경험이 무엇이었는지에 대해 말했다.

"이 업계에 몸담은 초기에 나는 스페이스 인더스트리즈라는 회사에 다닌 적이 있다. 운이 좋게도 그곳에서 미국 우주 프로그램을 선도하는 몇몇 사람들과 일할 기회가 있었다. 이들은 인간을 달에 올려놓기 위해 케네디 대통령이 의지했던 인물들이다. 몇 사람만 거명하자면 밥 길루스, 막심 파게, 크리스 크래프트 등이다. 이미 많은 것을 성취한 이들이 아폴로 프로그램에 대해 말하는 것을 듣고 깊은 인상을 받았다. 그들은 이 프로그램 덕분에 인생에서 가장 만족스러운 시기를 보낼 수 있었다. 이유는 이렇다. 그들은 중요한 무언가에 기여하고 있었다. 그들은 이전의 어떤 것보다 원대한 모험에 참여했다. 그들에게는 월급 수표를 넘어서는 기여, 책임, 목적에 대한 의식이 있었다. 가장 인간적인 차원에서 무언가가 거론되고 있었다.

나는 이러한 교훈을 베러디언사로 확장하고 TASC(데이비드가 베러디언사 매각 이후 운영한 비상장 회사)에도 동일한 접근법을 적용해보았다. 의미 있는 목적이 무엇보다 중요하다는 건 분명해 보였다. 그것은 직원들의 헌신을 끌어내고 긍정적인 운영 문화를 키운다. 또한 생산성을 높이는 동시에 궁극적으로 특출한 업무 성과를 내는 데 핵심이 된다. 게다가 분명한 목적은 조직 가치의 바탕이 된다. 사람들이 자신의 직무보다 더 높은 목적을 위해 헌신할 수 있는 환경을 제공하는 것, 조직의 가치와 개인의 가치를 어느 하나 놓치지 않고 일치시키는 것, 1960년대 아폴로 프로그램에 공을 들인 이들에게 이 프로그램이 했던 역할이 바로 이러한 것들이다. 이를 위해서는 기본적으로 인간으로서 갖는 욕구에 접근해야 한다. 솔직히 오늘날 더 많은 기업들이 이러한 연관성을 이해하지 못하고 그 효과를 인식하지 못하는 것은 놀라운 일이다."

보잉사의 목적은 무엇일까?

보잉사의 목적은 무엇일까? 보잉사의 사명 선언문은 뒤죽박죽이다. 선언문을 보면 〈포춘〉지가 "스스로 자초한 스캔들"이라고 부른 회사의 위기가 예견되어 있었다는 생각이 든다.

이 글을 쓰고 있는 지금도 보잉사의 최신 제트여객기 보잉 737맥스는 지상에 발이 묶여 있다. 항공기 소프트웨어 문제와 관련된 서로 다른 두 건의 충돌 사고로 346명의 승객이 사망한 이후인 2019년 초에 미국 연방항공국FAA의 명령이 떨어졌다. 언론과 규제 당국, 의회의 조사는 무자비했으며 시장 경쟁 속에서 직원들의 경고 신호를 무시하라는 압력을 비롯해 기업문화에 깊숙이 자리 잡은 문제점들이 드러났다.

보잉사는 자사 웹사이트에 "우리의 비전"이라는 항목으로 회사의 지향을 담은 글을 게시하고 있다. 그것은 목적과 사명을 기술한 문장으로 시작하는데 마치 혁신이 목적 그 자체인 양 혁신이라는 단어가 반복해서 등장한다. 그리고 "항공우주 분야 최고의 기업으로서 세계 산업 챔피언의 자리를 지킨다."는 회사의 포부 또한 볼 수 있다.

'최고'가 된다는 것은 무엇을 뜻할까? 그리고 어떤 점에서 그것이 가치 있는 목적이 될까?

보잉사가 자신의 목적을 달성하기 위한 전략을 다룬 부분에 이르면 회사를 덮친 재난으로 이어진 지침이 자세하게 나온다. 주요 항목이 세 개 있는데, 그 가운데 "승리하기 위해 역량을 연마하고 속도를 높여라."라는 지침이 있다. 언론 보도에 따르면, 경영진은 주요 경쟁업체인 에어버스와의 시장 경쟁 속에서 설계 과정의 기본 단계를 무시하면서 이렇게 엄숙하게 지시했다.

얼굴이 화끈거리는 폭로기사를 통해 〈뉴욕타임스〉 기자들은 회사의 문제가 737맥스의 잘못된 설계보다 더 깊은 곳에 있음을 확실히 입증했다.[1] 보잉사는 항공산업 시장의 리더이자 미국 제조업의 핵심 자산으로서 결정적인 두 단계에서 실패했다. 그중 하나는 기업에 대한 사회적 인정을 진정으로 이해하여 방향성을 분명하게 설정하는 것이었다. 다른 하나는 회사의 핵심 운영 부문 및 피드백 경로 전체에 걸쳐 목적에 이르기 위한 규약을 수립하는 것이었다.

목적을 공익과 연계하는 아이디어는 새로운 것도 아니고 겉으로 보이는 것만큼 고상한 것도 아니다. 1954년 전미기술자협회가 채택한 기술자 신조는 네 가지 조항 중 하나를 이렇게 제시한다. “이윤보다 서비스를, 개인의 이익보다 직업의 명예와 지위를, 다른 어떤 고려사항보다 공공의 복지를 우선에 둔다.”

기술자들의 직업 신조만으로 충분하지 않다면 보잉사는 제조업의 바이블인 종합품질경영TQM이나 그와 유사하지만 더 현대적인 버전으로 1980년대 GE와 모토롤라사에 의해 채택되어 미국 제조업을 강타한 린 식스 시그마Lean Six Sigma를 다시 검토함으로써 많은 도움을 얻을 수 있었을 것이다. 인베스토피디아Investopedia에 따르면 종합품질경영은 “오류를 발견하여 그것을 감소시키거나 제거하는 지속적 과정”으로 정의된다. 과거처럼 관리자들이 기준으로 삼고 있지는 않지만 종합품질경영은 훈련과 관리 규약, 그리고 측정지표에 의해 뒷받침되는 품질과 고객 만족에 초점을 둠으로써 시간의 검증을 견뎌낸다. 이것의 기저에 놓여 있는 지속적 개선이라는 교의는 성과와 지향을 일치시키는 데 도움을 준다.

목적은 드러난다

기업의 목적은 지향에서 시작하지만 문화를 형성하는 행동과 보상, 그리고 현재의 회사가 된 계기나 회사가 알려지는 계기로 작용한 여러 의사결정들을 통해 드러난다. 보잉사의 진짜 목적은 무엇이었을까? 한마디로 말하자면 에어버스를 이기는 것이었다. 이윤과 목적을 혼동할 때 회사는 자신의 길을 잃고 대중의 신뢰를 잃는다. 그리고 어쩌면 훨씬 더 중요한 것인, 보잉사의 항공기 737맥스가 다시 비행할 수 있도록 설득해야 하는 조종사들의 신뢰를 잃고 만다.

2020년이 되면서 CEO는 사임했고 보잉사의 미래는 불확실해졌다.

보잉사를 생각하면 사무실 복도에 액자로 걸려 있던 〈뉴요커〉지의 만평이 떠오른다. 아이들과 어른 한 명이 깜박이는 모닥불 주변에 옹기종기 모여 앉아 있다. 배경은 초토화된 어느 지역이다. 모닥불의 희미한 불빛은 어둠에 길을 내어준다. 인물들의 차림새는 흐트러져 있고 분위기는 디스토피아적이다. 아이들의 보호자는 말한다. "맞아, 지구는 파괴되었어. 하지만 한때의 아름다운 시절, 우리는 많은 주주 가치를 창출했지."

단기주의는 주가 극대화가 불러오는 하나의 부산물이다. 그리고 이는 기업과 자본시장을 지배하는 규정 및 의사결정 규칙 속에서 분명하게 드러난다. 시스템을 고친다는 것은 노동자 교육에 투자하는 것보다 주식 지분 환매를 더 매력적으로 만드는 측정지표와 인센티브를 재고하는 것을 뜻한다. 회사가 자신의 실제 목적을 드러낼 때 회사가 존재하는 이유와 성공 측정의 방법이 분명해진다. 베러디언사의 데이비드 랭스태프는 인내가 필요한 결정과 거래를 지지할 투자자들을 분명한 목적 하에서 보다 수월하게 만들어낼 수 있다는 사실을 발견했다.

하지만 장기적 가치 창출보다 이윤을 우선시하라는 공개시장의 압력은 끊이지 않는다.

주주들을 위해 돈을 버는 것 이상의 분명한 목적에 복무해야 한다는 생각은 여전히 일부의 도전을 받을지 모르지만 그다지 새로운 생각은 아니다. 나는 제너럴 모터스사의 CEO였던 찰스 윌슨이 1953년 상원에서 한 발언의 의미가 바로 이것이라고 생각한다. 그는 자신이 국방장관으로 확정된다면 국가의 이익을 우선에 둘 것이라고 말했다. 하지만 실로 그는 자신의 말에 갈등의 씨앗이 있음을 인식하지 못했다. "오랫동안 나는 국가에 좋은 것이 제너럴 모터스에도 좋은 것이며 그 반대도 마찬가지라고 생각해왔습니다."*

지난 수십 년간 이 발언에 오해와 억측이 덧붙여졌지만 윌슨이 이렇게 생각한 마지막 경영자는 아니다. 공익이 여전히 기업의 중요한 조직 원리임을 입증하는 기업들이 많이 있다.

컨테이너 스토어사, 허먼 밀러사, 제트블루사, 마이크로소프트사, 파네라 브레드를 비롯한 성공적인 공개기업들은 자신들이 공익적 목적을 추구한다는 태도를 분명하게 보인다. 하지만 그것을 구별할 수 있게 해주는 것은 목적의 진술이 아니라

*찰스 윌슨이 "제너럴 모터스에 좋은 것이 미국에도 좋은 것"이라고 말한 것처럼 종종 잘못 인용된다는 사실은 주목할 만한 일이다.

실행이다.

노보 노디스크사의 라르스 쇠렌센은 〈하버드 비즈니스 리뷰〉가 선정한 최고 CEO에 2015년에 이어 2016년에도 이름을 올렸다. 쇠렌센은 회사를 성공으로 이끈 강력한 힘으로 가치, 합의, 팀워크에 대한 보상, 그리고 자본시장의 부단한 압력으로부터 보호해주는 거버넌스 구조를 주요하게 꼽았다. 〈하버드 비즈니스 리뷰〉 편집자와의 인터뷰에서 쇠렌센은 이렇게 말한다.

> 우리의 철학은 기업의 사회적 책임이 장기간에 걸쳐 회사의 가치를 극대화한다는 것입니다. 장기적으로 사회적·환경적 사안은 재정적 사안이 되기 때문입니다. 이것은 교묘한 말장난이 아닙니다. 그리고 노보 노디스크사의 일부는 장기적으로 회사의 가치를 극대화하도록 강제하는 덴마크 재단이 소유하고 있습니다.[2]

쇠렌센이 CSR이 "장기간에 걸쳐 회사의 가치를 극대화하는 것"이라고 주장할 때 그것은 지향의 설정에 시간을 주요한 요소로 끌어올린 것이었다. 그는 또한 소유권의 문제에 대해, 그리고 공개기업이 장기간에 걸쳐 성공을 추구할 자유가 있는지에 대해 질문한다.

다시 기본으로

근본 목적이 공공선보다 사적인 효용에 더 치우쳐 있다면, 기업의 목적이 사회적 공리를 분명하게 이야기하지 않고 회사의 성공에 기여한 이들에게 충분히 보상하지 않는다면, 우리가 기업에게 영업면허, 유한 책임의 보호, 심지어 광장에서 발언할 자유와 같은 헌법적 권리를 제공할 이유가 어디에 있을까?

빌 버딩거는 형제인 돈과 함께 로델사를 창립했다. 형제가 함께 키우고 결국 매각한 이 회사는 지금도 전자산업의 고정밀 소재 및 기술 분야에서 세계 리더로서 활약하고 있다.

빌은 수십 년간 아스펜연구소에 참여해왔다. 그의 관심사는 철학과 인문학에서 에너지 정책과 정치, 나아가 기업 거버넌스에 이르는 광범위한 분야에 걸쳐 있다. 그는 겸손한 사람이다. 함께 식사를 할 기회가 있더라도 그가 30개가 넘는 특허를 보유하고 있다는 사실을 알아채지 못할 것이다. 그가 보유한 특허 중에는 1990년대 미국의 반도체 제조업 부흥에 중요한 역할을 한 기술 특허가 하나 이상 포함되어 있다.

정치에 대한 빌의 명민한 이해는 미국의 특허법 형성에 직접 참여했던 경험에서 나왔다. 그가 구상하여 아스펜연구소에서 결실을 맺은 로델 펠로우십Rodel Fellowship은 당파 전쟁으로 둘러싸인 세계에서 정당 노선을 불문하고 활동할 의지가 있는 정치인들에게 오아시스 같은 역할을 한다. 아스펜 이사회에서 그가 발언한 내용을 바탕으로 그에 대해 좀 더 알아보기로 하자. 그는 주주 우선주의가 가져온 결과를 분명하고도 열성적으로 비판했다. 그리고 기업에 대한 사회적 인정을 명예롭게 여기는 기업 토대의 육성을 옹호했다.

머크사의 로이 바젤로스, 베러디언사의 데이비드 랭스태프와 마찬가지로 빌에게 회사를 성공으로 이끄는 활력은 인재를 영입하고 재교육하는 것과 관련된 문제였다.

빌에게는 풍자 감각이 있었다. 그는 기업가로서 경험한 바를 바탕으로 진솔하게 말한다. 빌이 인용하는 많은 경구 중에서도 그가 유독 좋아하는 말이 있다. "이윤은 많은 점에서 산소와 비슷하다. 그것은 분명 필요하다. 하지만 아침에 잠자리에서 일어나게 하는 것은 숨쉬기가 아니다." 로델사에게 인재에 대한 투자는 회사의 성공을 이끌어내는 혁신 문화의 핵심이었다.

오늘날에는 증권거래위원회 위원장과 정치인, CEO에 이르는 모든 사람들이 단기주의를 성토하는 듯하다. 하지만 분기 실적 보고회의 취지에서 보수 관행에 이르기까지 보조적 규약이 단기적 사고를 실질적으로 강화하고 있다. 변화의 지렛대는 어디에 있을까? 그리고 공개기업들은 사회적 격변과 환경적 위험의 도전에 대처할 수 있을까? 아니면 그 기업들은 노보 노디스크사가 누리는 것과 같은 보호적 소유 구조가 필요한 걸까?

공개기업의 경영자들은 단기적 이익을 위해 이윤을 극대화하라는 노골적인 압력을 받고 있다. 내 사무실 복도에 걸려 있던 〈뉴요커〉지의 만평은 현재 경영자들이 직면하고 있는 선택 상황을 완벽하게 요약한다. "맞아, 지구는 파괴되었어. 하지만 한때의 아름다운 시절, 우리는 많은 주주 가치를 창출했지." 시스템 변화를 일으키는 지렛점은 이론과 실천이 만나는 곳, 즉 일선의 리더가 갖는 사고방식에 있다. 우리에게 필요한 것은 주주 중심적 사고에서 과감하게 벗어나는 것이다.

2019년 발표한 한 성명에서 비즈니스 원탁회의가 공개기업의 조직 원리로서 주주 가치를 포기했을 때 그것은 마치 세상을 바꾼 한 발의 총성처럼 들렸다.[3] 이 성명은 무더위가 한창이던 8월 하순의 어느 날 발표되었는데 그때 나의 메일함은 7월 4일의 불꽃놀이처럼 폭발했다. '게임이 끝났군.' 하는 생각이 들었다. 지난 수년간 주목할 만한 기업의 비범한 리더십에서, 또한 많은 사상적 리더와 활동가, 학자들의 통찰에서 사고방식의 변화는 이미 일어나고 있었다. 이제 그것은 더욱 영향력 있는 목소리와 커다란 확성기, 즉 미국 최대의 회사를 이끄는 190명의 CEO를 통해 화려하게 울려 퍼졌다.

새로운 날이 시작되고 있었다.

주주를 기업의 중심에 두는 이데올로기화된 이론은 1980년대 중반 학자들에 의해 제출되어 빠르게 강의실과 중역실, 시장을 점령했다. 하지만 이제는 빛을 잃기 시작했다. 새로운 규칙이 출현했으며 이 규칙은 위대한 기업들의 실천으로 그 빛을 발하게 될 것이다.

주주 우선주의의 종언

비즈니스 원탁회의의 성명이 발표되기 두 해 전인 2017년 〈하버드 비즈니스 리뷰〉는 오랫동안 하버드 경영대학원에 몸담아온 린 샤프 페인 교수와 조셉 바우어 교수의 논문 "기업 리더십의 핵심에 놓여 있는 오류The Error at the Heart of Corporate Leadership"를 게재했다. 이 논문은 비즈니스 원탁회의의 성명을 예견하는 멋진 전조였다.

뉴욕의 법률 회사 웨일, 고샬 & 멘지스Weil, Gotshal & Manges에서 오랜 기간 일하면서 존경받는 이사회 고문으로 활동한 90대의 아이라 밀스타인이 전화를 걸어와 이 논문이 자신을 "춤추게 했다"고 말했다. 며칠 뒤 두 공개기업, 커민스 엔진사와 루슨트 테크놀로지사에서 CEO로 재직한 바 있는 헨리 샤흐트가 자신의 사무실에서 나를 맞이했는데, 손에는 이 논문을 쥐고 있었다. 그는 "이것은 〈하버드 비즈니스 리뷰〉에서 발간된 논문 중에서 가장 중요한 것"이라 말하며 이렇게 덧붙였다. "이것을 대표 논문으로 싣지 않은 것은 〈하버드 비즈니스 리뷰〉의 실수입니다."

나는 내가 알고 있는 모든 사람들에게 이 논문을 보냈다.

바우어-페인 논문을 강력하게 만드는 것은 무엇일까? 논문은 영향력 있는 경영 저널에 발표된 유명 경영학자들의 주주 우선주의를 논리정연하게 비판한다. 저자들은 기업인들이 원하는 시간 사용 방식에 대한 상식에 호소해 기업 육성과 관련된 경영자와 이사회의 역할에 대해 새로운 사고방식을 제공한다. 간단히 말해 바우어와 페인은 이사들의 의무는 다름 아닌 기업의 건강에 관련되는 것이지 주주들과 관련되는 것이 아니라고 단언한다. 주주들은 "회사를 소유"한다고 일반적으로 여겨지면서 특전과 보호를 동시에 누린다. 하지만 법적으로나 실질적으로 특정한 권리가 있는 주식 지분 외에는 결코 어떤 것도 소유하지 않는 사람들이다.

바우어와 페인은 린 스타우트 법학 교수를 적절하게 인용한다. 스타우트 교수는 《주주 가치의 신화*The Shareholder Value Myth: How Putting Shareholders First Harms Investors, Corporations, and the Public*》(《주주 자본주의의 배신-주주 최우선주의는 왜 모두에게 해로운가》라는 제목으로 국내 출간, 북돋움coop, 2021)를 비롯한 많은 학술 논문과 저서를 통해 기업 목적에 대한 논의를 기업 거버넌스의 그늘진 구석에서 주무대로 옮기는 데 크게 기여했다.

스타우트 교수가 우리에게 준 위대한 선물은 그녀의 의지였다. 그녀는 기업 경영자, 투자관계 전문가, 뮤추얼펀드 이사들을 위해, 그리고 늘 귀에 못이 박히듯 들려오는 "그것은 법이 허용하는 것"이라는 말을 이해해보려고 노력하는 우리들을 위해 핵심을 놓치지 않으면서도, 더는 이론이라고 볼 수 없을 정도로 그저 몸에 밴 학계의 이데올로기에 도전한 것이다.

암으로 2019년 비극적으로 생을 마감한 스타우트는 이렇게 적었다.

미국 기업법은 공개기업의 이사들에게 주주의 부를 극대화할 것을 요구하지 않으며 그렇게 요구한 적도 없다. 이와는 반대다. 이사회가 스스로 부유해지기 위해 자신들의 권한을 사용하지 않는다면 법은 기업의 성장, 양질의 제품 생산, 직원 보호, 공익 복무를 비롯한 다른 목적을 염두에 두고 공개기업을 운영할 광범위한 재량을 그들에게 제공한다. 주주 가치를 추구하는 것은 법적 요건이 아니라 경영적 선택이다.[4]

그녀가 살아있어서 비즈니스 원탁회의의 선언이 나왔다는 소식을 들었다면 어땠을까? 아마도 그녀는 씩씩거리며 진작 그랬어야 했다는 식의, 하지만 더욱 통렬하고 기억할 만한 반응을 보였을 것이다. 그러고는 본연의 열정적인 모습으로 주주 우선주의를 지속시키는 신념과 규약의 발판을 해체하고 대의에 동참하는 학자와 교수, 그리고 공익 활동가들을 지도했을 것이다. 우리 자문위원회의 일원으로서 그녀는 언제나 나를 위해 시간을 내주었다. 병으로 삶을 마감하던 마지막 날들까지 내가 더 많은 것을 하고, 더 빨리 움직이고, 더 대담한 아이디어를 내면서 도전을 실행할 수 있다고 주저 없이 말했다.

린이 세상을 떠나기 일주일 전에 나는 그녀를 마지막으로 보았다. 우리는 장기적 사고를 촉진하기 위해 "장기에 집중하는 자본Focusing Capital on the Long Term"이라는 제목으로 한 단체가 개최한 연례회의에 참석하고 있었다. 그녀는 지팡이를 짚고 일어나 연단에 있던 한 존경받는 투자자에게 이의를 제기했다. 그는 누구나 알고 있는 기업의 목적을 알지 못한 채 나태하게 주주 가치가 기업의 목적이라는 상투적 구호를 우려먹고 있었다.

린은 그의 말을 조목조목 설득력 있게 반박하고 다시 자리에 앉았다.

'이사회가 충실해야 할 대상은 서로 다른 시간 지평과 상충하는 목적을 지닌 주주들이 아니라 회사 자체이다.' 신인의무에 관한 그녀의 이러한 통찰은 기업법을 상식과 확고하게 연결시킨다.

다양한 이해관계와 투자 지평 속에서 주주들은 여러 모습으로 나타난다. 이사회에 미치는 일부 주주의 영향력을 부정할 수는 없을 것이다. 하지만 우리가 5장에서 살펴볼 바와 같이 자본은 더 이상 희소 자원이 아니다. 또한 주주의 필요는 장기적 관점을 지닌 회사의 우선적 관심사가 아니며 그래서도 안 된다. 마조리 켈리가 2001년 자신의 첫 번째 저서인 《자본의 신성한 권리:기업 귀족을 왕좌에서 끌어내리기*The Divine Right of Capital: Dethroning the Corporate Aristocracy*》(《주식회사 이데올로기:21세기 경제 귀족주의의 탄생》라는 제목으로 국내 출간, 북돋움, 2013)에 적었듯이 기업은 주식의 신규 공개IPO를 통해 돈을 벌었다. 주주 우선주의는 금융학 강의실을 점령하고 있는 이론이지 법이 아니다.

미국 법률은 로이 바겔로스가 머크사를 지휘할 때 행한 결정을 지지한다. 그것은 가치에 기반한 리더십이 참된 가치를 창출한다는 데이비드 랭스태프의 믿음과 사우스웨스트 항공사의 허브 켈러허, 유니레버사의 파울 폴만이 실천한 경영윤리와도 짝을 이룬다.

공개기업 이사들의 직무는 남편과 내가 지분을 소유하고 있는 협동조합 이사회의 의무와 많은 부분에서 동일하다. 우리는 이사회 선출을 위해 투표를 하고 출자금을 통해 우리의 재산을 통제하고 다른 입주자에게 이를 매각할 자격을 가진다. 하지만 건물 자체를 소유하는 것은 아니다. 건물을 소유하는 것은 이스트 엔드 애비뉴사이다. 협동조합의 이사들은 출자자들에게 행복을 안겨주길 원하지만 그들의 의무는 협동조합의 가치를 장기적으로 유지하는 것이다.

린 스타우트, 린 페인, 조 바우어의 저술에 서술된 법 이론은 제대로 운영되는 회사의 실천을 뒷받침한다. 그들의 상식적 접근법은 가장 중요한 요소인 기업의 장기적 건강에 초점을 맞추고자 하는 관리자들에게 큰 힘을 실어준다.

바우어-페인의 논문은 또한 데이터에 기반하여 기업과 시장의 성과에 대해 관찰하고 문제를 제기하면서 경영학자들이 어떤 식으로 문제를 다루는지 분명하게 보여준다. 나아가 차세대 학자들이 새로운 연구 방향으로 나아가도록 자극한다. 이는 현재 작용하고 있는 사상적 리더십 체계에 관한 문제이다. 경영학계는 이러한 체계에서 매년 수십 만 미래 기업인의 사고를 형성하는 영향력과 권위를 얻는다.

많은 이들이 애쓴 덕분에 기업의 목적에 대한 새로운 설명과 이사회 신인의무에 대한 좀 더 쓸모 있는 정의가 뿌리를 내리고 있다.

비즈니스 원탁회의가 기업 목적에 관한 의견을 제시했을 때, 마치 높은 젠가 탑을 떠받치고 있던 주주 우선주의라는 나무 블록 하나가 마침내 쑥 빠진 듯했다. 그릇된 믿음과 견고한 이데올로기의 탑이 한 번의 충격으로 와르르 무너져 내렸다.

건강하고도 단호하게 비즈니스 원탁회의는 가치 창출의 핵심으로 주주를 강조하던 관행을 철회했다. 그리고 기업 성공에 결정적인 다양한 이해관계를 수용하는 이른바 이해관계자 관점으로 복귀했다.

성명은 강력한 힘을 발휘한다. 비즈니스 원탁회의 성명은 주주 우선주의를 철회시켰을 뿐만 아니라 기업 리더의 기준을 끌어올렸다. 또한 성명에 서명한 CEO들은 일터, 그들이 활동하는 지역사회를 비롯한 여러 곳에 심대한 영향을 미치는 선택을 내리는 책임 있고 유능한 기업의 일원으로 비춰졌다.

JP모건 체이스사의 CEO 제이미 다이먼(1년 전 그는 분기실적 예측 발표가 "회사 내부의 사람들에게 거짓 보고서를 올리도록 강요한다."고 말한 바 있다.)과 존슨앤존슨사의 앨릭스 고스키는 각각 비즈니스 원탁회의의 의장과 기업 거버넌스 위원회장으로서 보도자료를 통해 다음과 같이 더욱 높아진 기준을 제시했다.

고된 노동이 보상받지 못하는 경우가 너무나 빈번하다. 게다가 노동자가 경제의 빠른 변화 속도에 적응하기 위한 조치도 미흡한 실정이다. 우리 체제의 성공이 포용적인 장기적 성장에 달려있음을 기업이 인식하지 못한다면 대기업이 우리 사회에서 어떤 역할을 하고 있는지에 대해 많은 이들의 합당한 질문에 맞닥뜨릴 것이다.

월스트리트 사람들이 깊은 숨을 들이키며 해변이나 시골로 떠나는 8월 하순에도 비즈니스 원탁회의는 성명이 널리 읽히도록 하겠다는 점을 분명히 했다.

보도자료는 화제를 모았다. 나는 뉴햄프셔 해안에서 10마일 떨어진 한 섬에 있는 별장에서 메일함에 물밀듯이 들어오는 메시지와 뉴스 기사들을 보면서 놀라움에 휩싸였다. 첫 번째 메일은 아침 6시에 한 경영대학원 동료가 "이거 봤어요????"라면서 전해왔다. 뉴스 기사들은 사람들이 견고한 이념처럼 느끼던 것에 극적인 변화가 찾아왔다는 사실에 초점을 맞췄다. 주주를 우선에 두는 기업의 기조는 진정 변화하고 있는 걸까?

긍정적 반응이 쏟아지는 와중에도 비즈니스 원탁회의의 대담한 움직임을 비판하는 목소리가 재빠르고 날카롭게 들려왔다. 이러한 비판은 자본가와 기업 비평가에게서 나왔다. 주주가 아니라면 누가 기업에 대해 책임을 질 것인가? 그리고 상충하는 요구들 속에서 기업은 어떠한 결정을 내려야 하는가?

이러한 비판 앞에서 우리는 무언가가 변할 것이라고 믿어도 될까?

“월스트리트를 점령하라”로부터 테크래시*, 나아가 선거 유세 중에 나온 비판에 이르기까지 기업에 대한 불신은 수십 년 동안 누적되어 왔다. 2000년대 초에 있었던 엔론사의 몰락에서 시작해 근 20년 뒤에 일어난 보잉사의 비극적 사고에 이르기까지 혀를 내두를 만한 경영 실패 사례들이 이러한 불신에 부채질을 했다. 실적 관리, 기반시설에 대한 미흡한 투자, 조세 회피, 비대해진 CEO 보수 패키지 등의 행태는 임금 정체, 어느 대통령 재단 기금의 사적 이용, 환경 재난과 함께 뒤범벅되어 불만과 새로운 운영 윤리에 대한 요구가 동시에 울려 퍼지는 대합창을 만들어냈다.

참된 가치의 창출

기업의 목적을 새롭게 정의한 비즈니스 원탁회의의 성명이 발표되고 2주가 지나서였다. 블룸버그의 한 기자가 작성 중이던 기사에 대해 논평해줄 것을 요청해왔다. 그와 이야기를 나눌 즈음 그의 동료는 처음 발표 당시 원탁회의 성명에 최초 서명한 181명의 경영자 중 이미 21명과 인터뷰를 마친 상태였다. 블룸버그 팀은 취재를 계속하겠지만 이미 흐름은 분명했

*techlash, 거대 기술기업에 대한 반발-옮긴이

다. 인터뷰를 한 이들은 실질적으로 어떤 것도 바꿀 필요가 없다는 데 의견이 일치했다. 서명을 하는 것은 손쉬운 일이었다. 그들은 이미 그렇게 하고 있었기 때문이다. 그들은 모든 이해관계자들의 필요에 주목하고 있었다.

경험 많은 이사이자 우리 자문위원회 회원인 팻 그로스가 전한 바에 따르면, 그가 참석한 한 포럼에서 75%의 임원들이 원탁회의의 새로운 발표는 현 상태를 반영하는 것이며 그들의 회사는 이미 장기적 관점을 취하고 있음에 동의했다고 한다.

이것은 무엇을 의미할까? 비즈니스 원탁회의의 대담한 움직임과 행동 촉구가 이사회실과 경영자 사무실에 실제로 반영되기 위해서는 어떤 조치가 필요할까?

이 계기를 어떻게 활용하면 좋을지 살펴보자.

첫째, 이해관계자라는 단어를 분석해볼 필요가 있다. 로이 바젤로스는 자신이 채용한 과학자와 기술자를 이해관계자로 생각하지 않았다. 우수한 과학은 장기적 성공의 토대이자 운영 모델을 조직하는 원리였다. 그는 기업을 위한 최선의 결정을 내리기 위해 회사의 성장에 매우 중요한 과학자들의 입장에서 생각해야 했다.

둘째, 어떤 것도 바꿀 필요가 없다고 말한 서명인들은, 자본 할당 방식을 결정하고 태도와 행동을 형성하는 근원적인 의사결정 규칙 및 가치를 중요한 활동 및 바람직한 일과 혼동하고 있다. 투입과 산출을 뒤섞고 있는 것이다. 즉, 사업 모델과 기업

시스템의 설계를 신중하게 검토하지 못하고 있다. 경쟁적 환경에서도 지켜야 할 핵심적인 가정, 그리고 타협할 수 없는 사항에는 어떤 것이 있는가? 무엇이 핵심이며 희생할 수 있는 것은 무엇인가?

장기간에 걸쳐 참된 가치를 창출하기 위해서는 이해관계자라는 말에 대해 좀 더 깊이 생각해봐야 한다. 이 말은 보물찾기 주머니같이 많은 의미를 담고 있기 때문이다. 이러한 노력이 없다면 '이해관계자 참여'는 언제까지나 사회공헌부서나 회사 재단에서 일하는 관리자들의 외로운 활동에 머무를 것이다. 따라서 이러한 조직들의 전략가들은 기업 대표가 기업의 목적과 전략, 그리고 자본 분배를 서로 연결시킬 수 있도록 돕는 것이 필요하다. 물론 기업들은 그들이 활동하는 지역사회와 공적 단체들에 투자한다. 기업들이 직원에게 관심을 갖고 밀레니얼 세대의 태도와 선호에 가까워지기 위해 노력하는 것도 사실이다. 하지만 수십 년간 쌓여온 불신을 뒤집기 위해서는, 또한 우리가 다른 길을 걸을 수 있도록 보장하기 위해서는 예외가 아닌 규칙으로 기능하도록 만드는 일정한 수준의 진정성이 필요하다.

새로운 시대적 요구에 따라 경영하는 리더들이 늘고 있다.

유니레버사의 CEO가 된 파울 폴만은 2009년 첫 근무를 하는 날 증권사 컨설턴트들이 주식시장의 전망에 대해 '설명하는' 관행을 중단시켰다. 그리고 다른 CEO 동료들도 이에 따를 것을 촉구했다. 기여하는 모든 이들의 이익을 위해 기업을 성

무엇이 가장 중요한가?
비즈니스 원탁회의와 목적: 기업 헌신의 검증대

기업 성공의 진정한 척도는 무엇인가? 한 회사가 공익을 의사결정의 정중앙에 두는지 어떻게 알 수 있는가? 비즈니스 원탁회의가 발표한 경영 원칙에 대한 진정성 있는 이행의 징후는 무엇인가? 우리는 CSR 전문가의 메일함에 넘쳐나는 일반적 설문조사에서 답을 찾지는 않을 것이다. 실제로 가장 중요한 것은 무엇인가? 가장 적절한 질문들은 도전적이지만 실상을 잘 드러낸다.

- 회사는 조세 회피를 위해 얼마나 많은 돈을 쓰는가? 회사는 제품이 설계되거나 생산되는 지역의 높은 세금을 피하기 위해 세금이 적거나 아예 없는 피난처로 가치를 할당하는 이전가격transfer pricing 음모에 참여하는가?
- 지분환매는 어떤 목적에 복무하는가, 또 어떤 조건으로 개시되는가?
- 회사의 로비스트들은 무엇을 하며 시간을 보내는가? 그 회사가 참여하는 거래집단들의 플랫폼은 어디인가? 그 플랫폼은 기후변화에서 불평등에 이르기까지 진술한 가치와 정책에 부합하는가?
- 일자리 창출과 노동자 투자에 대해서는 어떤 이야기가 나오고 있는가? 일자리를 외주화할 때 회사가 달성하고자 하는 것은 무엇인가? 회사의 이름으로 일하지만 급여 대상자 명부에 등재되지 않은 이들의 임금, 복지 혜택, 기회를 감독하는 이들이 있는가?
- 주주 수익과 실질적 가치 창출자 수익 사이의 비율은 어떻게 되는가? 모두가 이윤분배제도에 참여하는가, 아니면 핵심 경영진과 관리자에게만 적용되는가? 사업으로 발생하는 이윤과 현금의 혜택을 가장 많이 보는 이는 누구인가?
- 그리고 당연히 포함되어야 할 질문인, CEO는 무엇의 대가로 보수를 받는가? 총주주수익이 보수 산정의 가장 중요한 기준인가?

장시키겠다는 유니레버사의 장기적 지향과 계획은 열성적인 투자자와 많은 구직자를 끌어들였다. 또한 2017년의 비우호적 기업인수 입찰을 견뎌내기에 충분한 우호 관계를 이끌어냈다. 그는 지속가능한 생활 계획Sustainable Living Plan을 통해 설정된 CSR로 매우 인기가 높았지만 동시에 한 배를 탄 주주들도 더욱 부유하게 만들었다.

기업은 어떻게 성공을 측정하는가, 그리고 어느 정도의 기간을 기준으로 삼을 것인가? 긴 시간이 흘러도 유지될 수 있는 질 높은 결정은 무엇으로 이루어지는가? 기업 활동의 '최종단계downstream'에 있는 사람들은 누구이며 위험을 진단하고 완화하는 동시에 부정적 외부효과를 제거하기 위해 자문을 구해야 할 사람들은 누구인가? 이와 같은 시대를 초월한 질문에 대해 점점 더 많은 CEO들이 새로운 답을 갖게 되었으며 폴만 역시 이 대열에 합류했다.

사우스웨스트 항공사에 경이로운 유산을 남긴 허브 켈러허부터 도발적 리더십과 함께 공정에 대해 도발적 질문을 던진 세일즈포스사의 마크 베니오프, 마이크로소프트사의 운명을 바꾸고 탄소 재포집을 공약한 사티아 나델라, 노동자와 일자리에 대한 선언을 이끈 올스테이트사의 톰 윌슨, 보다 건강한 제품군을 혁신적으로 추구하는 펩시사의 인드라 누이에 이르기까지 최고경영진에서 배출된 이처럼 많은 참신한 인물들이 기업, 그리고 사회 속에서 기업이 해야 할 역할에 대한 새로운 질문과 기대로 향하는 문을 열어젖히고 있다.

당장의 이윤과 장기간에 걸친 참된 가치 창출 사이에는 여전히 긴장이 존재한다. 하지만 MBA 강의실에서 가르치고 이사회실에서 제1원칙으로 받아들여지고 있는 기업 목적에 대한 설명은 분명 변하고 있다. 비즈니스 원탁회의의 성명에 대한 격렬한 반응은 태도와 사고방식에서 이미 얼마나 큰 전환이 이루어지고 있는지 보여준다.

링크드인의 리더 제프 와이너는 탐구심이 강하고 사려 깊은 인물이다. 2020년 링크드인 CEO에서 물러날 것이라고 발표하기 직전인 2019년 가을 그는 아스펜연구소 펠로우즈들을 상대로 강연을 했다. 제프는 급속한 성장과 2016년 마이크로소프트사의 인수를 거치는 10여 년 동안 링크드인의 CEO로 재직했다. 그는 인재, 기술, 신뢰의 추구에 대해 이야기했다. "우리가 성취하려는 것은 무엇입니까, 그리고 그것을 어떻게 성취할까요?" 질문은 간단하지만 그것을 실행하는 것은 복잡한 일이다. 그가 말한 바에 따르면 진정성은 약속을 지키는 것과 관련된다. 말이 아니라 행동에 관한 것이다.

원탁회의의 결정은 다시 광장으로 돌아가겠다는 의지를 담고 있으며 자신의 영업면허를 명예롭게 여기는 미국 기업사회의 지향을 일깨웠다. 특히 원탁회의의 이러한 결정이 중요한 것은 그로 인해 대화가 가능해졌기 때문이다. 하지만 신뢰를 회복하기 위해서는 다시 근본을 검토해야 한다.

참된 가치의 창출과 지속은 분명한 목적에서 출발한다. 하지만 이에 더해 주주 중심적 사고의 토대로 기능하는 의사결정 규칙과 절차에 대해 더욱 세밀한 검토가 필요하다. 학자와 경영자들은 좀 더 확고하고 사회적으로 유용한 기업의 개념을 밝혀내고 실행해야 한다.

변화는 이미 진행되고 있으며 돌이킬 수 없다. 민간부문의 리더십을 간절히 원하는 사회의 변화와, 또한 자신의 직무와 소중히 여기는 가치를 연결하려는 평직원들 내부의 변화는 다르게 생각하고 새로운 규칙을 끌어안으라는 압력으로 나타나고 있다.

다음 장에서 살펴볼 것처럼 새로운 규칙은 종종 기업의 정문에서 멀리 떨어진 곳에서 활동하는 주체들에 의해 강제된다. 위험에 처한 생물종의 감소를 역전시키거나 기후변화의 근원에 대처하기 위해 노력하는 이들은 세계적 기업들에, 그리고 이들의 구매력, 계약 관계, 복잡성, 역량에 관심을 집중한다.

이 주체들은 새로운 신호를 보내는 기업 경영자들, 현재 기대되는 바와 약속한 바를 충실히 이행하기 위해 필요한 것을 분명하게 표명할 수 있는 경영자들을 찾고 있다.

▪ 낡은 규칙 ▪

기업의 책임은 소재지 지역사회와
울타리 밖 이웃들에 의해 정의된다

기업은 일자리를 창출하고 지역 서비스와 시민단체를 지원하는 한편 오염을 억제할 사회적 책임이 있다.

▪ 새로운 규칙 ▪

기업의 책임은
정문에서 멀리 떨어진 곳에서 정의된다

기업의 책임은 움직이는 표적과 같다. 그 책임은 공급망과 생태계로, 심지어 제품의 개인적 사용으로까지 확장된다. 또한 기업의 관할과 통제 밖에 있는 힘들에 의해 정의된다.

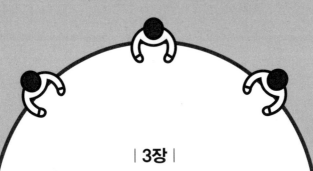

| 3장 |

책임에 대한 재정의

▪ 규칙 3 ▪

기업의 책임은 정문에서 멀리 떨어진 곳에서 정의된다

우리는 내부에서 회사를 관리하는 법에 대해
많은 것을 알고 있다. 하지만
기업을 번영하게 할 요인들은
점점 외부화되고 있다.

– 로자베스 모스 캔터

대학을 마치고 내가 처음 일하게 된 곳은 캘리포니아주 입법부였다. 그곳에서 나는 입법 보좌관이자 공익단체를 위한 로비스트로 활동했다. 1976년에는 산 마테오 카운티의 민주당 주 상원의원인 알렌 그레고리오 밑에서 일할 기회를 잡기도 했다. 그는 당시 상원 보건복지위원회의 의장을 맡고 있었는데, 창조적이면서도 원칙을 중시하는 인물이었다. 그때 의회 사무 직원들의 주목을 끌기 시작한 쟁점이 하나 있었다. 당시에는 제3세계로 불렸고 오늘날은 신흥 시장으로 불리는 지역의 어머니들을 대상으로 분유를 판매하던 네슬레사 관련 문제였다.

영국의 NGO인 빈곤과의 전쟁War on Want이 1974년에 발간한 보고서에서 네슬레사가 가난한 여성들을 대상으로 공격적이고 기만적인 마케팅을 펼치고 있다고 고발했다. 〈유아 살인자The Baby Killer〉라는 제목이 붙은 이 보고서에서 제기된 혐의는 네슬레사가 개발도상국 아동의 건강과 안전보다 이윤을 우선시한다는 것이었다.

결국 네슬레를 규탄하는 시위가 일어났고 1977년에 이르러서는 국제 불매운동으로 번졌다. 불매운동을 촉발한 것은 네슬레사가 캔이나 상자에 든 인공 분유 비용이 매우 큰 부담이 되는 가족들에게서 이익을 얻기 위해 자연적인 모유 양육에 끼어드는 것에 대한 분노였다. 미국의 경우 분유는 나 같은 베이비붐 세대 사이에서 모유 양육을 대신하는 인기 있는 대안이었다. 그랬던 것이 개발도상국에서는 아기들의 영양과 건강을 개선하는 수단으로 광고되었다. 하지만 이들 여성들이 분유 비용을 아끼기 위해 너무 많이 희석하거나 오염된 물을 이용함으로써 건강상의 문제가 생길 수도 있다는 우려가 커져 갔다. 어느 쪽이든 아기들은 모유 양육을 통해 형성되는 자연 면역력을 얻지 못하거나 더 나쁜 상황에 처할 수도 있었다. 자신의 아이들을 위해 바른 선택을 하려는 여성들에게 신뢰를 얻기 위해 판매원들이 간호사 유니폼을 입는다는 이야기도 돌았다.

카톨릭 자매회Catholic sisterhood와 투자자책임 연구센터Investor Responsibility Research Center와 같은 네트워크를 통해 광고와 편지가 빗발쳤고 시위가 이어졌다. 소비자들은 네슬레사 제품을 기피했고 사회적으로 자극받은 투자자들은 네슬레사 주식을 처분했다.

10여 년이 지나도록 불매운동의 열기는 가라앉을 조짐이 보이지 않았다. 네슬레사는 결국 캠페인 활동가와 세계보건기구 양측의 압력에 고개를 숙였다. 이들 지역에서 크게 성장할 기회가 보였지만 네슬레사는 '선진' 세계 이외의 지역에서 제품을 판매하는 접근법을 근본적으로 재고할 것을 약속했다.

현재 네슬레사는 직원이 30만 명이 넘고 100여 개의 브랜드를 보유한 거대 기업이다. 그리고 전 세계적으로 거의 200개 국가에서 영업을 하고 있다. 구글 검색을 해보면 찬사와 비판이 모두 나오지만 여전히 50여 년 전에 시작된 끈질긴 캠페인의 상처를 안고 있다. 그리고 여전히 특정 지역에서의 마케팅 관행이 행동규범에 부합하는지 모니터링되고 있다. '네슬레 분유'라는 단어를 입력하면 당시의 위기를 다룬 수많은 기사 링크를 볼 수 있다.

네슬레 불매운동은 캠페인 활동가가 소비자의 구매력과 투자를 좌우함으로써 세계적인 브랜드에 영향력을 행사한 주목할 만한 초기 사례이다. 불매운동은 기업이나 입법부의 정문에서 멀리 떨어진 곳에 있는 네트워크의 힘을 입증한다. 진보는 더뎠지만 열성적인 캠페인 활동가들은 결국 자신들이 추구한 바를 달성하는 데 성공했다.

이와 같은 네트워크가 인터넷의 속도라는 날개를 달면 무슨 일이 일어날까?

1990년대 중반 그린피스는 폐기된 석유 시추 플랫폼을 북해에 침몰시키려던 쉘사의 계획을 폭로하는 시위를 벌였다. 휴대폰과 인터넷이 널리 이용되기 전에도 이 소식은 신속하게 파급되었다. 보도에 따르면 독일의 주유소에서 쉘사의 가스 판매량이 절반으로 줄었을 정도다.

같은 시기에 일어난 것으로 할 애기가 많은 또 다른 사례로 나이키사를 들 수 있다. 불미스러운 노동 관행을 일삼고 있다는 기사가 사실과 루머가 뒤섞인 채 언론에 도배되면서 나이키사의 평판이 곤두박질쳤다. 인터넷의 거점이 연구 대학에서 실리콘 밸리로, 다음에는 검색 엔진의 출현으로 기업, 가정, 학교로 확장됨에 따라 캠페인 활동가들은 하나의 강력한 도구를 손에 넣게 되었다.

아동들이 노동착취 공장에서 신발을 생산한다는 기미만 보여도 나이키사에게는 제품의 주요 고객인 10대들을 잃을 수 있다는 심각한 우려가 번졌다. 판매에 얼마나 영향을 미쳤는지는 분명하지 않지만 소비자 수요가 둔화되고 있다는 보도들은 결국 정곡을 찔렀다. 1998년 나이키사의 공동 창업자이자 CEO인 필 나이트는 잘못된 관행이 공급망 깊숙이 자리하고 있다는 주장에 대해 공개적으로 언급해야만 했다.

회사가 직면한 쟁점을 공개적으로 언급하는 순간 이를 되돌릴 길은 없다. 필 나이트는 나이키사의 행동규범을 상향 조정하는 한편 원격지 계약업체를 관리하기 위해 규약을 확대 적용하는 일단의 조치들을 발표했다. 그렇게 함으로써 나이키사는 자신이 속한 산업의 기준을 한층 끌어올렸다. 나이키 브랜드는 지금도 여론의 비난을 도맡아 받는 피뢰침 역할을 하고 있다. 하지만 당시에 조치를 취하고 장기간에 걸쳐 이를 실행하겠다고 약속함으로써 회사의 평판은 크게 회복되었다. 나이키사가 이러한 조치를 발표하기 전에는 리바이스사만이 국내 기준을 해외 계약업체로 확대 적용하는 정책을 시행하고 있었다.

몇 년 뒤 쉘사는 다시 한 번 공익 캠페인의 주요 표적이 되었다. 알래스카 북극 시추가 발생시킬 환경 비용을 겨냥한 이 캠페인은 소셜 미디어의 파도를 타고 퍼져나갔다. 런던의 더 샤드 등반을 시작으로 태평양 북서부 지역의 굴착기와 다리에 매달리기, 쉘사가 후원하는 포뮬러원 시상식 난입에 이르기까지 사람들의 이목을 끌었다. 여기에 개별 사보타주 활동이 3년이나 이어지며 언론의 큰 관심을 끌었다. 마침내 2015년 쉘사는 알래스카 시추 계획을 백지화했다.

그린피스는 전 세계 50개가 넘는 나라에 지부를 두고 있는 환경단체이다. 이 단체의 미디어 활용 능력은 탁월하다. 쉘사를 향한 캠페인 과정에서 그린피스는 레고 블록으로 만든 북극곰이 오염된 북극에서 오도 가도 못하고 있는 모습을 담은 기발한 동영상을 배포하기도 했다. 이 영상은 깃발을 흔들지도 건물을 오르지도 못하는 수백만 생물들의 서식지에 시추 비용을 전가한다는 메시지를 전달했다. 한 시점의 집계에 따르면 6백만 명에 이르는 사람들이 이 영상에 반응했다. 쉘사는 시추 중단을 요청하는 이메일을 최소한 백만 통은 받았다.

모든 행위는 월드와이드웹에 불을 붙일 수 있다. 그리고 그를 통해 월드와이드웹의 힘이 드러난다.

대중적 저항의 표적이 된 기업들에게 소셜 미디어는 복잡한 게임이다. 불매운동은 그 동기가 표적과 간접적으로만 연결된 것일 수도 있다. 2017년에 새로 선출된 트럼프 대통령이 7개

무슬림다수국가Muslim-majority nations 시민들의 미국 입국을 금지하는 행정명령에 서명한 뒤, 우버사가 공격 대상으로 지목되는 일이 일어났다.

당시 파키스탄과 방글라데시 승객의 예약을 받은 택시 기사들을 비롯해 많은 택시 기사들이 전국 공항에 집결한 시위대와의 연대에 동참하자 우버사의 공항 픽업 서비스 수요가 갑자기 늘었다. 수요 증가에 따라 자동으로 가격이 올라가는 우버사의 가격 책정 방식은 그저 공항을 오가는 방편이 필요했던 고객들을 화나게 했다. 그리고 시위대는 대통령의 반이주 조치를 암묵적으로 지원했다는 이유로 우버 운전자들을 멀리 했다. 우버사 CEO인 트래비스 캘러닉이 대통령이 신설한 기업위원회 회원이라는 사실도 문제를 해결하는 데 도움이 되지 않았다.

우버사의 승차공유 앱을 지우라는 캠페인#DeleteUber이 소셜미디어상에서 빠르게 퍼졌다. 그리고 이는 백악관의 반이주 정책에 대중적 분노를 표출하는 수단이 되었다. 우버라는 회사와 그 기업 문화, 논란 많은 CEO에 대한 우려 등을 이유로 적어도 며칠 동안 수십만 명이 앱을 지웠다.

우버사는 어떻게 해야 했을까? 외국 시민의 미국 입국을 금지한 미합중국 대통령의 결정은 우버사나 다른 회사의 CEO가 통제할 수 있는 사안이 아니다. 하지만 우버사의 직원들은 목소리를 높이기 시작했고 며칠이 지나지 않아 캘러닉은 대통령 직속 기업위원회에서 탈퇴하겠다고 발표했다. 다른 CEO들도 그 뒤를 따르면서 새롭게 창설된 기업 자문 그룹은 해체되었다.

우버사나 쉘사가 악당일까?

어떤 측면에서 쉘사는 해당 산업 내에서 최고의 명성을 얻고 있다. 로열더치쉘사는 네덜란드에 본사를 두고 있으며 영국에서 설립되었다. 쉘사는 유럽 본거지의 가치와 감수성을 반영한다. 이 점은 2000년대 초 회사가 기후변화 대응 행동의 필요성을 천명했을 때 분명해졌다. 이는 미국의 경쟁업체가 해당 사안에 신경을 쓰기 시작한 때보다 10년 이상 빠른 것이었다.

2018년, 로열더치쉘사의 CEO 벤 판뵈르던은 기후변화를 "우리 시대의 가장 중요한 의제"로 명명하고 탄소배출 감축, 재생에너지 투자, 전기차 급속충전 기술 개발 등의 공격적인 목표를 발표했다. 2019년에는 기후 정책의 차이를 이유로 미국 연료 및 석유화학 제조협회를 탈퇴하는 동시에 회사 운영 전반에 걸친 탄소배출 제로 열망을 다시 한 번 표명했다. 그리고 제조업, 항공, 해상 운송 부문 도매 고객들의 쉘사 제품 사용에 대해 탄소 상쇄를 실행하겠다는 의지를 표명하면서 쉘사는 다시 한 번 경쟁업체들을 앞질렀다.

하지만 인터넷 시대에 쉘사와 같이 눈에 띄는 브랜드는 또한 쉽사리 전술적인 표적이 된다. 그린피스와 고도의 네트워크를 보유한 또 다른 국제 NGO 옥스팜이라 해도 우리가 전혀 들어본 적이 없는 한 회사를 상대로 소비자의 힘을 집결시킬 수는 없다.

활동가들과 풀뿌리 단체의 노련한 캠페인이 성공하는 이유는, 잘 알려지지 않은 생산과정을 우리에게 잘 알려진 소비재 브랜드와 연결하기 때문이다. 따라서 유명 브랜드는 수확이나 생산 과정, 그리고 생산 및 서비스 노동자의 노동 조건에서 커다란 변화가 시급히 이루어져야 함을 두드러지게 보여준다.

매우 복잡한 사례를 하나 들어보자. 옥스팜은 야자유 농장 확장을 위한 인도네시아의 삼림 태우기, 네슬레사의 코코아로 만든 쿠키, 유니레버사가 판매하는 로션과 화장품을 서로 연결하는 캠페인을 벌였다. 성공을 위해 채택한 방식은 소셜 미디어를 활용하여 자산 가치가 높은 브랜드에 대해 소비자의 분노를 일으키는 것이었다. 바탕에 깔린 목표는 보호할 브랜드가 없는 광산업자, 개발업자, 제련업자, 운송업자, 제조업자들에게 변화를 요구하도록 소비재 회사들을 자극하는 것이었다. 이때 소비자가 대면하는 브랜드 회사와 상품 생산자 사이에는 지역 및 국가의 정부, 교역 및 제품 기준을 감독하는 국제기구, 자체 행동 규범을 보유한 컨소시엄, 그저 식탁에 음식을 올리기 위해 애쓰는 노동자들이 있다.

나이키사의 필 나이트는 1998년 내셔널프레스클럽에서 행한 연설을 통해 이렇게 솔직하게 말했다. "나이키사의 제품은 노예 임금, 강제 초과 근무, 난폭한 학대와 동의어가 되었습니다. 저는 미국의 소비자들이 누군가 학대 받으며 만든 제품을 구매하길 원하지 않는다고 진심으로 믿고 있습니다."[1]

구석구석까지 꿰뚫어보는 듯한 예지적 사상가 돈 탭스콧은 모두가 주머니에 통신 수단을 넣고 다니는 시대가 열리기 수 년 전에 이미 뉴미디어의 영향력에 관한 저술과 강연을 했다. 데이비드 티콜과 공동 저술한 《투명 경영 *The Naked Corporation: How the Age of Transparency Will Revolutionize Business*》(김영사, 2005)에서 탭스콧은 그가 근본적 투명성이라 부르는 기업 위험을 짓궂은 표현으로 담아냈다. 그는 이렇게 경고한다. "벌거벗으려면 몸짱인 편이 낫다."[2]

네슬레, 나이키, 쉘, 유니레버. 이들 사례 각각은 글로벌 브랜드와 지역의 노동·환경 기준을 연결하는 비즈니스의 규칙이 어떻게 시시각각 변화하는지, 또한 어떻게 경영자의 통제 밖에 있는 힘들에 의해 결정되는지 보여준다. 정상적인 기업 관행처럼 보일 수도 있던 것이 어느 날, 겉보기에는 하룻밤 사이에 새로운 규범으로 대체될 수 있다. 노련한 캠페인의 초기 단계는 최고경영진의 눈에 띄지 않을 수도 있다. 캠페인이 소셜 미디어상에 등장하는 순간 회사는 격랑에 휩쓸린다.

어느 날 고등학교에 다니던 딸 안나가 집에 돌아와서는 학급회의 시간에 아이들이 더 이상 M&M 초콜릿을 먹지 않기로 맹세했다고 했다. 이유는 아동 노동과 관련이 있기 때문이란다. 이것이 2001년의 일이다. 당시에 서아프리카의 아이들이 코트디부아르의 작은 코코아 농장에서 담보노동bonded labor을 하고 있다는 보도가 주류 언론을 강타하고 있었다. 하지만 실상을 파악하기는 어려웠다. 나는 이것이 불미스러운 노동 관행에 연결되어 있을 수도 아닐 수도 있는 한 회사의 문제를 넘어서는 복잡한 사안이라는 것을 아이에게 설명하려고 애썼다. 사실 딸의 친구들이 일일 불매운동에 동참하려 했다면 정말 불매를 할 만한지 확인하는 조사를 더 할 필요가 있었다.

이러한 사태는 어렸을 때 생일파티에서 했던 전화 게임을 연상시킨다. 사실과 루머가 뒤섞인 채 도깨비불처럼 퍼져나가는 상황에서 글로벌 기업들은 신속 대응 통신 시스템에 돈을 쏟아부으며 대처한다. 그렇게 자신들의 이야기를 전달하는 동시에 밤사이 기업 운영에 지장을 줄 수 있는 사건들을 감시한다. 최선의 방법은 공개 조사를 버티지 못할 계약업체 등의 약한 고리를 파악하고 제거해 공급망을 깨끗이 청소하는 것이다. 글로벌 기업들에는 보호해야 할 귀중한 자산이 있다. 즉, 인재 접근성, 투자 자본, 지역 및 세계에서 활동할 수 있는 실제 영업면허에 영향을 미치는 기업 평판을 보호해야 한다.

하지만 루머를 제쳐두더라도 기업의 월권, 탐욕, 단기적 행동으로 요약될 수 있는 사례들은 충분히 많다. 전통적 뉴스 정보원, 블로그, 심야 텔레비전 프로그램은 이러한 사례들로 넘쳐난다. 이러한 사례들이 기업과 시장에 대한 나의 신뢰를 시험에 들게 한다.

책임을 재정의하는 것에 대한 기업의 반응

세계 경제에서 전통적 기준설정자의 역할은 새로운 주체들로 이동하고 있다. 특히 소셜 미디어 및 인터넷에 의해 가능해진 네트워크의 성장, 그리고 회사에서 멀리 떨어진 곳에서 활동하는 NGO를 염두에 둘 때 더욱 그러하다. 정부는 가장 기본적인 규칙을 정할 뿐이다. 상업과 정부 바깥에 존재하는 이 신생 세력이야말로 기업 관행의 기준을 제고하는 데, 규범과 규약의 수준을 점진적으로 높이고 이것이 기업들의 경쟁적 환경에 적용되도록 하는 데 유능한 역량을 갖추고 있다.

기업의 책임은 공급망뿐만 아니라 투입 요소와 산업 행위자들의 생태계 전체를 포괄할 정도로 확대되었다. 필 나이트의 연설이 있기 전 해외 계약업체에 적용되는 기준은 다른 누군가의 문제였다. 기업의 책임에 대한 인식이 개인적 습관, 소비자의 집에서 이루어지는 제품의 개인적 사용으로까지 확장될 때 엄격한 법적 책임과 도덕성을 구분하는 선은 계속해서 희미해진다. 총기 제조업체와 바텐더들은 이미 그러한 압력을 느낀 적이 있다. 탄산음료에서 휴대폰에 이르기까지 사회적 결과와 결부된 제품들의 목록은 늘어나고 있다.

NGO와 느슨한 네트워크 연합은 거의 잃을 것이 없다. 회사의 평판을 규정하는 규칙은 본사에서 멀리 떨어진 곳에서 정해진다. 회사는 이러한 현실을 어떻게 다룰 것인가?

스웨덴의 10대 기후 활동가 그레타 툰베리의 용기, 플로리다주 파크랜드의 한 고등학교에서 일어난 총기 난사 사건 이후 슬픔을 정치적 행동으로 바꾼 에마 곤살레스와 급우들의 불같은 다짐, 이러한 개인들의 면모가 미래라는 단어에 새로움을 불어넣는다. 이들은 수백만의 목소리를 끌어들이고 기업의 역할에 대한 대중의 인식과 기대를 높인다.

하지만 이러한 에너지와 대중의 기대를 제품 설계나 지속가능개발 규약상의 문제에 적용하는 것은 기업들이 서로 경쟁하기 전단계에서 가장 큰 효과를 볼 수 있다. 변화의 주체들은 사업 경쟁자들을 참여시키는 법을 알고 있으며, 이렇게 해서 경쟁자들이 참여하게 되면 그들이 공유하는 생산자의 기준에 영향을 미칠 수 있다.

강렬한 인상을 남긴 TED 강연에서 환경 활동가 제이슨 클레이는 체제의 변화를 이끌기 위해 자신이 소속된 세계자연기금과 동료 단체가 끈기 있게 추구하는 전략의 배후에 있는 셈법을 제시한다.[3] 그는 소비 대중의 폭넓은 관점에서 시작해 공급망 내의 정확한 지렛점까지 파고들어 간다. 그 내용은 대략 이렇다. 지구상에는 69억 명의 소비자가 있다. 또 이 소비자들의 필요를 충족하기 위해 기업-소비자간 거래 제품을 생산하는 15억 명의 생산자가 있다. 하지만 생물다양성과 관련된 핵심 상품을 취급하는 세계 판매·교역 업체의 수는 훨씬 적다. 생물다양성을 보장하거나 또는 파괴하는 규칙은 바로 이들이

정한다.

세계자연기금의 제이슨은 양식 연어, 면화, 야자유를 비롯해 15개 기본 제품에 초점을 맞춘다. 이것은 열대우림부터 멸종 위기에 있는 특정 어류의 번식지에 이르기까지 생물다양성이 위협받는 지역에 매우 큰 영향을 미치는 상품들이다. 다음으로 제이슨과 그의 동지들은 이 상품들의 구매와 판매에서 가장 큰 비중을 차지하는 회사들을 찾아내 수백 개의 번호를 매긴다.

이런 선별 작업을 마치고 나면 여러 개의 상품을 취급하고 시장에서 가장 영향력이 크다고 판단되는 회사 100개만이 남는다. 69억 소비자의 구매 습관에 영향을 미치기 위해 노력할 것인가, 아니면 새로운 규칙과 표준을 정할 이들 100개 기업을 활용할 것인가? 제이슨이 설명하듯 치열하게 경쟁하는 생산업체들과 사업 부문들 사이에서 변화를 위한 효과적인 실행 집단을 꾸리는 건 쉬운 일이 아니다. 하지만 그렇다고 어려운 선택도 아니다.

변화의 핵심에는 기업의 위험이라는 현실이 놓여 있다.

회사들은 기후변화나 미디어, 경제적·정치적 소요 등으로 인해 공급망 중단의 위험에 처한다. 또 소비자 시장에서 평판이 하락하는 값비싼 위험에 직면하기도 하는데 이는 신용·투자자·노동시장에서의 평판 역시 마찬가지다. 공급망 중단은 활동반경이 엄청난 거대 제조기업뿐 아니라 티파니사, 프록터앤드갬블사 Procter & Gamble, 나아가 월마트사에 이르는 소비재 브랜드와 소매업체에도 타격을 준다.

소비자가 제품을 거부하거나 정부가 사업 모델을 거부할 때 공급망에서 일어나는 혼란을 잠재우기 위해서는 막대한 비용이 든다. 캘리포니아주는 우버사에게 독립 운전자들에게 각종 혜택이 보장된 급여를 제공하라는 명령을 내렸다. 또 뉴욕시의 지원과 보조금을 얻기 위한 아마존사의 요구는 수포로 돌아갔다. 그리고 인공지능을 활용해 사용자 맞춤형 상업·정치 광고를 제공하려던 페이스북의 시도는 수익성이 높은데도 도덕적으로 논란이 일면서 회사에 많은 어려움을 안겨주었다.

변화의 이야기

국제 해운사인 머스크사나 화학물질 제조업체인 다우사와 같은 B2B 기업에 영향력을 행사하기 위해 활용되는 전략과 전술은 소비재 기업에 활용되는 것과는 다르다. 어느 쪽이든, 기준을 제고하고 산업에 새로운 길을 제시하는 조기 수용 기업이나 선도 기업은 도구적 동기와 본질적 동기가 뒤범벅된 복잡한 상황에서 대응할 것이다.

2001년 우리는 일단의 기업 경영자와 학자들을 아스펜연구소 캠퍼스에 초대해, 변화를 선도하기 위해 기업이 수행해야 할 역할을 검토하는 시간을 가졌다. 특히 좀 더 바람직한 행동

기준은 어떻게 진화하면서 일상의 관행이 될 것인가라는 질문이 이날 모임의 화두였다. 로저 마틴은 2002년 〈하버드 비즈니스 리뷰〉에 "선행의 기본체계The Virtue Matrix"라는 논문을 발표해 이날 모임에서 탐색된 아이디어들을 확장했다.[4]

머크사와 강변실명증 퇴치 캠페인과 같은 사례는 본질적 동기를 나타낸다. 여기서 사회적으로 유익한 실천 또는 투자가 회사의 주주나 투자자에게 의미하는 재정적 가치는 부정적이거나 무형적이다. 다시 말해, 금액으로 산정하기 어렵다. 하지만 마틴과 동료들은 한발 더 나아가 한 회사의 의식적 선택이 어떻게 한 부문 또는 산업을 더 높은 토대 위에 올려놓는 출발점이 될 수 있는지, 그리고 선도 기업은 이를 통해 어떤 보상을 받으며 긍정적 변화의 토대를 강화할 수 있는지 보여주었다.

올바른 일을 행하면 보상을 얻는다는 사실을 보여주는 또 다른 사례가 실시간으로 펼쳐지고 있었다. 아스펜 대담이 열릴 당시, HIV-AIDS 감염병은 여전히 큰 위협이었다. 미국에 거주하는 환자들은 치유 가능성이 높은 치료를 받을 수 있었지만 치료비는 가족과 배우자들에게 엄청난 부담이었다. 푸르덴셜 보험사는 치료 지원 목적으로 HIV 피해자들이 생명보험증권의 현금 가치, 이른바 말기 환급 혜택에 접근할 수 있도록 허용하는 결정을 내렸다. 이 결정은 좋은 반응을 얻었으며 경쟁업체들도 곧 이를 따랐다. 이것은 푸르덴셜사가 경쟁력은 없으면서 재정적 위험만 커지는 듯 보이는 정책을 채택했을 때 벌어진 상황과는 전혀 달랐다.

이와 비슷한 사례로는 임금률을 인상한 코스트코, 유기농 면화 재배를 약속한 파타고니아사, 직원들에 대한 열정을 보여준 사우스웨스트사, 패스트캐주얼 식품 산업에 건강하고 지속 가능한 제품을 도입한 치폴레사 등을 들 수 있다. 이들은 초기 투자와 운영비 상승이 뒤따르지만 시장에서의 포지셔닝에 도움이 되고 적어도 경쟁우위의 잠재력을 가질 수 있음을 고려해 그러한 정책을 추진했다. 그러자 소비자, 투자자, 직원들 사이에서 평판이 좋아지면서 보상이 뒤따랐다. 광업, 채굴업, 공익사업 등에 종사하는 B2B 기업들의 경우 국가 또는 지역 관할기관이 부여하는 영업면허와 소매업체 및 생산업자와의 관계가 행동을 촉진하는 요인으로 작용한다. 이 기업들은 지역에 뿌리를 두고 있으며 투자 대비 수익을 실현하는 데에는 수십 년의 시간이 걸린다. 영업면허는 단지 하나의 상징이 아니다. 그것은 시간의 검증이 필요한 일련의 관계, 행동, 기대와 복합적으로 연결되어 있다.

산업의 기준을 성공적으로 높이기 위해서는 기업이 건강해야 한다. 이를 위해 기업의 핵심 운영 부문에 대해 지속적으로 신중하게 관리해야 한다(CSR이 아니라 린 경영이나 TQM을 생각해보라). 또한 우수한 서비스를 제공하겠다는 약속을 지키고 좋은 이웃이 되는 것, 더불어 현재의 수익성과 장기적 경쟁우위 사이에서 투자의 균형을 유지하는 것이 필요하다.

회사의 운영은 현미경으로 관찰된다

무엇보다 중요한 것은 약속을 이행하는 능력이다. 치폴레사는 이른바 '정직한 먹거리Food with Integrity'를 판매하는 최초의 대형 업체가 되었다. 회사는 "책임감 있게 기른" 고기, 가금류, 유기농 재료 사용을 홍보했다. 이러한 가치들을 중심으로 브랜드가 육성되면서 치폴레는 도처에서 발생할 수 있는 문제들에 취약해졌다.

2015년 가을에 태평양 북서부 지역 치폴레 매장에서 대장균이 검출되었는데 이는 판매 중단으로 이어졌다. 이때가 혹독한 시기의 정점이었다. 회사는 소비자의 신뢰를 회복하고 브랜드를 다시 구축하기 위해 안전 절차 신설, 다층적 회계감사, 교육, 할인 행사, 사은품 제공 등을 실행했다. 여기에 더해 일반인과 투자자들이 처음 회사와 사랑에 빠진 이유를 상기시키는 마케팅 캠페인을 전개했다.

펩시사의 브랜드 가치는 10억 달러가 넘으며 사실상 지구상의 모든 나라에서 영업을 하고 있다. 인드라 누이는 1994년 회사에 합류했으며 2006년부터 2018년까지 CEO를 지냈다. 그녀가 회사 전략에 미친 영향은 엄청났다. 그녀는 저지방·저당 제품에 대한 소비자 관심이 표출된 초기 신호를 적극적으로 수용해 '펀포유fun for you' 제품과 균형을 맞춘 '굿포유good for you' 제품군을 출시하고 이에 투자했다. 마케팅 비용은 새로운 방향에 맞춰졌다. 전통적 제품군을 바꾸는 것은 고도의 경쟁적 환경에서 위험부담이 매우 큰 일이었다. 우연히 그녀를 방문할 기회가 있었는데 이때 그녀는 이 위험을 도로 운전에 비유했다. 지금 휴게소에 들러 휴식을 하고 주유도 하는 등 다시 출발할 채비(새로운 역량에 대한 투자)를 갖춰야 하지만 이것은 말하자면 장거리 운전이며 지구력이 필요하다는 것이다.

시장에서는 펩시가 소비자의 탄산음료 중독 문제에 매달리며 시간을 낭비한다며 탐탁지 않다는 반응을 보였고 이윤보다 목적을 우선시하는 그녀의 무모함을 꾸짖었다. 기업 사냥꾼 넬슨 펠츠는 그녀를 찾아와 회사를 통제하고 분할 매각하는 주주 행동에 나서서 가치를 뽑아내겠다고 위협했다. 인드라는 힘들게 폭풍우를 견디다 중도에서 타협할 수밖에 없었다. 하지만 그녀는 자신이 이루고 싶은 것을 알고 있었다. 그녀는 자신의 목적을 부단히 추구한 과감하고 에너지가 넘치는 리더로 기억되며 존경을 받고 있다. 그녀로 인해 여성 리더에 대한 사람들의 대화도 달라졌다.

인드라는 어떻게 기부할 것인지가 아니라 어떻게 돈을 벌 것인지에 초점을 맞추라고 청중들에게 거듭 이야기한다. 분명 자선과 선행의 역할이 있다. 하지만 소비자들 사이에서 평판을 얻고 투자자 및 규제기관과 신뢰 관계를 구축하는 것은 단순한 선행과는 달리 개발에서부터 배송에 이르기까지 제품이 거쳐 가는 모든 이들에 대한 신중한 관리에서 비롯된다. 그리고

야자유 : 변화의 이야기

야자유 수확 방식을 변화시키는 것은 인도네시아 재배자들에 의한 대량 벌목과 온실가스 배출을 줄이기 위한 핵심 방안 중 하나이다. 인도네시아는 중국, 미국, 러시아에 이어 세계에서 네 번째로 큰 CO_2 배출국이다. 이 인기 있는 식물성 기름 생산용 토지 면적을 늘리기 위해 삼림과 이탄지대peatlands에 불을 지르는 것은 인도네시아에서 흔히 볼 수 있는 관행이었다.

소고기 생산을 위한 남미의 소목장부터 가구 제작을 위한 아시아의 마호가니 및 티크 벌목에 이르기까지 수많은 이유로 열대우림이 파괴되면서 위험에 처해 있다. 남아 있는 세계 열대우림 중 약 10%가 인도네시아에서 서식하고 있는데 이곳에서는 야자유가 문제가 된다.

야자유는 세계에서 가장 널리 생산되는 식물성 기름이다. 식료품점 선반에 진열되는 제품의 절반에 야자유가 포함되어 있다. 야자유는 립스틱과 초콜릿이 녹는 걸 방지하고 대부분의 샴푸에 필수로 들어간다. 야자유를 사용하면 제빵이 좀 더 수월해지고 아이스크림의 질감이 부드러워진다. 야자유는 저렴하면서도 수천 가지의 소비재 및 산업 용도로 쓰이기 때문에 전 세계적으로 거래된다. 세계 공급량의 55%는 인도네시아가 원산지이며 그래서 이곳에서 벌목이 무서운 속도로 진행되었다. 일부 사람들은 벌목이 억제되지 않고 지금처럼 계속될 경우 2030년에는 인도네시아에 더 이상 열대우림이 남아 있지 않을 것이라고 추정한다. 야자유 수요가 증가하면 생물다양성 파괴, 대기질과 수질 저하, 토양 침식과 홍수를 불러올 수 있다.

야자유 공급망은 복잡한 성격을 띤다. 한쪽 끝에는 인도네시아를 비롯한 여러 지역에서 살아가는 수백만 소규모 자작농이 있다. 이들에게 야자유 수확은 생계수단이자 공동체와 지역의 경제적 성공을 위한 초석이다. 더욱이 카길사와 같은 대형 유통업체는 산업적 규모의 단작 재배에 의존하는데, 이는 수요를 따라잡기 위해 삼림을 불태우고 토착 농민들이 고향을 잃는 결과를 낳았다. 다른 쪽 끝에는 엘라이스 기넨시스, 라우레스 황산나트륨, 팔미토일 올리고펩타이드와 같은 신비한 성분이 함유된 스낵과 개인 위생용품, 그리고 세척제를 구매하는 우리 같은 수십 억 소비자들이 있다.

열대우림을 구하는 변화의 주체로서 소비자를 참여시키는 것은 복잡한 일이다. 하지만 이러한 전략은 이제 친숙한 것이 되었으며 소비자를 직접 대면하는 기업으로 우리의 관심이 향하게 한다. 결국 재정과 신념을 일치시키는 규약과 관행을 촉발하는 열쇠가 되는 것은 이 기업들이다.

이러한 것들에 주의를 기울이기 위해서는 기업의 사고방식과 절차가 근본적으로 전환되어야 한다.

새로운 규칙과 새로운 책임에 대한 정의를 채택하는 것은 내부의 변화 주체들에게 귀를 기울이는 것을 의미한다. 이러한 내부 주체에는 관리자들도 포함된다. 이들은 제품 또는 서비스의 이면에 놓인 경제적 현실을 알려오는 소액 투자자 및 시민단체와의 소통창구 역할을 한다. 그래서 그저 참치캔이나 옷을 구매할 뿐인 우리 같은 소비자들이 그러한 현실을 알 수 있게 해준다. 토양 오염, 삼림 벌목, 생물다양성 상실, 물 부족, 심지어 거의 해안에 상륙하지 않는 어선에서의 노예 노동과 먼 나라 수도의 호텔 방에서 이루어지는 담보노동 등 공급망 깊숙이 자리한 문제들에 대해 조기경보를 울릴 수 있는 이들은 바로 이러한 관리자들이다.

다음 장에서 살펴보겠지만 현명한 회사들은 자신들의 직원이 도움이 될 수 있음을 잘 알고 있다. 직원들이 참여하는 사회적 네트워크는 제품 및 서비스의 공급과 변화에 대한 요구가 교차하는 지점에 있다. 그들은 회사가 위기에 봉착하기 전에 위험을 알아차리고 회사의 평판을 보호할 수 있다. 직원들은 지역의 필요, 세계적 네트워크, 개인들의 가치와 인식이 복잡하게 어우러지는 상황에 관심을 기울인다. 그리고 정부가 움직일 때까지 참고 있지 못하는 적극적인 시민처럼 사고한다.

앞서 대표적인 사례로 언급한 예들은 참여 규칙이 이미 얼마나 많이 변화했는지 이해하는 데 도움을 준다. 그 사례들은 동기와 시장 압력, 그리고 생산자와 소비자를 연결하는 매개기관의 역할을 보여준다. 브랜드는 가격과 편의성에 이끌리는 한편의 소비자와, 노동시장과 시스템 붕괴의 다른 한편 사이에서 일어나는 긴장과 균형을 드러내는 대중적 얼굴이다.

임계점에 이르느니 차라리 대화를 시작하는 편이 더 나을 것이다. 소수 행위자들의 행동은 경쟁적 사업에서의 성과를 결정하지만, 주요 행위자들의 집합적 행동은 게임의 규칙을 바꿀 수 있다.(이와 관련하여 6장에서 시스템 자체가 붕괴 위험에 처할 때 기업에게 무엇이 요구되는지 살펴볼 것이다.)

누가 주도하는가?

NGO가 일선에서 압력을 행사할 때 참된 가치 창출의 여정은 시작된다. 이들은 인권, 작업장 안전, 공정 임금, 생물다양성과 기후변화 등의 시스템 문제에 대처하기 위해 '노동자와 환경주의자teamsters and turtles'들을 결합시킨다. 그리고 소셜 미디어의 힘은 그 과정에 촉매로 작용한다. 시장 주도 기업에서 비롯된 규약 및 절차상의 변화는 산업과 시장 전체를 다른 선택지로 향하도록 한다. 그리고 이러한 선택의 변화에는 단호한 지도력, 그리고 장기적 관점을 지닌 신뢰받는 중재자가 필요하다. 또 선도 기업들에게는 법적 규칙이 필요하며 일상적 경쟁 관계에 있는 당사자들이 규칙을 존중할 것을 합의해야 한다.

변화의 폭을 넓히고 그것이 수용되도록 하려면 세계적으로 활동하면서 큰 주목을 받는 기업이 필요하다.

■ 낡은 규칙 ■

노동은 최소화되어야 할 비용이다

노조와 직원 행동주의는 비용을 상승시키고 경영진의 직무 수행을 방해한다.

■ 새로운 규칙 ■

직원들은 위험을 포착하고 경쟁우위를 알려준다

직원들은 변화하는 세계에서 기업의 결정적 동맹군 역할을 한다. 그들은 미래의 위험을 알아차리는 한편 지속가능성과 사회적 책임을 둘러싼 새로운 규범에 내재되어 있는 사업 기회를 포착한다.

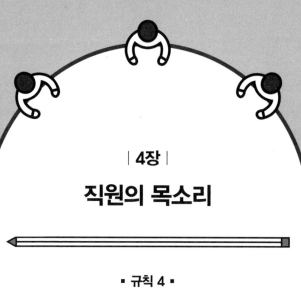

| 4장 |

직원의 목소리

▪ 규칙 4 ▪

직원들은 위험을 포착하고 경쟁우위를 알려준다

인적 자원 관리에서는 대상자들의 생산성만큼이나 그들의 자유와 복지에 관심을 쏟는 것이 중요하다. 또한 전략적 선택의 경제적 결과와 더불어 환경적 결과를 고려해야 한다. … 동시에 경영의 특정 관심사에 부합하는 이들뿐만 아니라 그에 반대하는 이들의 다양한 목소리를 듣고 이 목소리에 활기를 불어넣어야 한다.

— 잔피에로 페트리글리에리, "우리의 경영 이론은 낡았는가?", 〈하버드 비즈니스 리뷰〉

1998년 댄 브로스는 마이크로소프트사의 대정부 부서에 합류하기 위해 워싱턴 DC에서 시애틀로 이사했다. 우리가 처음 인사를 나눈 것은 댄이 회사의 전반적인 사회적 책임 프로그램 수립을 맡은 직후인 2005년이었다. 광범위한 이해관계와 요구를 지니고 점점 목소리를 높이던 다양한 이해관계자들을 응대하는 것도 댄의 업무였다.

당시 댄은 불매운동의 위협과 씨름하고 있었다. 워싱턴주 입법부가 도입한 논란 많은 법안에 대해 회사가 취한 입장 때문에 빚어진 일이었다. 레이건 행정부에서 노동부 장관을 역임한 앤 맥로글린 코롤로고스는 마이크로소프트사와 아스펜연구소 두 곳 모두에서 이사직을 맡고 있었는데, 나에게 댄과 이야기를 나눠보면 유익할 것이라고 귀띔을 해주었다.

쟁점은 워싱턴주의 기회평등 법령에 등재된 보호 계층 범위에 성적 지향을 추가할 것인지의 여부였다. 개정안은 마이크로소프트 본사가 있는 지역의 한 카리스마 강한 종교 지도자에게는 역겨운 것이었다. 댄은 법안에 대한 마이크로소프트사의 지지를 뿌리내릴 방안을 모색하고 있었다.

나는 상대적으로 새로운 기업 네트워크인 유엔글로벌콤팩트UNGC를 살펴볼 것을 댄에게 제안했다. 유엔글로벌콤팩트는 인권, 노동, 환경 규약에 관해 유엔 및 회원국과 뜻을 같이하는 기업들의 협력 기관이다. 유엔글로벌콤팩트의 기본구상은 댄에게 도움이 되었다. 콤팩트 회원사로서 마이크로소프트는 유엔 창설 시 수립된 인권 원칙을 진작하는 워싱턴주의 기회평등 법률이 확대되도록 지원할 수 있었다.

하지만 마이크로소프트사가 법안에 대한 소극적 지지에서 적극적 지지로 입장을 바꾼 결정적 계기는 직원들의 목소리를 들었기 때문이다. 약칭 GLEAM(마이크로소프트사 게이·레즈비언 직원들)으로 알려진 친목단체가 법안에 대해 강력한 지지를 표명한 것이 전환점이었다. 이 단체는 회사 내의 공인된 네트워크로서 공동의 관심사를 공유하는 직원들을 연결하는 수많은 직원 협의체 중 하나이다. 이 네트워크에 속한 직원들은 대표적으로 높은 평가를 받는 이들이었으며 그들의 견해는 댄과 회사 지도부에게 중요한 의미가 있었다.

직원들의 발언권과 영향력이 커지는 새로운 시대의 서막이 열리고 있었다.

2017년 2월 새로 당선된 트럼프 대통령은 7개 무슬림다수국가 시민들의 미국 입국 제한을 발표했다. 160개 생명기술 기업의 최고경영자들이 대통령의 결정을 비난하는 공개서한을 발표했을 때 그들의 판단은 직업인으로서뿐 아니라 개인 차원에서 내려진 것이었다. 각각의 경영자들에게는 할 이야기가 있었다. 많은 경우 자신이 다름 아닌 이주민이었기 때문이다.

하지만 트럼프의 입장에 대한 반감이 행동의 촉구로 바뀐 것은 여행 금지가 수천 명의 기술자와 여타 전문가, 그리고 현재 위험에 처한 중요 직원들에게 미친 영향 때문이었다.

CEO들이 사회 정책에 관해 공개적인 발언을 한 것이 이번이 처음은 아니었다. 2016년 대선을 코앞에 둔 2015년 세일즈포스사의 CEO 마크 베니오프는 기업 소유자에게 성소수자 공동체LGBT community에 대한 서비스 거부권을 허용한 법률을 둘러싸고 당시 인디애나 주지사였던 마이크 펜스와 설전을 벌여 언론의 집중 조명을 받았다.

당시 베니오프는 이렇게 말했다. "우리는 고객이나 직원을 차별받는 상황으로 몰아넣을 수 없습니다. 우리에게는 이 법률이 제정됨으로써 엄청난 영향을 받게 될 많은 직원과 고객들이 있습니다. 진실로 나는 그들을 대신해 그들의 권익을 옹호하고자 합니다."[1]

무슬림 입국금지 이후 몇 주에서 몇 달이 지나면서 더 많은 CEO들이 너무 위험하거나 사업 범위 밖이라며 전임자들이 회피했던 사안들에 대해 공개 발언을 하기 시작했다. 머크사의 CEO 켄 프레이저는 사우스캐롤라이나주 샬럿에서 진행된 백인 우월주의자들의 행진을 대통령이 암묵적으로 승인했다는 이유로 트럼프 대통령에 대한 자문기구인 제조업 위원회를 사임했다. 또 총기 폭력 사건이 전염병처럼 늘어나면서 소매업체 및 소비재 브랜드 CEO들과 지역사회는 한목소리로 총기 규제를 옹호하기 시작했다. 델타사의 CEO 에드 바스티안은 전미총기협회 회원들에게 제공되던 단체 할인을 폐지했다. 그러자 조지아주 입법부가 이에 대한 보복으로 델타사에 대한 세액공제를 철회했다. 또한 하얏트 호텔의 CEO 마크 호플라메지언은 직원들의 우려를 받아들여 연방 감시대상 명단에 등재된 혐오단체가 하얏트 호텔의 회의실을 대관하는 것을 불허했다.

최고경영자들이 관용, 정체성, 공정을 둘러싸고 일터 및 사회 규범에 대해 발언하기 시작하면서 이주민 문제보다 훨씬 더 논쟁적인 사안에 관해 CEO의 견해를 듣는 것이 흔한 일이 되었다. 그리고 대다수 직원들은 이에 열광적인 반응을 보였다. 리더들의 이런 행보 덕분에 직원들은 자신들이 관심을 갖는 사안에 관해 발언할 기회를 갖게 되었다.

고위 경영진의 행동주의와 스스로를 대변하려는 직원들 사이의 거리는 매우 가깝다. 지난 수십 년간 노조는 쇠퇴해왔지만 직원들의 목소리는 점점 더 강력해지고 있다. 그리고 직원들은 자신들의 복지와 관련된 사안뿐만 아니라 회사의 안녕에 영향을 미치는 사회적 사안에 관해서도 발언을 하고 있다. 이런 추세를 되돌리는 건 불가능하다.

기업의 책임을 묻는 직원들

투자자와 소비자가 회사들에 책임을 묻는 내용을 다룬 언론 기사가 넘쳐난다. 이러한 현실에서는 회사와 제품을 가장 잘 알고 있는 이들이 노동자라는 사실이 간과될 수 있다. 하지만 새롭고 강력한 책임성 메커니즘이 시작된 것은 바로 이들 덕분이다.

직원들은 고객 인터페이스와 사용자 경험의 최일선이며 공급망 내의 위험을 상대적으로 쉽게 알아차린다. 기업 문화에 따라 여건이 조성될 경우 직원들은 효율성과 품질 개선을 위해 노력하며 미래 성장을 뒷받침할 혁신과 투자에 대해 목소리를 높인다. 그들은 규약이 언제 무시되는지와, 기업 그리고 고객이나 노동자들이 언제 위험에 처하는지를 가장 먼저 알아차린다.

또한 그들에게는 좁은 옆방이나 복도에서 일하는 계약직 노동자를 비롯해 시급 노동자의 노동 조건과 재정적 안정성을 들여다볼 수 있는 시야가 있다.

직원들은 불평등에서 기후변화에 이르기까지 광장의 주목을 끄는 사안에 대해 자신들의 리더가 전향적인 태도를 취하기를 바란다. 이러한 극복과제들은 사업 모델이 낳은 부산물일 수 있다. 그리고 이러한 사업 모델과 부산물 모두 우리의 경제 시스템을 위협하는 동시에 궁극적으로는 기업 자체의 건강을 해치는 것으로 되돌아온다. 오늘날 직원들의 관심을 끄는 사안들과 관련한 기업의 의사결정은 광범위한 사회적 추세 및 환경적 과제와 연결된다.

이 모든 이유에서 직원들과의 열린 소통은 중요한 의미가 있다. 하지만 직원들에 대한 관심은 경쟁우위를 점하기 위한 것 이상의 의미를 담고 있다.

직원들이 바로 기업이다. 그들은 그저 낮은 위치에서 또는 정문 밖에서 기업 의사결정의 효과를 느끼거나 정당한 의견을 지닌 이른바 이해관계자에 불과한 사람들이 아니다. 코로나19 팬데믹 속에서 노동자들이 겪은 희생은 이러한 현실을 분명히 보여준다. 불안정성과 경제적 격변의 시대에 노동력의 건강과 안전, 개개인의 재정적 안정성, 공공복지와 사적 인센티브 사이의 복잡한 균형 잡기는 가장 중요한 문제가 된다.

누가 기업 경영의 규칙을 정할 것인가 하는 문제는 중요하다. 사실 기업과 그 업종단체는 더 낮은 세금과 느슨한 정부 규제를 관철시키기 위한 싸움은 물론 노조와의 전쟁에서도 승리를 거뒀다. 하지만 규범과 의사결정 규칙이 기업과 사회 모두에 유효하도록 보장하는 책임성 메커니즘이 재검토되고 있다. 아스펜연구소 동료이자 경제적 기회 프로그램 책임자인 모린 콘웨이가 이런 질문을 던진 적이 있다. "기업의 승리가 진정 장기적으로도 기업에게 최선인가?"

직원들이 기업의 책임을 묻는 역할을 수행할 수 있는 것은 무엇 때문일까? 그것은 재화와 서비스 제공이라는 기업의 목적에서 직원들이 매우 중요한 역할을 수행하기 때문이다. 새로운 참여 규칙 하에서 직원들은 더 이상 사업 수행의 비용으로 여겨지지 않는다. 실로 열성적인 직원들의 가치는 측정이 불가능하다. 노동자도 인간이라는 점이 논란의 여지 없이 화제의 중심이 되었으며 앞으로도 오랫동안 그러할 것이다.

잔피에로 페트리글리에리는 프랑스 퐁텐블로에 있는 인시아드INSEAD에서 경영학을 가르친다. 그는 의사와 정신의학자 자격도 보유하고 있으며 리더십에 관한 사고와 실천에 도전적으로 기여하는 인물이다. 그는 "우리의 경영 이론은 낡았는가?Are our management theories outdated?"라는 제목으로 2020년 〈하버드 비즈니스 리뷰〉에 논문을 발표했다. 이 논문에서 그는 경영에서 발생하는 "중년의 위기"를 묘사한다. 이러한 위기는 자본주의 자체의 실존적 문제에서 생기는 것이다. 페트리글리에리는 이렇게 쓰고 있다. "대부분의 경영 이론과 도구가 기업의 유지·발전을 위해 오랫동안 구성되어 왔다는 세계관은 하나의 실존적 국면에 놓여 있다. 우리는 더 이상 그 작동방식에 대해 묻고 있는 게 아니다. 오늘날 많은 이들은 그것이 왜(그리고 누구를 위해) 존재하는지 궁금해한다. 심지어 그것의 생존 가능성에 의문을 품는 이들도 있다."[2]

페트리글리에리는 이미 변화가 진행되고 있음을 목도하고 있다. 그리고 이 변화가 좀 더 인간적인 모습을 한 경영, 호기심과 연민을 함께 북돋는 경영, 따라서 혁신과 포용에 훨씬 더 적합한 경영을 불러오리라 희망한다.

우리는 이미 경영의 그러한 인간적인 측면을 엿볼 수 있다. 이윤만큼이나 목적에 관심을 가진 CEO들에게서 말이다. 또 일터에서 의미와 공동체를 갈망하는 사람들의 모습에서도 이를 볼 수 있다. 하지만 이러한 요구가 공허한 울림이 되지 않기 위해서는, 또한 이러한 갈망이 충족되기 위해서는 실로 우리가 알고 있는 경영은 죽어야 한다. 다른 방법은 존재하지 않는다. 사실 경영이 어떤 문제를 안고 있어서가 아니라 바로 경영 자체가 문제이기 때문이다.

그는 계속해서 이렇게 쓰고 있다.

우리에게 새로운 경영 이론은 필요하지 않다. 경영 이론을 위한 더욱 폭넓은 목적이 필요하다. 그리고 그 목적은 대담한 선언이 아니라 지속적인 대화, 우리 자신 및 다른 이들과 나누는 대화 속에서 출현해야 한다. 그것만이 도구적 이론에 도전할 수 있다. 이러한 대화는 지금과 같은 실존적 국면에서 훨씬 더 유용하다. 그것은 우리를 자유롭게 한다. 또한 경영을 인간적으로 전환하는 데, 궁극적으로 일터에서 우리와 다른 사람의 관계, 우리와 기술의 관계, 우리와 지구의 관계를 인간적으로 구현하는 데 참여할 수 있게 하는 훨씬 더 나은 수단이다.[3]

페트리글리에리가 촉구하는 변화는 이미 충분히 진행되고 있다.

노동자들의 행동과 적극적인 목소리에서 우리가 목도하고 있는 추세는 갑작스런 반전으로 보일 수 있다. 아니 어쩌면 꾸준히 진행되어온 노조 쇠퇴의 반작용처럼 보일 수도 있다. 하지만 일터의 문화를 좀 더 자세하게 들여다본다면 그림은 완전히 달라진다. 지난 10년간 베이비붐 세대가 직장을 떠나고 젊은 세대들을 위한 공간이 생기면서 기업들은 앞으로 관리자 역할을 맡게 될 이들의 태도, 동기, 기대를 이해하기 위한 연구에 투자해왔다.

"파괴적 혁신"에 대한 관찰로 유명한 경영 전문가이자 베스트셀러 《혁신기업의 딜레마-미래를 준비하는 기업들의 파괴적 혁신 전략*The Innovator's Dilemma: When New Technologies Cause Great Firms to Fail*》(세종서적, 2020)의 저자인 클레이 크리스텐슨은 암 진단을 받은 이후 인생의 새로운 장을 열었다. 크리스텐슨은 자신의 마지막 저서인 《하버드 인생학 특강*How Will You Measure Your Life?*》(알에이치코리아, 2020)에서 더 이상 직장과 가정으로 단순히 나뉘지 않는 인생의 선택에 대해 쓰고 있다. 그는 삶의 의미를 충족하는, 따라서 이번 한 번만 제쳐둘 수도 없고 그래서도 안 되는 가치와 우선순위에 대해 이야기하며 "원칙을 98% 지키는 것보다 100% 지키는 것이 더 쉽다."고 말한다.[4]

코로나19 팬데믹으로 인해 사회적 격리 기간이 지속됨에 따라 직장과 가정의 경계는 한층 더 희미해졌다. 일과 삶의 균형이라는 용어는 더 이상 유용하지 않을 수도 있다.

미투#MeToo의 시간

직원들을 효율적으로 연결하는 네트워크 수단과 소셜 미디어는 2018년 11월 1일 오전 11시 정각 직원 행동주의의 새 시대를 여는 데 힘을 보탰다. 2만여 명의 구글 직원들과 전 세계 계약업체들이 파업에 돌입한 것이다. 존경받는 유능한 어느 임원이 성희롱을 했다는 주장에 대한 회사의 처리 방식이 도화선이 되었다.

보도에 따르면 회사는 해당 주장을 조사해 "신뢰할 수 있다"는 결론을 내렸다. 문제가 된 임원은 이른바 안드로이드의 아버지라 불리는 앤디 루빈으로 그는 회사를 떠나라는 요구를 받고 이에 따랐다. 그리고 구글 재직 전 자신이 창업한 벤처자본 기업으로 복귀했다. 그러고 나서 몇 년 후 구글이 루빈의 퇴직금 협상이 9천만 달러로 타결됐다는 사실을 공개하자 인터넷이 폭발했다.

직원 몰입도에 대한 신중한 관리도 미투 운동을 통해 갑작스런 변화가 일어나고 수십 년 동안 이어진 직장 내 괴롭힘에 대한 여성들의 침묵이 종언을 고할 것을 예견하지 못했다. 권력 역학의 변화는 대학 캠퍼스에서 영화 제작사, 정치와 언론, 월스트리트에서 실리콘 밸리에 이르는 다양한 기관들에 걸쳐 감지되었다.

구글 파업#GoogleWalkout은 언론을 강타했고 회사는 직원들이 내건 공개적 요구의 일부를 조용히 받아들였다. 구글은 괴롭힘 주장을 법정에서 다투지 못하도록 한 정책을 바꾸기로 합의했다. 많은 회사들이 신속하게 그 뒤를 따랐으며 1년이 채 지나지 않아 캘리포니아주 의회는 회사의 강제 중재를 금지하는 법안을 통과시켰다. 매우 분명한 성희롱 사건에 대한 회사의 대응이 강력한 도화선이 되었지만 직원 행동주의는 다른 쟁점과 관심사를 포괄하면서 빠르게 성장했다.

구글 직원들은 "악한 일을 하지 마라"는 회사 창업자의 윤리를 가슴에 새기고 있다. 직원들은 중국 당국의 검열에 대한 묵인, 군대와의 계약, 계약 노동자에 대한 처우 등 회사의 사업 방식에 대해 목소리를 높이기 시작했다. 2019년이 끝나갈 무렵 회사는 대규모 모임을 조직하는 용도의 캘린더 사용을 봉쇄하고 직원 전체회의에 대한 방침을 재검토하기 시작했다. 언론 보도에 따르면 회사는 심지어 노조설립 방해로 유명한 한 기업의 자문을 받기도 했다.

미투 운동과 구글 파업은 소셜 미디어의 영향력과 직원 소셜 네트워크의 성장을 보여주는 대표적이고 강력한 사례다. 협업 도구인 슬랙, 구글 독스, 줌 회의 등을 통해 직원 간 직접 소통이 수월해짐에 따라 팀작업뿐만 아니라 직원 민주주의로 나아가는 여건이 조성되었다. "빠르게 움직이고 낡은 것을 깨뜨려라"라는 문화 속에서 훈련된 직원들은 과거보다 월등한 행동력을 지닌다. 또한 소셜 네트워크는 익명성과 다수의 참여가 뒷받침하는 안전을 제공한다.

구글 소속의 소규모 여성 집단이 주도하고 많은 구글 직원들이 함께 조직해낸 사례였지만 마이크로소프트사, 아마존사, 웨이페어사의 일부 직원들도 그 뒤를 따라 특정 계약과 조치(또는 조치의 결여)에 도전했다.

아마존사 직원들은 법집행기관 및 이민·세관 당국을 대상으로 안면인식기술을 판매하는 것에 최초로 문제를 제기한 바 있다. 아마존사는 미네소타 물류창고의 노동 조건 및 신규 보상 제도에 관하여 직원들에게 다시 한 번 불만 사항을 들어야 했다. 2019년에는 '기후정의를 위한 아마존 직원들@AMZNforClimate' 이라는 네트워크가 CEO 제프 베이조스와 이사회에 매우 적극적인 기후 행동을 취할 것을 촉구했다. 이때 그 직원들은 주주들 앞에서 쟁점을 제기하고 대의를 좀 더 선명하게 부각하기 위해 자신들이 보유한 지분을 활용했다. 그 결과 8,000명이 넘는 직원들이 6개 항목으로 이루어진 계획에 서명할 수 있었다.

아마존이 기후서약에 서명하고 파리협약의 목표를 10년 일찍 달성하겠다고 하자 직원들은 판을 더 크게 키웠다. 오늘날 쟁점이 된 인종 평등과 기후정의 문제와 @AMZNforClimate을 연결시키고 동원 가능한 모든 미디어 수단을 활용한 것이다. 2020년 6월 회사는 탄소배출 감축을 위한 기술과 서비스 개발을 지원하기 위해 20억 달러의 기금을 창설하는 추가 조치를 취했다. 이러한 상호작용은 앞으로도 계속될 것으로 보인다.

이와 같은 사례들은 직원들이 노동, 지역사회, 지구에 걸친 다양한 관심사를 고려하는 하나의 세력으로 부상하고 있음을 보여준다.

의제로 오르는 사안들은 인간적 조건에 대해 문제 삼는다. 각각의 경우에 기업들이 어떤 선택을 하느냐는 매우 중요한 문제이다. 직원들은 단순하면서도 직접적으로 여론을 반영한다. 직원들은 기후변화, 이주민, 인권 문제나 순환경제라는 환경적 원칙을 뿌리내리기 위해 사업 모델을 재고하는 과제들에 대해, 또한 기업의 평판과 영업면허를 위험에 빠뜨리는 복잡한 문제들에 대해 경고음을 낸다.

특히 보잉사, 웰스파고사, 페이스북, 폭스바겐사의 경우 영업면허가 이미 문제시되거나 취소되었다. 이를 되돌리는 것은 길고도 고통스러운 과정이다. 회사가 활동가 직원들을 축복으로 여기는 것이 머나먼 다리를 건너는 일과 같을 수 있다. 그렇지만 적어도 그들을 무시하지 않는다면 회사에 불똥이 튈 위험을 미리 파악하는 창이 될 수 있을 것이다.

직원들이 가장 도발적인 질문을 제기할 때

구글 파업을 조직한 이들이 내건 요구 중 하나는 이사회에 직원 한 명을 참여시키는 것이었다. 구글 임원들이 시위대의 몇 가지 요구에 응했을 때에도 이 하나만은 동의하지 않았다. 적어도 지금까지는 그렇다.

미국의 거버넌스 규범은 경영과 노동의 장벽을 허무는 것을 거부하거나 그것을 실행하는 것이 불가능하다고 여긴다. 한 명 이상의 직원에게 이사회 의석을 제공하는 것은 이사 독립성과 주주 권한에 대한 관례에 도전하는 일이며 경우에 따라서는 이사회 논의를 매우 어렵게 만들 수 있다는 것이다.

이사회에 직원 의석을 한두 개 신설하는 것은 여성이나 유색인 한 명이 참여하는 것과 별반 다르지 않을 수 있다. 그 하나의 목소리가 인구의 일부 또는 특정한 사고방식을 대변할 것으로 예상될 때 그것은 문화를 바꾸는 데 거의 역할을 하지 못할 수 있다. 오히려 기존 상황을 강화하는 경우도 종종 일어난다.

하지만 이사회에 직원 대표가 참여하는 것을 성공적인 유럽 경제에서는 흔히 볼 수 있다. 독일과 스칸디나비아 지역에서 기업들은 공익에 복무할 것으로 기대된다. 그리고 주주 외의 사람들, 특히 직원들에게 발언권을 제공하는 공동결정 개념은 독일의 기업 거버넌스 관행이 여러 차례 개혁되는 와중에도 살아남았다. 이사회에서 직원들을 대변하는 것의 긍정성은 여러 연구와 여론에 의해서도 뒷받침된다.

모두가 동의하지 않더라도, 독일의 경우 거버넌스에서 직원이 일정한 역할을 수행하는 것은 엄연한 현실이다. 대기업의 경우 감독위원회 의석의 절반은 직원에게 할당된다. 이어서 감독위원회는 Vorstand, 즉 경영위원회를 선임한다. 저서 《자본주의 비교 연구: 복지, 노동, 기업*Capitalisms Compared: Welfare, Work, and Business*》을 통해 다양한 거버넌스 모델을 연구한 정치학자 존 보먼의 보고에 따르면 독일에서 직원 대표는 주주의 단기적 이해를 제어하는 건강한 균형추로 이해된다. 그리고 장기적 계획 수립과 노동관계에 유익한 것으로 받아들여진다.[5]

미국이 거버넌스 및 정책수립에서 직원들의 역할 수행을 거부하는 것은 테디 루스벨트의 반트러스트법 시대로 거슬러 오른다. 1900년대 초 산업화의 급속한 성장과 함께 나타난 노동과 경영의 대립적 문화가 남긴 유산일 수 있다. 지금은 직원 참여의 잠재력을 새로운 관점으로 바라봐야 할 때일지도 모른다.

직원들은 회사와 회사가 의존하는 생태계 사이의 복잡한 관계에 친숙하다. 그들은 기업과 사회를 나누는 장벽을 허물고 기업을 위험에 빠뜨리는 쟁점을 파악한다. 커먼즈의 건강이 균형 상태에 있다면 여러분 옆에 있는 최고의 우군들에게 운전대를 맡긴다고 해서 그것이 그리 큰 위험이 되겠는가? 지금까지의 방식은 선택지가 아니다. 이제 가능한 것은 무엇일까?

기업에 대한 신뢰의 회복

2019년 10월 250명의 페이스북 직원들이 CEO 마크 주커

버그에게 보내는 공개 메시지를 게시했다. 공개서한은 회사가 정치 광고를 '표현의 자유'로 보호한 조치가 옳았다는 인식에 도전했다. 그리고 기존의 관행을 근본적으로 바꾸는 더 강력한 기준을 촉구했다.

직원들의 이러한 행동은 소셜 미디어 거대기업이 개인 정보를 어디까지 활용하고 판매할 수 있는지 그 한계를 검증할 때 앞으로도 수년간 회자될 이야기의 장을 새롭게 열었다. 페이스북의 이 사례는 러시아가 2016년 미 대선에 영향을 미치기 위해 인기 있는 소셜 미디어 사이트를 이용했다는 사실을 페이스북 경영진이 어떻게 무시하고 은폐했으며, 어떻게 그릇된 정보를 전달했는지 보여준다. 유료 광고 수익모델이 위험에 빠지자 소수의 내부고발자를 제외한 모두가 침묵을 지켰다. 진실성 검증 절차가 수립될 때까지 정치 광고 게재를 중단하라고 회사 지도부에 도전한 것은 회사의 직원들이었다.

이 실망스러운 이야기에 영웅으로 불릴 만한 누군가가 있다면 그것은 가장 큰 영향력과 접근성, 그리고 권한을 가진 경영진이 아니다. 부정행위 및 규약 위반을 회사 최고위층에 알린 것은 이를 목격한 직원들이었다. 하지만 이들의 주장은 무시되었고 모르는 척하라는 말이 되돌아올 뿐이었다. 모든 정치 광고를 중단하는 안은 기업의 이윤과 사회적 안녕 사이의 복잡한 상호작용에서 결정적인 진전을 가져온 것으로 평가받았다. 신뢰와 도덕성을 회복한 주체는 규약을 확인시킨 직원들이었다.

■■■

보잉사의 737맥스 참사가 분명하게 보여주듯 때로 직원들의 뛰어난 판단을 받아들이는 것은 회사의 사활이 달린 문제일 수 있다.

기업의 의사결정이 기업 안팎에 미치는 직접적이고 장기적인 효과를 직원들만큼 일관되게 바라볼 수 있는 사람은 없다. 직원들은 이제 행동을 이어주고 자신들의 목소리를 증폭하는 적절한 소셜 네트워크를 보유하고 있다. 최근의 사례가 보여주듯 그들은 더 이상 침묵하지 않을 것이다.

직원 참여의 새 시대에 적용될 규칙과 규약은 아직 출현하지 않았다. 하지만 경제적 안정성에 대한 노동자의 바람과 사용자의 재정적 건강함 및 장기적 평판이 분명하게 일치할 기회가 무르익고 있다. 이것이 바로 노동자를 그토록 강력하게 만드는 요인이다. 누가 직원들보다 회사의 평판에 더 많은 신경을 쓰겠는가? 아무도 그러지 않는다. 피해를 불러올 수 있는 나쁜 행위자들의 행동에 대해 누가 그들보다 더 잘 알겠는가? 직원들은 내부와 외부, 기업과 커먼즈의 건강을 연결하는 특별한 위치에 있다.

직원들이 기업의 장기적 위험을 파악하고 이에 입각해 행동하도록 장려될 때 참된 가치가 창출된다. 기업이 가장 잘하는 일에 직원들이 생산적으로 참여할 때 우리는 풍요로워진다.

즉, 자연의 한계와 개인 및 지역사회의 복지를 존중하는 유용한 제품과 서비스를 창조하고, 회사의 지향과 행동을 일치시켜 브랜드를 보호할 때 우리 모두는 더 풍요로워진다.

회사가 일선에서 활동하는 가치 창출자를 지원하는 사례로는 리바이스사를 들 수 있다. CEO 칩 버그와 그의 팀은 회사가 계속해서 혁신의 첨단을 달릴 수 있게 하는 하나의 공식을 활용한다. 그것은 언명되는 가치와 실제 추구하는 가치가 일치해야 한다는 것이다. 이는 비용이 가장 적게 드는 운영방식은 아니다. 하지만 이를 실천함으로써 보상이 돌아온다는 것은 분명하다. 그리고 노동자와 지구의 건강을 염두에 두고 제품을 정의하고 설계할 때 인재들은 그 회사의 문 앞으로 달려올 것이다.

혁신, 그리고 인재에 대한 추구

퍼스트무버스 펠로우십은 나의 오랜 동료 낸시 맥고의 머리에서 나왔다. 이 프로그램은 광범위한 산업에 걸쳐 기업과 사회의 교차 지점에서 활동하는 혁신가들을 지원한다. 마스터카드사에서 개인정보 보호를 뒷받침하는 규약 수립에 노력하는 직원, 다논사에서 유해물질 없는 딸기를 재배하는 직원, 웨이스트 매니지먼트사에서 매립지로부터 유기 폐기물을 분리하는 직원들과 같은 사내 기업가들intrapreneur, 그리고 자녀들에게 첫 휴대폰이 생겼을 때 그들을 안전하게 보호할 수 있는 노하우를 고객들에게 알려 주는 AT&T사의 사내 기업가들이 이러한 혁신가들이다.

리바이스사에서 내부의 변화 주체들은 많은 복잡한 문제들에 자유롭게 대처해왔다. 이들은 데님 처리 공정에서 독소를 제거하고 '물이 필요 없는waterless' 청바지를 개발했다. 또한 멕시코에서 아시아에 걸쳐 있는 공장들의 우수한 실천을 보상하고 지속가능한 면화 재배 관행을 확립하기 위한 산업 캠페인을 주도했다. 나아가 공장 소재지를 공개함으로써 외부로부터의outside-in 책임성을 도입하기로 했을 때 리바이스사는 선도자first-mover로서의 본능을 입증했다.

칩 버그는 2011년 회사에 합류했다. 그는 리바이스사의 방향 전환을 이끌고 브랜드를 갈고 닦았다. 또한 총기 규제와 같이 기업 육성의 일상적 관심사 밖에 있지만 공적 영역에서 아주 중요한 사안들에도 적극적으로 뛰어들었다. 청년들이 들어가길 꿈꾸는 회사란 바로 이런 곳이다. 여기서는 자신의 염원이 급여명세표와 연결될 것이다.

지난 30년간 리바이스사는 비공개 회사의 지위에 있었으며 그러했기에 제품 연구, 브랜드 육성, 그리고 효율성에 투자할 수 있었다. 회사는 2019년에 상장되었다. 창업 가문이 여전히 경영에 관심을 쏟고 있으며 상장이 리바이스사에게 처음

인 것도 아니다. 1971년부터 1985년까지는 공개기업이었다. 여전히 장기 투자, 노동, 환경 위험의 해결보다 주주 수익을 높이 평가하는 공개 시장에서 어떤 요구가 나올지는 두고 봐야 할 일이다. 2020년 코로나19로 기업이 무너져 내리는 와중에 노동자들을 일시적으로 해고하면서도 주주들에게는 계속해서 배당금을 지급하기로 한 결정은 주가를 부양하라는 강력한 압력을 시사하는 것일 수 있다.

모두에게는 각자 해야 할 역할이 있다. 자신의 돈과 가치를 일치시키는 소비자와 투자자는 여전히 단기적 사고로 보상하고 주주의 압력이 더욱 크게 작용하는 시스템 속에서 매우 중요한 행위자들이다. 하지만 직원들에게 주어지는 고유한 역할이 있다. 직원들은 참된 가치 창출에 대해 누구보다 잘 이해하고 있는 이들이다. 갈등이 일어날 때 회사를 지원하는 이들은 최고의 시야를 가지고 가장 유용한 도구를 능숙하게 다룰 수 있는 직원들이다.

그런데 왜 그토록 많은 권한을 주주들에게 부여하는 걸까? 다음 장에서 우리는 자본 수요가 낮은 시대에 주주에게 높은 수익을 제공하는 것이 어떤 난맥상을 보여주는지 검토할 것이다.

▪ 낡은 규칙 ▪

자본이 왕이며 주주가 지배한다

경질자산의 세상에서 금융자본은 희소 자원이다. 회사는 그것을 '소유'하는 주주에게 책임을 진다.

▪ 새로운 규칙 ▪

문화가 왕이며 인재가 지배한다

가치 창출은 기업 문화에서 비롯된다. CEO는 다양한 인재와 팀작업을 포용하고 핵심 관계에 초점을 맞춘다. 경쟁우위는 우수한 고객 서비스, 사람 중심의 설계, 지구의 한계를 고려한 사업 모델을 통해 달성된다.

| 5장 |

자본이 더 이상 희소하지 않을 때

▪ 규칙 5 ▪

문화가 왕이며 인재가 지배한다

오늘날 우리가 사물을 바라보는 방식은
영원하지 않을 것이다.
이 점을 잊지 않기 위해서
과거의 관념들을 곁에 두는 것이 유용할 것이다.

– 마조리 켈리, 《자본의 신성한 권리》

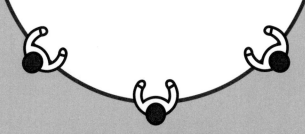

새롭게 책을 출간하는 저자들을 대상으로 마케팅 방법을 소개하는 발표를 듣고 있는데 누군가 현명한 제안을 하나 했다. 자신에게 영향을 준 책들을 쌓아 사진을 찍은 뒤 이 책들이 중요한 이유를 담은 게시물을 작성하자, 그리고 마케팅 지원을 요청한 저자들을 해시태그로 달자는 것이었다.

나는 머릿속으로 재빨리 나만의 목록을 만들어보았다. 린 스타우트의 책 《주주 가치의 신화》, 그리고 칩 히스과 댄 히스의 저작들, 특히 《스위치:변화가 어려울 때 변화하는 법*Switch: How to Change Things When Change Is Hard*》이 이 책더미에 들어갈 것이다. 마거릿 블레어가 브루킹스 연구소의 특별연구원으로 있던 시절 그녀를 만났던 연구소 로비의 서점에서 《소유와 통제:21세기 기업 거버넌스를 다시 생각한다*Ownership and Control: Rethinking Corporate Governance for the Twenty-First Century*》가 거의 다 팔렸던 기억도 떠올랐다. 로저 마틴의 《게임 바로잡기》도 넣고 싶다. 하지만 책더미의 맨 윗자리는 2001년 마조리 켈리가 출간한 《자본의 신성한 권리:기업 귀족을 왕좌에서 끌어내리기》가 차지할 것이다. 이 책이 출간될 당시 나는 기업의 역할과 목적을 주제로 한 대담에 참석할 경영자들을 초대하는 작업을 막 시작한 참이었다.

대부분의 경영서는 앞의 30쪽까지만 보면 그 진가를 확인할 수 있다는 말이 있다. 켈리 책의 경우 나는 첫 문단만 보고도 이 책이 돈을 쓸 가치가 있겠다고 느꼈다. 이 책에서 켈리는 이렇게 묻고 있다. "주주들이 주요 공개기업의 재정을 조달한다는 것은 진실인가, 거짓인가?" 바로 이어지는 그녀의 대답은 이렇다. "그것은 거짓이다. 아니면 진실이 아주 약간은 있지만 대부분은 엄청난 거짓이다."[1]

계속해서 마조리는 공개 시장이 어떻게 작동하는지 분석하면서 회사가 기업 공개IPO를 통해 돈을 벌어들인다는 점을 우리에게 상기시킨다. 이 자본은 필요한 경우, 또 적정한 시기에 사업에 투자하기 위해 사용되며, 회사는 등재 주주들에게 배당금을 지급한다. 주식시장은 개인과 기관(연금, 기금, 개인을 대신해 투자하는 기타 펀드 등)을 포함하는 거래자와 투자자에게 유동성(의지에 따라 지분을 구매하고 판매할 수 있는 능력)과 배당금, 또는 수익을 제공한다. 하지만 최초의 자본 모금 이후에 공개 시장은 회사에게 직접적인 중요성이 없어진다. 주가가 오른다 하더라도 회사에 돌아오는 혜택은 없으며 주가가 하락한다 하더라도 회사는 직접적인 영향을 받지 않는다.

대부분의 공개기업들은 추가 자본을 모으기 위해 공개 시장을 활용하지 않는다. 하지만 오늘날 그들은 수익의 대부분을 공개주주들에게 분배하며 최근 몇 십 년간 이 금액은 이윤의 90%를 넘었다. 대략 45%에 해당하는 수익 분배는 정기 배당금 지급을 통해 이루어진다. 하지만 분배의 더 많은 부분은 시장 가치 또는 거래 가치로 지분을 재구매하는 과정, 이른바 지분환매를 통해 발생한다. 회사가 지분을 대량 매수할 경우 통상적으로 지분은 시장에서 퇴장하는데 이것은 단지 발행주식수가 줄어듦으로써 해당 주식의 가치가 상승하는 결과를 낳는다.

경영의 대가들이 일깨워주듯, 회사의 가장 중요한 자산은 밤에 귀가하거나 오늘날에는 집에서 일하기도 하는 사람들이다. 성장하는 데에 자본 투자는 전혀 필요하지 않을 수도 있다. 우리가 이 장에서 살펴볼 두 회사의 경우에는 공개 시장에 접근함으로써 초기 투자자들이 자신들의 지분을 더 수월하게 매각할 수 있었다. 하지만 상장이 되었다고 해서 회사를 위한 자본이 추가로 모금된 것은 아니었다.

금융자본은 더 이상 희소 자원이 아니다. 신용투자 및 지분투자에 대한 접근성은 미국이 산업 열강으로 성장하면서 설비와 장비, 그리고 기반시설에 엄청난 자본 투자가 필요했던 때와는 달리 더는 중요한 고려사항이 아니다. 금융 강의를 지배하는 의사결정 규칙, 즉 자본자산 가격결정 모델과 현금흐름할인법은 지금과는 다른 시대를 위해 설계된 것이다. 오늘날 성공은 문화와 관련된다. 다시 말해 인재를, 그리고 관계와 자연에 대한 책임관리를 확립하고 육성하는 문화와 관련된 것이다.

우리가 자본시장에 그토록 많은 권한을 부여하는 이유는 무엇일까?

마조리 켈리는 기업의 사회적 책임을 다룬 이야기들을 읽기 쉽게 요약한 〈기업 윤리Business Ethics〉를 몇 년간 발행한 뒤 《자본의 신성한 권리》를 저술했다. 수년간 경영학을 공부한 후에도 마조리는 더 많은 것을 원했다. 그녀는 기업 설립의 근본 원칙에 대해 질문을 던지기 시작했다. 기업은 무엇을 하기 위해 설계되는가? 이후에 나온 그녀의 책들은 '시스템의 기원적 조건'으로서 소유가 핵심이라는 관념, 지향이 처음 정립되고 유지되는 과정 등에 대한 탐색을 담고 있다.

마조리는 일찍이 주식시장을 지배하는 '자본이 왕'이라는 관념에 도전한 인물이다.《자본의 신성한 권리》가 출간된 시점은 엔론사의 몰락이 시장에서 파문을 일으키면서 회사가 주주의 수익을 최우선에 둘 경우 어떤 위험이 발생하는지를 생생히 보여주던 때였다. 마조리는 주주의 중요성에 반론을 제기할 뿐 아니라 오늘날 주식을 보유한 사람은 가장 중요한 요소가 아니라 가장 중요하지 않은 요소임을 설득력 있게 입증한다.

그녀의 주장은 존경받는 기업 경영자들에 의해 여실히 뒷받침되었다.

존슨앤존슨사 창업자의 아들인 로버트 우드 존슨은 미국이 대공황에서 막 벗어나던 1943년 그 유명한 회사 신조를 만들었다. 나는 뉴저지주 뉴브런즈윅에 있는 존슨앤존슨 본사를 방문한 적이 있다. 그때 현관 로비에 있는 커다란 사훈석에 존슨앤존슨사의 신조가 새겨져 있는 걸 발견했다. 익히 들어온 문구이기에 유쾌한 놀라움을 감추지 못했다. 창업 가치를 보여주는 증거로서 그곳에 새겨두었을 수 있지만, 어쩌면 신조에 덧칠을 해서는 안 된다는 미래 세대를 향한 경고일지도 모른다.

2020년에 신조를 다시 읽었는데, 마치 어제 쓰인 것처럼 생생하게 느껴졌다.

첫 줄은 이렇게 적혀 있다. "우리가 책임져야 할 첫 번째 대상이 우리의 제품과 서비스를 이용하는 환자, 의사, 간호사임을, 또한 어머니와 아버지를 비롯한 다른 모든 사람들임을 우리는 믿는다." 신조는 품질과 좋은 서비스, 또 사업 파트너들이 '정당한 이윤'을 얻어야 할 필요에 대해 언급하고 있다. 다음 단락은 직원들에 대한 존중과 그들의 존엄성, 그리고 '정당한 임금'의 중요성에 대해 이야기한다. 직원들이 가족에 대해 책임을 다할 수 있도록 지원해야 하며 또한 그들이 "자유롭게 제안하고 고충을 토로할 수 있어야" 한다는 것이다. 세 번째 단락은 존슨앤존슨사가 활동하는 지역사회의 중요성에 대해 언급하고 있다.

신조는 다음과 같이 끝을 맺는다.

> 우리가 책임져야 할 마지막 대상이 우리의 주주들이다. 사업은 건전한 이윤을 창출해야 한다. 우리는 새로운 아이디어들을 실험해야 한다. 미래를 위해 연구를 수행하고 혁신적 프로그램을 개발하며 투자가 이루어지도록 해야 한다.

또한 실수에 대해서는 그 대가를 치러야 한다. 새로운 장비를 구매하고 새로운 설비를 갖추며 새로운 제품을 출시해야 한다. 혹독한 시기에 대비하기 위해 유보금을 마련해 두어야 한다. 우리가 이러한 원칙에 따라 운영할 때 주주들은 정당한 수익을 실현할 것이다.

짐 버크는 1976년부터 1989년까지 존슨앤존슨사의 CEO를 지냈다. 1982년 그는 시카고 지역에서 청산가리가 들어간 타이레놀 캡슐을 복용해 7명이 사망하는 사건으로 촉발된 위기를 극복했다. 판매 중인 전 제품을 즉각 회수하고 문제를 책임지는 모습 등 버크가 보여준 발 빠른 상황 관리는 위기에 처한 회사가 평판을 관리하는 황금률이 되었다.

버크가 회사를 떠난 지 10년 후에 그와 인터뷰를 할 기회가 있었다. 이때 그는 존슨앤존슨사의 신조를 생생하게 이해할 수 있도록 설명해주었다. 그에 따르면, 신조가 표명한 가치, 특히 환자를 최우선에 두는 것은 당시 그의 경영팀이 무엇을 해야 하는지에 대한 정확한 지침이 되었다. 결과적으로 타이레놀 브랜드와 존슨앤존슨사, 그리고 주가에 미친 피해는 일시적인 것으로 판명되었다.

마조리 켈리가 경영 문헌에 끼친 위대한 기여는 의사결정을 기업 설계와 연결시킨 것이다. 10년 후 로저 마틴은 자신의 도발적인 책 《게임 바로잡기 : 거품과 붕괴, 그리고 자본주의가 NFL로부터 배울 수 있는 것》에서 경영자에게 주식을 보수로 지급하는 논리를 탐색했다.

주식시장의 실제적 기능, 투기 거래 및 심지어 알고리즘 거래가 횡행하는 장후시장after-market 등을 감안할 때, 경영자에게 주식 지분으로 보상하는 것에 내재하는 갈등은 어떻게 해소할 수 있을까? 최고경영자가 무엇보다 자신의 목적을 주주와 일치시키는 대가로 보수를 받을 때, 즉 주가를 극대화하는 대가로 보수를 받을 때 고객 제일 문화 또는 직원 중심 문화는 유지될 수 있을까? (이 문제는 7장에서 다시 다룰 것이다.)

공개 자본시장의 목적은 무엇인가?

오늘날 자본시장은 지난 30년을 지배해온 주주 중심적 사고에 이의를 제기할 때 들 수 있는 생생한 사례들을 제공하고 있다.

대중음악을 듣는 기존의 방식을 완전히 파괴한 혁신적 음악 스트리밍 프로그램인 스포티파이가 증거 제1호이다. 스웨덴에서 창립되고 이후 영국으로 본사를 옮긴 이 회사는 2018년 '상장되었다.' 하지만 이는 명목에 불과한 것으로 뉴욕증권거래소의 개장 종을 울리는 통상적인 축하행사를 비롯해 IPO에 동반되는 대부분의 관례를 생략했다.

스포티파이 주식의 거래가는 거래 초기의 예상을 뛰어넘었다. 통상적인 성공 수준을 훌쩍 뛰어넘은 것이지만, 이 회사의

CEO는 이미 자신의 진정한 목적이 무엇인지 분명하게 밝힌 바 있다. 바로 공개 구매자와 비공개 판매자를 연결하는 직상장direct listing이었다. 필요한 경우 주가를 부양하기 위해 끼어들 투자 은행은 없었다. 사실상 회사를 위한 자본 모금 자체가 목적이 아니었다. 높은 가격을 달성하는 것은 판매자들에게 멋진 일이 되겠지만 그것은 회사에 그다지 중요한 것이 아니었다.

상장 전날 공동 창업자 다니엘 에크는 회사의 목적에 대해 이렇게 말했다.

> 스포티파이는 자본을 모금하려는 것이 아니며 우리 주주와 직원들은 수년간 주식을 자유롭게 사고 팔아왔습니다. 그래서 우리가 내일 더 큰 무대에 오른다 하더라도 우리의 본모습, 우리의 관심사, 우리의 운영방식은 달라질 게 없습니다. 일반적으로 기업들은 종을 울립니다. 일반적으로 기업들은 거래소에서 인터뷰를 하고 자신들의 주식이 왜 좋은 투자대상인지 홍보하면서 하루를 보냅니다. 일반적으로 기업들은 직상장을 추구하지 않습니다. 이러한 방식이 대부분의 기업에게 합당하다는 걸 이해하지만 스포티파이는 결코 일반적인 회사였던 적이 없습니다. 우리의 초점은 화려한 데뷔에 있지 않습니다. 대신 우리는 장기적으로 발전하면서 계획하고 상상하기 위해 노력할 것입니다.[2]

이러한 추세는 오랫동안 이어져왔다. 그리고 이는 제리 데이비스와 같은 개인들의 연구를 통해 입증되고 있다. 데이비스는 미시간대학교 로스 경영대학원에 재직 중이며 아스펜연구소의 '가르칠 가치가 있는 아이디어 상' 수상자이기도 하다. 그는 시장 데이터를 활용하여, 이해관계자 관리 모형matrix에서 금융자본 공급자는 중요도가 가장 낮은 부분이라고 밝힌다.

제리의 책《사라지는 기업:신경제의 위험 연구*The Vanishing Corporation:Navigating the Hazards of a New Economy*》는 2000년대의 첫 10년 동안 공개기업의 수가 거의 절반으로 줄어들었음을 보여준다. 제리는 주식시장의 성과, 그리고 우리의 일상적 경제 현실과 경험을 더 잘 이해하기 위해 상장 주식 수의 큰 감소에 대해 파헤친다.

금융자본은 여전히 중요하다. 회사가 활동을 개시하기 위해 기업가들은 여전히 벤처 자금이 필요하다. 그리고 가치 투자자들은 각 성장 단계에 걸쳐 이들을 지원할 수 있다. 하지만 전반적으로 자본시장의 목적이 상당히 바뀐 현실을 목도하게 된다.

주식시장에서의 성과 대 실물경제의 건강

최근에 있었던 사례 하나를 살펴보자. 2020년 초봄 코로나19의 결과가 뚜렷해지면서 주식시장은 요동쳤지만 곧바로 다시 상승하기 시작했다. 점점 많은 소매업체들이 파산을 선언하고 실업이 대공황 때나 볼 수 있었던 수치를 기록하던 시기에도, 또한 메인스트리트 기업들이 위기 이후 복구는 더디게 진행되거나 불가능할 것이라고 경고를 보내던 시점에도 이러한 현상은 지속되었다. 험난한 경제적 미래를 가리키는 신호들은 차고 넘친다. 하지만 국가 경제의 건강과 주식시장의 성과는 미약하게 연결되거나 서로 무관한 것처럼 보인다.

이러한 단절을 설명하는 하나의 이론은 한 줌의 기업들이 보여주는 성과와 관련된다. 페이스북, 애플, 아마존, 알파벳, 마이크로소프트는 전체 시가총액에서 20%에 가까운 비중을 차지한다. 팬데믹 속에서도 이들 기업은 입지를 잃지 않을 것이라는 믿음, 나아가 시장 점유율을 높일 수도 있다는 믿음이 여전하다는 점을 보면 시장이 전반적으로 건강하지 못하다는 것을 알 수 있을 것이다.

나의 동료 미겔 파드로는 주식시장의 상승과 전반적인 경제의 건강이 단절되어 있음을 보여주는 또 다른 근거를 탐구하고 있다. 시장 내 보유자산의 막대한 양은 고도로 집중되어 있다. 1%의 투자자가 총 시장 가치의 대략 40%를 보유하고 상위 10%는 80%를 차지하고 있다. 그리고 이들은 대부분의 미국인들이 겪는 심각한 경제적 혼란에서 보호된다. 시장은 경제를 선도하는 역할을 할 수 있지만 오직 소수의 부유한 핵심층에 대해서만 그러하다. 이들은 또한 압도적으로 백인이 많다. 백인 가구의 60% 이상은 주식을 보유한다. 흑인 및 히스패닉계 가구의 경우는 30%만이 그러하다. 흑인 및 히스패닉계 대학 졸업자의 주식시장 보유율은 3% 미만이다.[3]

주식시장의 관찰자들이 이러한 단절에 대해 고개를 갸웃거리고 있을 때 제리는 2020년 5월 맷 필립스가 "날 따라해 봐: 시장은 경제가 아니야Repeat After Me: The Markets Are Not the Economy"라는 제목으로 작성한 〈뉴욕타임스〉의 한 기사를 재빠르게 트위터에 올렸다.

그렇다면 공개 자본시장이 그토록 큰 영향력을 지닌 이유는 무엇일까?

이에 대한 답변 중 하나는 공개 거래 자본에 대한 접근성이 상당히 중요했던 시대의 낡고 끈덕진 관념과 습관과 관련 있다. 제너럴 모터스사가 정점을 찍을 때 급여를 받는 직원은 미국을 통틀어 백만 명에 달했다. 이때에는 설비 및 노동에 지속적으로 자본을 투자해야 할 필요성이 경영의 주요한 관심사였다.

영국의 경제학자 존 케이는 자본시장을 주제로 글을 쓴다. 내가 방문했을 때 그는 영국 정부에게 2008년 금융시장 붕괴의 원인을 조사해 달라는 의뢰를 받은 상태였다. 그는 투자전문기관과 같은 시장조성자의 단기적 행동에 대해 보고했다. 이에 더해 주식시장과 그것의 본래 목적 사이에 골이 깊어지고 있다고 설명했다. 주식시장의 본래 목적이란 회사에 성장 자본을 제공하는 한편 소규모 투자자와 예금자에게 경제적 파이의 일부를 나눠주는 것이다.

2018년 런던에서 개최된 포용적 자본주의 연합 학술대회에서 케이는 성장 자본을 제공하고 예금자를 경제적 엔진에 연결시킨다는 이중의 목적은 "망각되었다"고 단언했다.

케이는 경제학자이면서 기업사가이기도 하다. 로이드 가문이 아직 로이드 은행을 소유하고 존 캐드베리와 벤자민 캐드베리가 캐드베리 브라더스 초콜릿 공장을 설립한 때로부터 J. P. 모건과 헨리 클레이 프릭과 같이 부를 축적한 금융업자들이 스탠더드오일의 존 D. 록펠러, 앤드류 카네기와 그의 철강 공장, 코닐리어스 밴더빌트와 철도를 뒷받침했던 지난 세기의 전환기에 이르기까지 우리는 그를 통해 지난 200여 년간 일어난 기업의 변천사를 알 수 있었다.

그는 또한 주식회사가 설립되고 유한책임의 보호를 받는 신규 주주들을 유치함으로써 비즈니스와 부의 놀라운 확장이 가능해졌음을 알려주었다. 전문경영자 및 거의 무제한적인 자본 접근성을 통해 듀폰사, 존슨앤존슨사와 같은 가족 기업들은 세계적 기업으로 성장했다.

케이는 대부분의 금융자본이 기업의 실제 경영과 거의 또는 아무런 관련이 없는 일단의 중개인들에 의해 투자되고 관리되는 오늘날의 현실로 빠르게 넘어왔다. 이 중개인들은 다른 사람들의 돈을 투자하며, 고전적인 가족 투자자와는 동떨어져 있다. 시장의 많은 이들, 심지어 우리 대부분도 우리가 어떤 주식을 소유하는지 말할 수 없다.

오늘날 시가총액 상위 기업들은 자본과 관계 맺는 방식에서 두 가지 유형으로 나뉜다. 누가 최대의 시장 가치를 갖는지를 놓고 애플과 마이크로소프트, 아마존이 줄다리기를 한다 하더라도 이 줄다리기의 이유는 분명하지 않다. 누구의 가치가 더 큰지는 기업 자체에 거의 중요하지 않다. 존 케이는 빠르게 움직이는 오늘날의 기업을 대표하는 전형적인 사례로 애플을 꼽는다. 제조는 외주 계약을 맺은 원격지의 공급자가 담당하며 경질자산은 거의 없다. 그리고 상근 노동력은 123,000명에 불과하다. 회사의 시장 범위와 영향력을 감안할 때 많은 수가 아니다. 케이는 계속해서 이렇게 말했다.

> 그리고 애플사의 시가총액이 8천억 달러[2020년 초 1조 4천억 달러]라는데 그게 뭐 어떻다는 겁니까? 우리는 자본이 기업에 결정적이라는 관념에 너무 집착하고 또 자본이라는 단어에 너무 속박되어 있습니다. 그래서 어쩌면 일상 언어로 더 명료하고 간단하게 묘사할 수 있는 현상을 설명하기 위해 사회적·지적 자본과 같은 새로운 개념들을 발명했습니다.[4]

스포티파이의 경우처럼 공개 시장은 벤처 자본가와 투자자들에게 출구를 제공한다. 하지만 새로운 투자 자본의 필요성은 크지 않거나 아예 없다. 이를 입증하는 근거는 애플의 대차대조표상에서 볼 수 있는 무더기 현금이다.

주식시장이 가치 창출의 역할을 하지 못하고 있다는 사실은 오늘날 투표 권한이 주식을 기반으로 할당되는 방식을 통해서도 이해할 수 있다. 2017년에 사진·동영상 공유 앱인 스냅챗이 상장되었다. 이때 회사는 복수 의결권 주식*을 통해 일반 주주들의 투표권을 약화시킨 구글, 페이스북, 링크드인보다 한발 더 나아갔다. 스냅챗은 공개 시장 규범을 조롱하듯 투표권을 전혀 제공하지 않았던 것이다.

스냅챗의 결정은 주주 가치 규범으로부터 급진적으로 이탈하는 것이었다. 하지만 완벽하게 합법적이며, 내재된 위험과 주주의 책임에 대해 회사가 어떻게 생각하는지를 보여주는 극단적이지만 정직한 신호였다. 스냅챗과 스포티파이가 일부 투자자의 분노를 일으켰을지 모르지만 창업자들의 입장에서 보면 합리적인 행동이었다. 금융자본은 더 이상 희소 자원이 아니다. 왜 그것에 그토록 많은 권한을 부여해야 할까?

우리가 이러한 추세를 걱정해야 할까? '공동hollow' 기업**의 출현에 대해 이야기하는 케이에 따르면 그렇지 않다. 이런 기업은 직원은 극소수이고 자본에 대한 필요성도 거의 없다. 기본적으로 일련의 관계와 상호의존성만이 있을 뿐이다.

린 스타우트가 쓴 《주주 가치의 신화》의 핵심 논지, 즉 주주가 소유하는 유일한 것은 주식 증권뿐이라는 것을 떠올려보자. 주주는 여전히 영향력을 행사하지만 그들에겐 더 이상 강한 책임성 메커니즘이 없다. 그리고 공개 시장의 신화 속에서 우리가

---

*1주에 2개 이상의 투표권을 부여하는 제도. 창업자의 경영권 보호 등에 활용된다. - 옮긴이
**생산 활동의 대부분을 아웃소싱하는 기업 - 옮긴이

믿는 바와는 달리 실질적인 가치 창출의 결정권자도 아니다.

혁신과 경쟁우위를 이끌어내는 요인, 실질적 가치에 기여하는 요인을 이해하기 위해서는 사업 모델의 다른 측면, 특히 기업 문화, 명료한 지향성, 보상, 실행, 책임성 메커니즘 등을 살펴봐야 한다. 이들은 모두 기업의 의사결정에 영향을 미친다.

기업 문화에 심대한 변화가 진행되고 있다. 최고의 인재를 영입하고 유지하는 능력은 혁신과 기술에 의존하는 성장 부문에서 결정적으로 중요하다. 공급망의 안정성은 소비재 및 B2B 공급자가 담당해야 할 또 다른 복잡한 경영 과제이다. CEO에게는 기업이라는 복잡한 사회조직의 관리에 좀 더 잘 어울리는 정서 지능이 필요하다. 공개기업의 경우 이러한 환경 속에서 지도부가 팀과 관계를 관리하는 데 성공한다면 강력한 주가 상승이 뒤따를 것이다. 하지만 주가는 더 이상 의사결정의 근본 요인이 아니다.

자본시장과 기업의 목적

2019년 래리 핑크가 블랙록사의 포트폴리오 기업 CEO들에게 보낸 서한은 워싱턴, 런던, 파리를 비롯한 전 세계에서 경제적 어려움과 사회적 위기가 감지되던 시기에 도착했다. 핑크는 이 시기를 대중적 분노, 민족주의, 외국인 혐오의 시기로 묘사했다. 그는 기업 리더들에게, 나아가 분기별 예상 실적과 주가에만 집중하는 투자자들의 요란한 주장에 시달리는 이들에게 그들의 과업이 변화했음을 상기시켰다.

이러한 시기에는 기업 리더들에게 더 많은 것이 요구되었다.

핑크는 근본적인 질문을 제기했다. 회사가 사회적 가치를 우선시하는 쪽으로 방향을 설정하고, 즉 자신의 공익적 목적을 정하고 진실로 그 방향으로 나아간다면 무엇이 가능해질 것인가?

핑크의 영향력은 지구상에서 가장 큰 투자 자금을 감독하는 데서 나온다. 블랙록사는 2020년 기준으로 7조 달러의 자산을 관리하고 있다. 그는 기업의 공익적 목적에 대한 강력한 발언들을 이어간다. 그리고 그의 메시지에는 진정성이 있다. 블랙록사의 사업 모델에 비추어볼 때 우리는 그의 말을 수긍할 수 있다.

블랙록사는 다수의 상품을 보유한 자산 관리회사이지만 대개의 경우 거대 인덱스펀드*로 알려져 있다. 블랙록사는 가격 상승 이익을 포착하고 손실을 최소화하기 위해 주식을 넣었다 뺐다 하지 않는다. 그 대신 자산의 대부분은 워런 버핏이나 뱅가드사의 창업자 존 보글과 같은 금융 대가의 조언을 따르는 소규모 투자자들을 위해 관리한다. 이들의 조언은 누군가에게 두둑한 수수료를 지불해 가며 주식을 골라서 높은 수익을 올리려고beat the market 노력하는 대신, 시장 전체에 베팅함으로써

---

*주가지수에 투자하는 펀드-옮긴이

장기적으로 더 많은 수익을 올릴 수 있다는 것이다. 이러한 개인 예금자 및 이들을 대신해 투자하는 연금은 시장을 반영하는 인덱스펀드에, 또는 S&P 500이나 다우존스 산업평균지수와 같이 시장을 대표하는 투자상품에 자금을 넣어둔다.

경쟁업체인 뱅가드사나 피델리티사와 마찬가지로 블랙록사는 아주 많은 공개기업 지분의 일부(상당한 일부)를 소유하고 있다. 블랙록사와 같은 인덱스펀드는 보편적 투자자로 불린다. 블랙록사의 성공은 개별 주식을 거래하는 데서 나오는 게 아니라 시장 전체의 건강과 연결된다. 인덱스펀드는 지수에 투자하는 것이 기본 개념이기 때문에 어느 하나의 개별 주식도 제외시키지 않는다. 따라서 블랙록사는 개별 주식의 가치 상승보다는 좋은 경영과 장기적으로 건강한 경제생태계에 깊은 관심을 갖는다.

래리 핑크와 마찬가지로 뱅가드사의 회장 빌 맥냅 역시 장기적 육성을 고려하는 방식으로 자본을 배분할 것을 경영자들에게 조언한다.

경제의 건강, 그리고 지구의 건강을 위한 환경은 뱅가드사의 지속성에도 아주 중요한 의미가 있다. 그렇기 때문에 뱅가드사는 매우 장기적인 투자 지평을 갖는다.

관리 자산의 성격상 모든 것을 유지할 필요가 있을 때 여러분이라면 이를 어떻게 관리할 것인가? 사업 모델상 결코 하나의 주식도 내버릴 수 없을 경우 여러분이라면 총기, 노동 조건, 기후와 같이 불확실한 쟁점들이 나올 때마다 좌불안석하는 소규모 투자자들에게 어떻게 대응하겠는가?

블랙록사나 뱅가드사 같은 투자사는 세계 최대의 주식 돌보미와 같다. 이들은 재정적 힘을 통해 공개 시장에서 상당한 영향력을 행사하지만 그 범위는 제한적이다. 행동주의 투자자에 의한 경영권 인수 시도와 같은 결정적인 순간에 이들 투자사의 투표권은 엄청나게 중요한 역할을 한다. 하지만 주식시장 내에서 인덱스펀드를 통해 투자되는 자산 비율이 높아짐에 따라 우리는 의사결정의 근본 요인으로서 금융자본이 쇠퇴하고 있다는 사실을 또 다른 측면에서 경험하고 있다.

핑크는 시장을 믿지만 동시에 시장의 한계를 받아들인다. 보통은 블랙록사가 회사들의 최대 투자자이기 때문에 핑크 역시 회사 경영자들의 주목을 받는다. 블랙록사의 실질적인 영향력은 CEO들을 위협하는 데서 나오는 것이 아니다. 오히려 수만 또는 수십만의 직원들, 그리고 공급자와 브랜드를 전략적이면서 장기적으로 규율 있게 관리하여 CEO들을 회사의 훌륭한 청지기가 되도록 자극하는 데서 나온다.

기업의 핵심문화

래리 핑크와 빌 맥냅이 목적의식 있는 기업이라는 비전에 부합하는 구체적 사례를 알려달라는 요구를 받는다면 어떤 대답을 내놓을지 모르겠다. 세계 최대의 투자자로서 그 질문을 회피해야 할 수도 있다. 종종 나에게 기업의 목적을 진지하게 여기는 회사가 어디냐고 묻는 사람들이 있다. 이 질문은 보통 "유니레버사 외에 어떤 회사들이 있는가"로 시작하는데, 이때 나는 공개기업과 비공개기업을 합쳐 여섯 개 회사를 든다. 이들 기업은 거의 눈에 띄지도 않는 직원·고객 중심의 장기적 가치를 일관되게 추구해왔다.

지난 2018년 작고한 허브 켈러허가 공동으로 창립하고 오랜 기간 CEO를 지낸 사우스웨스트 항공사는 언제나 이 목록에 들어간다. 켈러허는 직원(이윤 공유, 존중, 존엄)과 고객(낮은 운임, 청결한 비행기, 부당 수수료 근절)을 의사결정의 중심에 두었다. 회사와 고락을 함께한 투자자들은 후한 보상을 받았다. 켈러허는 역사상 재정적으로 가장 성공한 미 항공사를 경영했으며, 사우스웨스트사는 고진로high-road 고용 관행*이 준수한, 심지어 우월한 투자수익률을 올릴 수 있음을 보여주는 교과서적인 사례다.

45년 역사를 통해 사우스웨스트사는 장기 계획을 촉구한 핑크의 생각이 옳았음을 입증한다. 또한 이윤과 목적이 모순되지 않을 뿐만 아니라 서로 불가분하게 연결되어 있다는 그의 추측을 아름답게 입증한다.

문화는 자본 배분과 운영 규약을 통해 규정된다. 직원에게

---

*높은 임금과 고용 안정, 협력적 기업 문화를 유지하는 경영 방식-옮긴이

중점을 두는 것은 사우스웨스트사의 사업 모델과 장기적 성공에 중요한 역할을 한다. 최상의 고객 경험은 직원에게 초점을 맞춤으로써 생겨나는 부산물이다. 항공사의 경우 서비스 규약은 공장 조업현장의 품질관리에 상응한다. 좋은 서비스는 다른 사람의 입장에서 생각하고 고객 경험에 영향을 미치는 모든 이들이 관심을 기울일 때 생겨난다.

켈러허는 존슨앤존슨사 신조의 마지막에 이러한 말을 적어 넣을 수도 있었을 것이다. "우리가 이러한 원칙에 따라 운영할 때 주주들은 적정한 수익을 얻을 것이다."라고 말이다.

허먼 밀러사는 기업의 문화가 가치 창출의 근본 요인이 되는 것을 보여주는 또 다른 사례이다.

허먼 밀러사는 에어론 의자를 비롯하여 미국 가정에 현대적 가구 디자인을 도입한 것으로 유명하다. 이 회사는 1905년 미시간주 질랜드에서 '스타퍼니처'라는 이름으로 처음 문을 열었다. D. J. 드 프리는 1909년 그곳에서 사무원으로 일을 시작해 1923년 장인이었던 허먼 밀러의 도움을 받아 회사를 사들였다. 드 프리는 1969년까지 회사를 이끌었다. 디자인 혁신 지원과 종업원지주제도의 도입을 비롯해 그가 내린 많은 결정들은 오랫동안 유효했다.

허먼 밀러사의 문화는 회사에서 일하는 사람들의 능력에 대한 존중과 그들이 만드는 제품의 영향을 긴밀히 결합시킨다. 드 프리의 말에 따르면 "결국 모든 기업과 기업의 리더는 이윤이나 제품이 아니라 그들이 인류에 미친 영향으로 평가될 것이다."

허먼 밀러사가 후원한 디자이너와 회사가 우리 사회에 뿌리를 내리게 한 현대적 디자인 미학에 대해서는 수십 권의 책이 나와 있다. 또 회사의 창업자가 수립한 문화를 다룬 책들 역시 많이 있다. D. J.의 아들 맥스 드 프리가 쓴《성공한 리더는 자기 철학이 있다*Leadership Is an Art*》(북플래너, 2010)는 경영학 문헌의 고전이 되었다. 이 책은 빌 클린턴이 리더십에 관한 성경으로 삼은 책이기도 하다. 맥스는 1960년대부터 회사를 이끄는 데 조력했고 포용성과 디자인 혁신의 문화를 형성하는 데 일조함으로써 회사의 성장을 뒷받침했다.

이 회사는 최근까지도 사명 선언문을 공식화하지 않았다. 그럴 필요가 없었기 때문이다. 회사의 목적은 이렇게 형성되어 있다. "허먼 밀러에서 우리는 서로를 현재와 미래의 우리로서 존중한다. 우리의 문화는 우리 공통의 태도, 염원, 관념과 여기서 일하는 사람들의 경험을 통해 드러난다."

상향식 문화는 회사 초창기부터 디자인 인재에게 아낌없는 후원을 한 데서 분명하게 나타난다. 이들 인재에는 길버트 로데가 있다. 그는 1930년 D. J. 드 프리에 의해 채용되었는데, 현대적 미학으로 회사의 이름을 알린 사무용 가구의 첫 번째 제품군을 도입했다. 그리고 조지 넬슨, 찰스 임스와 레이 임스, 이사무 노구치를 비롯해 지난 세기 허먼 밀러사와 협력해 고전적 산업 디자인을 창조한 유명 디자인 대가들이 망라되어 있다.

사람들의 염원을 신뢰하는 것과 생각의 다양성을 존중하는 것은 서로 밀접한 관련이 있다. 존중에 기반한 문화는 첨단의 사고가 뿌리 내릴 수 있는 여건을 조성한다. 품질에 대한 주목('신뢰성')과 사람중심 디자인에서 지속가능성에 이르기까지 이러한 환경 속에서 출현한 아이디어들은 지금도 회사의 문화를 형성한다. 빌 버처드의 책 《미덕의 상인: 허먼 밀러와 지속가능한 회사의 형성*Merchants of Virtue: Herman Miller and the Making of a Sustainable Company*》은 허먼 밀러사의 고유한 문화가 어떻게 환경적 지속가능성의 원칙을 이미 1990년대 초에 직원들에 의해 형성될 수 있게 했는지 들려준다. 이 회사는 지금도 디자인과 구성양식에 지속가능성을 구현하는 것으로 업계를 선도하고 있다.

허먼 밀러사는 공개기업이다. 전직 CEO 브라이언 워커는 주주에 대한 회사의 신인의무를 도덕적 의무라고 말했다. 또 투자자들은 수익을 위해 회사에 자신의 돈을 맡긴다고 말했다. 허먼 밀러사와 같은 공개기업들은 자신들의 주주, 특히 장기 투자자들을 육성할 필요가 있다. 장기 투자자는 행동주의 투자자들의 약탈적인 공세를 방어하는 데 결정적인 도움을 줄 수 있기 때문이다. 장기 투자자는 성과에 영향을 미치는 것이 외부 압력과 추세뿐만이 아니라, 탄력 있는 문화와 경쟁력을 유지하는 역량 사이의 상호작용이기도 하다는 점을 잘 이해한다. 사우스웨스트사와 허먼 밀러사가 인적 요소를 우선시한 것은 회사의 성공에 중요한 역할을 했다.

지향과 운영이 충돌할 때

2000년대 초 우리가 기업 리더 대담을 시작했을 때 콜로라도주 아스펜에 있는 아스펜연구소 캠퍼스는 아스펜 스키잉사에 의해 관리되고 있었다. 이 회사의 호텔에는 객실마다 방문객들에게 로키산맥의 아름다운 주변 경관과 소중한 천연자원에 대해 주의를 환기시키는 안내문이 붙어 있었다.

우리의 지구를 구합시다

친애하는 방문자 여러분, 단 한 번 사용되는 수건을 세탁하는 데
매일 수백만 갤런의 물이 사용됩니다.

여러분이 변화를 만듭니다

- 걸려 있는 수건은 다시 사용한다는 것을 의미합니다.
- 바닥의 수건은 세탁해야 한다는 것을 의미합니다.

지구의 천연자원을 보존하는 데 협조해주셔서 감사합니다.

한 경영자가 대담에 참석한 사람들에게 자신은 의무감에서 매일 아침 샤워 후에 수건을 걸어둔다고 말했다. 그런데 객실 청소 매니저들은 매일 수건을 새 것으로 교체했다는 것이다.

일상적인 경험으로 보이는 사례를 이 경영자는 어떤 의미에서 들려주었던 걸까? 그는 지속가능경영 최고책임자의 선한 지향부터 현장 일선까지 또는 조직의 뼈대를 이루는 직무적 관료체계나 직종 네트워크에 이르는 기업의 복잡한 운영 속에서 지속가능성을 추진하는 것이 얼마나 어려운지 말하고자 했던 것이다. 어디에서 소통의 단절이 일어났는가? 기업의 비용을 절감할 수 있는 것이었음에도 이 선한 지향이 달성되기 위해서 무엇이 부족했던 걸까?

델타사의 주목할 만한 이윤분배제도를 살펴보자. 이 제도는 2005년 회사가 파산했을 때 심각한 보수 삭감을 받아들여야 했던 조종사와 승무원들을 달래기 위해 창안되었다. 지상 조업 요원과 게이트 승무원에서 조종사와 사무 노동자에 이르기까지 델타사의 모든 직원은 밸런타인데이에 이윤의 일정 비율을 상여금으로 받는다. 코로나19가 항공산업을 휩쓸기 전인 2019년 총 분배액은 13억 달러에 달했으며 5년 연속으로 10억 달러를 넘겼다. 많은 델타사 직원들에게 분배된 상여금은 급여의 14%에 가까운 금액이었다.

CEO 에드 바스티안은 이 프로그램이 파트너십의 토대로서 문화에 변화를 일으키면서 회사의 주목할 만한 전환점이 되었다고 설명한다. 델타사는 강력한 조치들을 이어갔다. 오늘날에는 고객 서비스부터 정시 출발에 이르기까지 모든 부문에서 우수한 평판을 누린다. 자신의 장점을 발휘하며 사우스웨스트사에 도전하고 있는 것이다.

첨단기술과 정보통신 산업이 주도하는 신경제 기업들의 문화와 우선순위는 어떤가?

세일즈포스사의 사명 선언문에서 가장 돋보이는 가치 중 하나는 승자독식형 자본주의와 그 결을 달리한다. 그 가치는 바로 평등이다. CEO 마크 베니오프는 평직원들 사이에서 보수 형평성이 달성되고 있는지 궁금해졌다. 데이터는 분명하게 말하고 있었다. 상대적으로 낮은 여성들의 보수 수준을 높이고 보수 등급의 격차를 해소하기 위한 일회성 투자가 단행되었다. 그리고 연례 평가를 통해 형평성 기준이 확실히 유지될 수 있도록 하고 있다.

마이크로소프트사의 CEO 사티아 나델라는 미국에서 가장 높은 평가를 받는 최고경영자가 되었다. 그는 회사 전략의 전환뿐만 아니라 문화의 전환까지 주도했다. 그는 부서 이기주의를 타파하고 협력의 문화를 장려했다. 이와 함께 공감과 긍정적 북돋음의 필요성에 대해 강조했다. 그는 또한 데이터 표준부터 오픈소스 기술, 나아가 회사와 시애틀, 퓨젯사운드 지역사회와의 관계에 이르기까지 모든 것에 대해 다르게 생각했다.

시가총액 기준 최고 회사의 위치로 다시 올라섰을 때 마이크로소프트는 시애틀 지역의 주택 부족 해소와 무주택 문제 해결을 위해 5억 달러를 투자한다고 발표했다. 2020년 초에는 배출을 근본적으로 감축할 뿐만 아니라 탄소 포집에 대규모 투자를 실행하기로 약속했다. 이는 회사가 운영을 시작한 이래 배출된 탄소를 대기에서 제거하고 다른 기업들과 기술적 해법을 공유하기 위한 것이다. 이러한 움직임은 사회의 건강에 기여하는 데 관심을 갖는 기업 문화를 반영한다. 마이크로소프트사는 상향식 사고와 밖에서 안으로의 사고outside-in thinking를 동시에 포용하는 가운데 번창하고 있다.

로열더치쉘사가 2050년까지 탄소배출 제로를 달성하겠다는 명확한 지향을 표명했을 때 이는 문화의 전환을 나타내는 의

미심장한 일이었다. 로열더치쉘사가 세계 최대의 에너지 회사라는 점에서 이러한 목표는 특히 의미가 있다. 이 목표를 달성하기 위해서는 회사의 사업과 운영 방식에 근본적인 변화가 필요하며 나아가 경영자 보수 설계에서도 개편이 필요하다. 지향의 범위를 고려할 때 쉘사는 이 목표에 동의하는 고객들과 협력해야 할 것이다.

오늘날 경영자는 누구에게 귀를 기울이는가?

리더가 깨어 있는 경우에도 회사는 공개주주들과의 긴장관계 속에서 운영된다. 장기 투자자를 위한 가치 창출에 필요한 전략적 투자를 우선시할 때 생겨나는 단기 투자자의 시끄러운 요구와 일부의 노골적인 위협은 그들에게는 이제 익숙한 일이다.

래리 핑크는 공익적 목적을 표명하고 그것을 실천하는 회사들, 가령 직원과 계약업체에게 정당한 임금을 제공하고 사업 소재지의 환경과 지역사회를 위하는 경영 원칙을 채택하는 기업들을 블랙록사가 후원할 것이라고 약속한다.

기업의 책임, 지속가능성, 소비자 신뢰는 그 어떤 것도 끝이 있을 수 없다. 품질과 우수함을 추구하는 것과 마찬가지로 지속적인 여정이다. 앞으로 나아가는 길은 복잡하다. CEO가 지원하고 문화가 뒷받침한다 해도 존슨앤존슨사, 펩시사, 쉘사, 마이크로소프트사와 같은 복합 회사의 경우엔 특히 더 복잡하다.

마이크로소프트가 기후변화와 무주택 문제에 대응하기 위해 대담한 공약을 발표한 지 몇 주 지나지 않아 고품질의 장문 저널리즘에 주력하는 단체인 프로퍼블리카ProPublica가 마이크로소프트에 관한 폭로 기사를 내보냈다. 기사의 초점은 10년에 걸친 조세 회피 프로그램이었다. 기사는 회사의 세무 고문사인 KPMG, 미국 국세청, 푸에르토리코의 한 기관이 연루된 복잡한 교섭 과정을 묘사했다. 마이크로소프트가 상당한 상업적 가치를 세금이 높은 관할구역에서 세금이 낮거나 거의 없는 관할구역으로 이전하기 위해 이 기관들을 끌어들였다는 것이다. 이 이야기는 '이전가격'이라는 어두운 분야에 대해 많은 것을 알려준다. 나아가 일류 기업들에서 근원적인 본능과 종래의 사고방식이 지속되고 있으며 따라서 기업 최고위층에서 통합적 사고가 필요함을 드러내는 것이기도 하다.

마이크로소프트사의 사티아 나델라와 로열더치쉘사의 벤 판뵈르던을 비롯한 최고의 리더들은 하나의 여정에 있다. 그 여정이 언제나 분명하게 드러나는 것은 아니다. 하지만 우리는 그들이 품는 질문 속에서, 그들이 귀를 기울이는 사람들 속에서, 그들이 시간을 보내는 방식 속에서, 그리고 그들의 결정과 투자를 이끄는 신념 속에서 그 모습을 엿볼 수 있다.

사우스웨스트사의 CEO 허브 켈러허는 위워크사의 창업자 애덤 노이만처럼 세계를 구하거나 "세계의 의식을 고양"하려고 노력한 것이 아니다. 켈러허는 비행이 승객들에게는 적정 가격에 공급되고 승무원들에게는 즐거움이 되도록 하겠다는 단순한 목적으로 회사를 운영했다. 그렇게 함으로써 그는 산업을 혁신하는 동시에 고객의 경험과 직원들의 삶을 개선했다.

마이크로소프트사 역시 똑같은 일을 할 수 있으며 현저하게 복잡한 문제들을 다루는 데 필요한 관심과 지구력을 이미 보여주고 있다. 다음 장에서 살펴볼 것처럼 시스템이 위험에 처할 때 구체적인 변화를 만들기 위해서는 리더십과 함께 경쟁업체와 협력하면서 공동 창조하려는 의지가 결합되어야 한다. 여기에 더해 정부가 공정한 경쟁 규칙을 정하는 데도 중요한 역할을 수행해야 한다.

스포츠 용어를 쓰자면 건강한 기업은 신체능력이 우수하다. 엘리트 육상선수처럼 신뢰할 만한 기업은 경기를 마치고도 기진맥진하지 않는다. 참된 가치의 창출자는 유행하는 추세를 경계하는 한편 목표를 설정해 변화를 추진하고 진보의 이정표를 세운다. 그리고 역량과 성과를 향상시키기 위해 결코 노력을 멈추지 않는다.

이는 사고방식의 문제이다. 또한 기업이 처한 환경과 대중의 기대가 변함에 따라 지속적으로 진화하는 기준을 포용하고 흡수하는 문화를 육성하는 것이 필요한 일이다. 펩시사의 CEO 인드라 누이가 말했다고 알려진 것처럼 "여정은 쉽지 않을 것이다. 하지만 그것은 지금까지 없었던 중요한 일이다."

■ 낡은 규칙 ■

이기기 위해 경쟁한다

경쟁은 혁신과 성장을 추동한다.

■ 새로운 규칙 ■

이기기 위해 공동 창조한다

시스템 자체가 위험에 처할 때 참된 가치를 창출하기 위해서는 공급망 전체에 걸쳐 사업 파트너들의 참여를 요구해야 한다. NGO는 물론 같은 이해관계에 있는 경쟁업체 모두 사업의 동맹군이 될 수 있다.

| 6장 |

시스템이 위험에 처할 때

▪ 규칙 6 ▪

이기기 위해 공동 창조한다

남획과 같은 복잡한 문제에 영향을 미치기 위해서는
경쟁업체를 참여시키고 신뢰해야 한다.
또한 자체의 공급망만을 보호하고자 노력할 때
얻을 수 있는 경쟁우위를 포기할 필요가 있다.

– **짐 캐넌(지속가능어업 파트너십 창립자)**

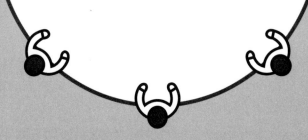

뉴욕 도심 비즈니스 구역의 심장부에는 브라이언트 공원이 있다. 번쩍거리는 마천루에 둘러싸여 있는 이 공원은 사람들이 빽빽이 모여드는, 아마도 세계에서 가장 밀도가 높은 도심 공원일 것이다. 여름날 점심시간의 한때를 보내고 있는 사무직 노동자들과 극장 구역이나 헤럴드 광장으로 향하는 관광객들이 뒤섞인 이 멋진 공공장소에서 앉을 자리를 찾는 건 만만한 일이 아니다. 이 공원에서 우리는 음악, 와이파이, 요가, 영화 상영회, 야외 도서관, 그리고 온갖 종류의 행상인들을 접할 수 있다. 겨울에는 넓은 잔디밭이 스케이트장으로 변하고 높이 솟은 크리스마스트리와 북적거리는 공예품 전시회가 접이식 의자들을 대신한다.

하지만 원래 이랬던 것은 아니다.

경영대학원에 재학 중이던 1981년 여름 나는 42번가 개발회사42nd Street Development Corporation에서 인턴십을 하기 위해 뉴욕시로 갔다. 이 전투적인 비영리단체의 운영자는 광고회사 경영자였던 프레드 패퍼트였다. 그는 재키 오나시스의 도움을 받아

보자르Beaux Arts 건축의 걸작인 그랜드센트럴 터미널을 개발로부터 보호한 바 있다.

사무실은 오래된 맥그로힐 빌딩에 있었다. 이 건물은 청록색과 은색, 그리고 금색 줄무늬가 있는 아르데코풍 건물로 지저분한 웨스트사이드 구역에 있었다. 개발회사는 타임스 스퀘어에서 폐건물에서의 범죄 발생을 방지하는 임무를 띤 파출소와 한 층을 나누어 썼다. 우리 왼편에는 파격적인 아방가르드 극장들이 늘어선 극장가가 있었다. 패퍼트는 웨스트 42번가의 부흥이라는 그의 비전을 대표하는 명소로 이곳을 탄생시켰다. 타임스 스퀘어를 지나 더 동쪽으로 가면 뉴욕 공립도서관과 그랜드센트럴 터미널, 그리고 뉴욕 최고의 장소 몇 곳이 있었다. 아르데코의 화려함을 보여주는 또 다른 예인 크라이슬러 빌딩과 현대적 외관을 한 포드재단의 건물이 이에 포함된다. 랜드마크격인 포드재단의 이 건물은 이후에 내 직장이 되었다.

■■■

금요일마다 나는 42번가의 긴 블록들을 지나면 나오는 뉴욕 공립도서관 계단에서 친구인 린과 샌드위치 모임을 가졌다. 나는 인도에 서서 도서관 뒤편에 있는 브라이언트 공원의 매력적인 녹색 캐노피를 올려다보곤 했다. 나는 결코 공원 안으로 발을 들여놓지 않았다. 당시에도 그랬고, 근처 가먼트 센터의 의류 제조·수입업자들을 위한 은행에서 일하기 위해 뉴욕으로 완전히 이사한 후 몇 년 동안도 마찬가지였다.

노예해방론자이자 〈뉴욕 이브닝 포스트〉의 편집자였던 윌리엄 컬런 브라이언트의 이름을 딴 이 공원의 역사는 특별하다. 그곳은 한때 공동묘지였으며 뉴욕시의 저수지도 품고 있었다. 1853년에는 크리스탈 팰리스가 세워져 만국박람회를 찾은 방문객들을 맞이했다. 대공황 시기에 공원은 공공사업진흥국WPA의 후원을 받아 실업자를 위한 야외 도서관을 유치했다. 하지만 1970년대 후반 도시가 파산 위기에 처하면서 브라이언트 공원은 도시의 쇠퇴를 분명하게 보여주는 상징이자 마약 거래상, 매춘 중개인, 노숙자들의 온상이 되었다.

브라이언트 공원은 어떻게 방치된 곳에서 도심 비즈니스 구역의 보석으로 탈바꿈했을까?

브라이언트 공원의 이야기를 조사하다 보면 복합적 시스템을 변화시키려면 어떤 것들이 필요한지에 대해 많은 것을 알게 된다. 변화를 위해서는 문제를 인지하고 그 해결에 필요한 것들을 밝힌 후 상황을 분석하고 행동계획을 수립할 수 있는 개인이나 단체로 구성된 적절한 연합체를 결성해야 한다. 성공을 거두는 계획이 되기 위해서는 충분한 자원과 장기적인 전망이 필요하지만 경험과 환경이 요구하는 경우 수정될 수 있어야 한다.

브라이언트 공원의 경우에는 1970년대로 거슬러 올라간다. 전해지는 이야기에 따르면 당시 뉴욕 사교계의 명사이자 공립 도서관의 주요 공여자인 브룩 애스터는 '자신의' 도서관 정문 계단에서 마약 거래상이 말을 걸어왔을 때 몹시 격분했다고 한다.

브라이언트 공원이 변신하기까지는 수십 년이 걸렸다. 여기에는 선견지명이 있는 리더이자 진정한 사회적기업가인 댄 비더맨의 책임 있는 행동이 큰 도움이 되었다. 그는 헌신적인 핵심 협력자들과 함께 과업을 올바른 방향으로 이끌기 위해 부단히 노력했다.

하지만 브라이언트 공원을 바꾼 것은 한 가지 사건이나 한 사람의 비전이 아니다.

변화에 기여하고 그것을 유지하는 왕도는 없었다. 그것은 오히려 지속적인 대화와 홍보, 자금, 벽돌을 하나하나 쌓아가는 듯한 장기간의 노력을 쏟아 부은 결과였다. 완전히 새로운 재정조달 메커니즘과 거버넌스 구조, 그리고 범죄율의 전반적 하락과 경제 향상 등 더 큰 요인들 또한 중요한 역할을 했다.

최초 정비 단계에서 결성된 공원위원회에는 전직 광고회사 경영자였던 프레드 패퍼트, 뉴욕 공립 도서관의 이사회 의장을 지낸 앤드루 하이스켈 타임사 대표, 그리고 록펠러 가문의 구성원 등 저명한 뉴요커들이 포진되었다. 시정부 대표와 도서관 등의 핵심 기관과 더불어 인근 지역의 부동산 투자자와 기업 임차인들도 합류했다.

오늘날 공원은 뉴욕시가 소유하고 있지만 관리는 비영리단체인 브라이언트 공원 법인이 한다. 회사는 어떠한 공적 자금도 받지 않지만 100% 공익을 위해 운영된다. 수익은 영업 허가권 및 주변 기업과 부동산 소유자들이 지불하는 납입금에서 나온다. 이들은 공원의 사용자로서 직접적인 혜택을 보는 동시에 투자자로서 부동산 가치의 회복을 통해 간접적 이익을 얻는다. 지역 부동산 소유자들을 참여시키기 위해 설정된 비즈니스 개발 구역은 뉴욕 안팎에서 진행되는 지역개발의 모델이 되었다.

돌이켜보면 이 모든 것이 우리가 현재 누리고 있는 결과를 위해 짜맞춰진 것처럼 보인다. 불평등, 무주택, 도시 범죄라는 더 큰 문제가 여전히 존재하지만 그러한 현실 때문에 이 특별한 성취를 깎아내릴 수는 없다. 1981년의 어느 여름날 브라이언트 공원을 따라 걸으며 나는 그 황폐한 땅에서 이 놀라운 도시의 보물이 출현할 수 있었다는 게 믿기지 않았다.

브라이언트 공원은 하나의 복합적이면서 변화무쌍한 문제를 중심으로 민간기업의 이해관계와 공익이 결합될 때 무엇이 가능한지를 보여주는 분명한 사례로서 나의 마음을 사로잡는다.

활기찬 도시 한가운데의 6개 구획으로 이루어진 물리적 공간이 안고 있는 도전을 다루는 일은 화석연료에 대한 의존성을 줄이거나 국가 기반시설을 재건할 때 필요한 매우 어려운 변화보다 직접적이고 실행 가능한 것처럼 느껴진다. 또는 취약한 생태계를 회복시키거나 CEO 보수 지급 방식의 변화를 가로막는 규범에 영향을 미치는 데 필요한 변화에 비해서도 그렇다.

하지만 이 장에서 다룰 다른 시스템 변화의 사례와 마찬가지로 브라이언트 공원의 변화는 적은 수의 동행자들이 지닌 비전에서 시작되었다. 여기에는 제도적 수단과 폭넓은 네트워크를 활용하면서 성공에 대한 열망, 그리고 공익이 비전의 핵심에 자리한다는 믿음을 가진 기업 리더들이 포함된다. 이들 사례 각각은 공동 창조의 이야기를 들려준다. 또 공적 필요와 사적 이해관계가 교차하는 가운데 어떻게 지속가능한 미래가 창출되는지에 대한 이야기를 들려준다. 함께 협력하는 것 말고는 시스템 변화로 나아가는 길은 존재하지 않는다.

영감을 주는 두 개의 사례는 2차 세계대전이 끝나갈 무렵으로 우리를 데려간다. 두 이야기는 모두 국가의 이익을 기업 및 지역사회의 이익과 연결시킨다.

첫 번째 이야기에서 변화 주체는 세 명의 미국인이다. 스튜드베이커 주식회사의 폴 G. 호프만 대표, 광고회사 벤튼앤볼스의 창업자 윌리엄 벤튼 그리고 이스트먼 코닥사의 회계담당자 매리언 B. 폴섬이 바로 그들이다. 1942년 여름 이 세 사람은 전쟁이 끝난 후 민간부문에 엄청나게 많은 일자리가 필요해질 상황에 대비하기 위해 함께 힘을 모았다.

그들은 경제개발위원회[CED]라는 이름의 신생 조직을 설립했다. 경제개발위원회의 목적은 다시 한 번 경기 침체나 더 나쁜 상황에 빠지지 않고 전시경제에서 평시경제로 기업의 이행을 인도하는 것이었다. 이 노력은 전쟁이 끝나기 수년 전부터 시작되어 야심찬 의제들을 포괄했다. 즉, 전쟁물자 공급계약 해지, 세금 우대책 조정, 그리고 시스템에 부과되는 제약을 최소화하고 "기업 자체의 판단에 따라 높은 고용 목표를 설정"[1]하는 전후 생산계획 등 일상적이지만 동시에 복잡한 문제들이 포함되었다.

경제개발위원회 헌장은 평시 생산의 정점이었던 1940년에 미국이 보유했던 일자리보다 7백만에서 1천만 개의 추가 일자리가 필요할 것으로 내다봤다. 비전은 담대했다. 자유기업과 민주주의가 번영하려면 귀환 군인들에게 존엄과 적정 소득을 제공하는 일자리가 놀라운 속도로 창출되어야 했다.

자유로운 사회의 경제학

민간 기업이 공공선에 보다 잘 복무할 수 있는 경제부문에서 사람들은 자신의 정부를 통해 게임의 규칙을 제정하고 시행해야 한다. 이 규칙은 민간의 자발적 기업들을 장려할 수 있도록 큰 안정성을 갖추어야 한다. 정부는 스스로 규칙에 충실하고 이를 집행해야 한다. 규칙은 지성과 통찰력을 갖춘 사람들이 이해할 수 있어야 하며, 이러한 규칙 하에서 이들이 공공선을 위해 또한 자신의 선을 위해 활동할 수 있어야 한다.

—윌리엄 벤트, 벤트앤볼스사. 〈포춘〉, 1994년 10월

이들은 전국에서 기업의 관심을 불러모으는 일에 들어갔다. 그리고 이는 전쟁터에서 돌아온 군인들을 흡수하는 데 필요한 고용 계획 수립에 착수하도록 전국 각 지역의 기업 네트워크를 자극하는 결과로 이어질 참이었다.

우리는 종종 미국의 참전과 뒤이은 오랜 동안의 경제 발전을 찬양하는데 그 바탕에는 기반시설 및 고등교육에 대한 공적 지원 이상의 것이 있었으며 보이지 않는 손이 작용했다.

성과는 눈부셨다. 지역 네트워크가 활동을 개시하면서 불과 2, 3년 만에 경제개발위원회의 회원은 2,000개 지역사회에 걸쳐 5만 명의 기업인으로 불어났다. 경제개발위원회의 리더들은 여기서 멈추지 않았다. 그들은 기업 경영자들 사이에서 유럽 재건을 위한 마셜플랜에 대해 정치적 지지를 이끌어냈다. 이러한 노력들은 기업과 사회가 서로 의존한다는 상식적 이해를 바탕으로 이루어졌다. 그리고 이를 통해 경제계 역시 혜택을 입게 되었다.

경제가 튼튼해지고 기업이 번영하기 위해서는, 즉 기업이 스튜드베이커를 팔든 세탁기를 팔든 아니면 광고를 팔든 상관없이, 사람들에게 일자리와 처분 가능한 소득이 필요하다. 퇴역 군인들의 네트워크가 국가의 운명을 결정한다는 생각은 황당하게 느껴질지도 모르겠다. 특히 여성, 그리고 다른 인종과 피부색의 사람들이 겪었던 운명을 돌이켜볼 때는 더욱 그러하다. 그들은 전쟁 지원에서 전설적인 기여를 했음에도 복구 과정에서 적절한 기회를 얻지 못했다. 하지만 수백만 명을 민간 노동력으로 재흡수하고 전후 침체를 피하기 위한 일자리 창출의 규모와 속도는 그 자체로도 주목할 만한 업적이다. 이것은 우리가 모두를 위한 경제를 건설하기 위해 노력할 때 기업과 산업, 그리고 각 직업 종사자들에게 요구되는 바가 무엇인지 보여주는 하나의 본보기가 되어야 한다.

소모임의 힘

나는 호프만-벤튼-폴섬 팀이 어떻게 시작되었는지 설명하는 글을 본 적이 없다. 누가 먼저 수화기를 들어 누구와 통화를 했는지, 또는 단체가 하나의 전략을 중심으로 결집하고 계획을 가동했을 때 누가 첫 번째 모임과 이후 모임에 참석했는지 알지 못한다. 하지만 상상컨대 첫 만남은 회의실이 아니라 식당 테이블을 둘러싸고 이루어졌을 것이다. 생각과 구상의 단계에는 미래에 대한 공동의 전망을 나눈 동료로서의 깊은 신뢰와 헌신이 필요하다. 그리고 일을 완수하는 데 필요한 네트워크는 물론이고 네트워크들의 네트워크를 구축해야 한다.

자유기업에 대한 창립자들의 깊은 신념은 공공선에 대한 비전에도 스며들었다. 오늘날 우리의 공공기관을 시험에 들게 하고 정부와 민간부문에 대한 신뢰를 잠식하는 불평등과 재정적 불안정의 수준을 생각해보면, 당시에 자유기업의 창립자들이 어떤 원칙으로 기업을 운영했는지 실감할 수 있을 것이다.

> 모두를 위한 선, 즉 공공선은 사회에서 살아가는 모든 개인의 지속적 행복을 위한 수단이다. 이는 (타당성이 분명히 드러나는) 전시뿐만 아니라 평화시에도 어떤 사적 단체의 경제적 이익보다 우선한다. … 미국인들은 민간 기업을 기초로 하는 경제 체제가 공공선에 더 잘 복무할 수 있다고 믿는다. 그 이유는 그러한 체제 하에서 일부의 사람들이 부유해질 수 있기 때문이 아니다. 오히려 그러한 체제 하에서 빠르게 높은 생활수준에 도달할 수 있기 때문이다. … 그 체제는 공동체에 속한 최대 다수의 개인들에게 최대의 경제적 기회를 제공할 수 있다.[2]

이 설명에는 고결한 이념이 담겨 있다. 다른 비전 선언문과 마찬가지로 이 이념은 구체화되고 실행 가능해질 때만이, 또한 긴 시행착오와 진로의 수정, 재구상, 재투자의 기간을 거치며 유지될 때만이 의미를 갖는다. 이는 99%는 땀을 통해서 얻어진다는 공식과도 닮아 있다.

적절한 사람들을 한 곳에 모으기

같은 시기에 판도를 바꾼 또 다른 사례가 있었다. 이는 미국의 일본 점령이 종결된 이후 한 만찬 파티에서 시작되었다.

손님 명단에는 일본의 가장 중요한 산업을 이끄는 21명의 재계 지도자들이 들어 있었다. 1950년 그들은 도쿄에서 예정된 미국 통계학자 에드워즈 데밍과의 만남에 초대되었다. 데밍은 만찬에 초대된 손님들이 품질에 중점을 둔다는 점에서 이들이 국가 경제를 다시 활성화하는 데 핵심이 되는 인물들임을 확신했다. 집단적으로, 또한 어떠한 규제나 법률도 없는 상태에서 이 지도자들은 데밍의 비전을 중심으로 결집했다. 그리고 '메이드 인 재팬'을 일관되게 높은 품질을 자랑하는 무적의 브랜드로 탈바꿈시키는 제조업 부흥에 시동을 걸었다.

일본 방식의 개선改善을 뜻하는 카이젠은 일본에서 신중한 검토 기간과 시행착오를 거치며 유의미한 단계에 도달했다. 이 과정은 다른 상황이었다면 경쟁자였겠지만 공동의 필요에 의해 파티에 함께한 일단의 개별 지도자들에 의해 힘을 얻었다. 근본적으로 판을 다시 깔기 위해서는 결정적으로 중요한 공동자산, 즉 국가 브랜드의 가치를 제고할 것이 요구되었다.

데밍의 메시지가 미국에서 뿌리를 내리는 데는 그로부터 수십 년의 시간과 미군의 승인이 필요했다. 품질 운동, 또는 식스 시그마나 린 생산방식에 내재한 관행과 의미는 여전히 최고경영진과 현장 노동자의 사고에 활력을 불어넣고 있다. 오직 고객에게 집중하고 지속적으로 개선해 나간다는 관념, 또한 노동자들의 의견을 듣는 것이 중요하다는 태도는 제조업뿐만 아니라 다른 분야의 기업들에게도 스며들기 시작했다.

브라이언트 공원의 변신과 마찬가지로 미국 제조업의 전환에는 많은 지원과 원조가 필요했다. 새로운 사고방식 및 품질에 중점을 두는 태도를 훨씬 크고 복잡한 경제의 중심에 정착시키기 위해 많은 구조와 제도가 출현했다. 표준제정 기구 및 말콤 볼드리지 국가품질상Malcolm Baldrige National Quality Award 등의 보상 프로그램, 식스 시그마 등의 체계, GE 등의 표준 선도기업, 특별목적의 업종협회 등 이 모든 것이 경영진의 사고방식을 전환하고 그들의 주의를 환기시키는 데 일정한 역할을 수행했다.

문제는 하나의 기업이나 심지어 하나의 산업에 의해서도 해결될 수 없었다. 제조업과 관련한 커먼즈에 투자함으로써 얻는 혜택은 분명했다. 제조업 전체의 관행을 바꾸기 위해 기업에 특별한 투자를 함으로써 관계된 사람들 모두가 혜택을 누렸을 것이다. 그리고 민간 및 공공 투자를 함께 이끄는 산업 리더들은 논의 테이블에서 필요한 단계들마다 충분한 협상을 진행할 수 있었다.

현재로 돌아와 보자. 오늘날 우리가 직면하고 있는 문제들을 해결하기 위해서는 누가 테이블에 앉아야 할까? 여전히 가장 중요한 첫 번째 단계는 적절한 사람들을 한 곳에 모으는 것이다. 하지만 미래를 위한 설계가 승자와 패자를 동시에 낳을 때 누굴 파티에 초대해야 할까?

일을 완수하기 위해 훨씬 더 다양한 경험과 네트워크가 필요할 때 문제를 규정하고 변화의 지렛대를 파악하며 해법을 찾아 나서기에 적합한 사람들은 누구일까? 만찬 파티가 대화의 시작점이 된다고 가정해보자. 이때에는 주관자와 손님 사이의 거리가 그리 멀지 않아 그들 모두가 같은 모임 내에서 편안함을 느낄 때 더 큰 효과를 낼 수 있다.

그러나 통상적으로 대화에서 완전히 배제되는 이들은 누가 대변해야 할까? 가장 취약하고 피해를 많이 볼 사람들은 누구일까? 어떤 메커니즘을 통해 장기적 사고가 뿌리를 내리게 하고, 아무런 행동이 없을 때 그 결과를 감당하게 될 미래 세대의 목소리를 들리게 할 수 있을까?

오늘날 우리가 직면하는 도전은 대공황에서의 회복과 전시경제에서 평시경제로의 이행이 그랬던 것만큼 복잡한 일이다. 아니, 어떤 지점에서는 훨씬 더 복잡하다. 현존 상태에서 이익을 얻는 이들의 항의 속에서 변화를 촉구하는 제각각의 목소리를 분명히 알아 듣기는 쉽지 않다. 광장의 혼란, 행동이 초래할 미래의 결과에 대한 두려움, 또는 아무런 행동도 일어나지 않을 것이라는 예상은 모든 제도에 대해 신뢰가 낮기 때문에 나타난다.

기후에 관한 담대한 계획, 인공지능 시대에 필요한 거대한 일자리 재구조화, 경제의 진화 속에서도 지속되는 맹점인 경제적 배제와 인종주의, 불평등에 맞서는 경제적 기회의 확대 등이 심각한 과제로 떠오르고 있다. 이 과제들은 목적을 분명히 하고 커먼즈의 건강에 장기적으로 헌신할 기업들이 테이블에 앉을 것을 요구한다.

행동하지 않는 것이 우리의 선택이 될 수는 없다. 이제 변화의 속도를 높일 때가 되었다.

테이블에서 신뢰 쌓기: 대구 산업

오늘날 현저하게 복잡한 시스템상의 도전을 해결하는 한 가지 방식을 보여주는 사례로 바렌츠해의 대구 산업을 들 수 있다. 바렌츠해는 북대서양과 북극해 사이에서 노르웨이와 러시아의 북극 해안을 따라 이어지는 바다를 가리킨다. 한때 북대서양 경제의 중추였던 대구는 피쉬 앤 칩스와 생선 필레 샌드위치에서 흔히 사용되는 담백한 맛의 흰살생선이다. 대구간유는 여전히 인기 있는 영양 보충제이기도 하다.

1600년대 대구는 어디에서나 접할 수 있는 핵심 영양 공급원이었다. 그래서 유럽과 아프리카, 아메리카의 삼각 무역에서 눈부신 역할을 했다. 어업권을 둘러싸고 오랫동안 이어진 전쟁과 공해상의 대구 어업을 관할하려는 시도에 대해서는 많은 책이 나와 있다. 대구는 풍부한 어종이었으며 수익성도 좋았다. 고품질 건조 대구는 뉴잉글랜드의 바위로 가득한 모래톱에서 멀리 아시아까지 운송되었다. 뉴펀들랜드산 대구는 노예경제의 근간을 이루었다. '염장 생선'은 카리브해의 사탕수수 및 면화 농장에 제공되는 저렴한 고단백 음식이었다.

오늘날 대구는 멸종위기 어종으로 시장의 자기 규제가 실패한 대표적인 사례로 남아 있다. 환경 활동가들의 감시대상 목록에 올라 있다는 사실과는 상관없이 대구는 여전히 장기적으로 수산물 공급을 유지하기 위해 설계된 포괄적 규약을 위반하는 악덕 운영회사에 수익을 안겨준다. 현재 어업 생산에 가해지는 위협은 매우 현실적이다. 1990년대 초 뉴펀들랜드의 대구 자원량은 대폭 감소하여 장기간의 조업 금지 이후에도 여전히 크게 고갈된 상태이다. 어쩌면 영원히 회복될 수 없을지도 모른다.

대구, 해덕을 비롯한 북대서양 어족 자원의 건강에 압박을 가하는 요인은 기후변화부터 양식장의 의도하지 않은 영향에 이르기까지 다양하다. 하지만 주요 요인은 NGO 활동가들이 IUU 어획이라고 이름 붙인 "불법, 비규제, 무신고illegal, unregulated, and unreported" 어업이다. 영국, 유럽, 북미의 기성 시장에 공급되는 저렴한 생선에 대한 수요는 매우 높으며 IUU 어업은 이러한 높은 수요가 낳은 어두운 이면이라고 할 수 있다.

세계자연기금에서 그린피스에 이르는 단체들이 활용한 전략은 친숙한 것이다. 산업적 규모의 트롤 어선부터 해적 활동에 참여하는 중개인에 이르기까지 온갖 종류의 공급자를 포함하는 어업산업에 영향력을 행사하기란 어려우며 통제하기는 더 어렵다. 어종, 원산지, 대체 어종 등을 둘러싼 시장의 혼란을 감안할 때 대중 소비자의 생선 소비를 겨냥한 직접 캠페인은 엄청나게 복잡하다. 대신 활동가들은 공급망에서 상당한 영향력을 행사하는 브랜드에 초점을 맞췄다. 이러한 브랜드는 소셜 미디어와 뉴스의 폭로에 취약하다.

맥도날드사로 눈을 돌려보자. 2007년 그린피스는 다음과 같이 발표했다.

> 오슬로/암스테르담, 유럽에서 가장 규모가 크고 영향력 있는 8개 국제 해산물 회사가 공동 서한에 서명하고 이를 노르웨이 정부에 전달했다. 이들은 서한을 통해 바렌츠해에서 불법으로 조업된 대구를 사용하지 않기 위해 최선을 다할 것을 다짐하고 이러한 약속을 실천할 수 있도록 노르웨이 정부가 최신 블랙리스트를 제공해줄 것을 요청했다. 서명 기업에는 레스토랑 체인인 맥도날드사뿐만 아니라 에스페르센사, 로열그린란드사, 영스 시푸드, 이글로/버즈아이Iglo/Birds Eye, 프로스타/코팩Frosta/Copack과 같은 유럽 최대의 해산물 가공·구매업체들이 포함되어 있다.[3]

캠페인의 초점은 전 세계에서 식재료를 조달해 매일 7천만 명에게 음식을 판매하는 맥도날드사이다. 맥도날드사의 고객은 적정한 가격에 제공되는 품질과 편의성에 이끌려 매장을 방문한다. 적정한 가격에 맛있는 음식을 제공한다는 맥도날드사의 약속 뒤에는 지구에서 환경적으로 가장 민감한 장소와 관계되는 복잡한 일련의 공급자, 중개인, 생산자가 놓여 있다.

바렌츠해의 북극 수역에는 매우 인기가 좋은 흰살생선의 마지막 남은 건강한 어장이 있다. 어장의 건강함이 쇠퇴하는 것에 대처하기 위해 소집된 이들의 회합은 발트해에서의 대구 어업을 위해 1937년 설립된 덴마크 기업 에스페르센사의 CEO 클라우스 닐슨이 주도하였다.

전 세계에 2,500명의 직원이 있고 연간 매출고가 2억 유로 이상인 에스페르센사는 오늘날 가공 흰살생선의 메이저 공급자 중 하나이다. 회사의 역사는 자사의 웹사이트에 기술되어 있지만 그 미래는 대구의 안정적 공급에 의존한다.

> 향후 몇 년간 우리는 계속해서 세계와 시장의 요구를 받아들이고 이로부터 배우기 위해 우리의 사업을 더욱 공고히 하기를 원한다. 그러한 점에서 우리는 지금으로부터 25년 후 우리의 손자들에게, 또한 앞으로 태어날 많은 세대들에게 맛있는 생선을 제공하기 위해 75년여 전에 닻을 올린 우리의 여정을 꾸준히 이어나갈 것이다.[4]

나는 이탈리아 벨라지오의 록펠러재단 컨퍼런스 센터에서 닐슨과 그의 회사가 소속된 산업협회 AIPCE의 회원들, 세계자연기금의 제이슨 클레이, 지속가능어업 파트너십Sustainable Fisheries Partnership의 창립자 짐 캐넌과 함께 우연히 모임을 가진 적이 있다. 대화에 참여한 산업 경영자들은, 이상적으로는 현재의 생산과 수익을 없애지 않으면서, 어업을 보호하는 제도와 규약상의 미묘한 균형 잡기에 의존하고 있다.

이들 생산자는 구내식당과 전 세계 맥도날드 메뉴로 여전히 인기가 높은 가공 튀김용 흰살생선을 비롯해 미국인들이 한때 피시스틱이라 불렀던 것을 냉동 간편식품으로 방대한 시장에 판매한다.

2006년 바렌츠해의 어업산업은 위기를 맞았다. 한 스웨덴 TV 프로그램이 함정 취재를 통해 지역의 조업 한도를 위반한 선박의 저렴한 대구를 유통업자들이 판매하는 모습을 담은 비판적인 보도 화면을 내보낸 적이 있다. 지역 당국은 불법 어획량을 허위로, 또는 '눈가림용'으로 보고하고 있었으며, 어업관리당국과 노르웨이 과학자들은 당시 어획량의 50%는 한도를 위반한 것이라고 추정했다.

보도에 대한 대중의 반응은 캐넌에게는 커다란 기회임이 분명했다. 그가 세운 단체인 지속가능어업 파트너십은 민간 생산자와 소매업체, 그리고 불법 어획을 근절하기 위해 노력하는 NGO 사이에서 중재자 역할을 한다. 당시 캐넌은 맥도날드사와 에스페르센사 두 곳 모두에서 자문 역할을 맡고 있었으며 대응방안에 대한 논의가 이미 진행되고 있었다. 공개적 감시는 잃어버린 고리였다. 불법적인 어업 관행이 공개된 덕분에 캠페인 활동가들이 악덕 유통업자를 생산업체와, 또한 궁극적으로는 소매업체 및 소비자와 연결시킬 수 있는 기회를 갖게 되었다. 캐넌은 이렇게 회상했다.

> 노르웨이의 그린피스 지도자 트룰스 굴로센은 유통업자로부터 에스페르센사, 다음으로는 맥도날드사로 이어지는 거래선을 파악하고 이를 폭로했습니다. 그린피스는 처음에 선박 감시자를 두고 완전 추적제를 시행할 것을 요구했지만 업계는 이를 거부했죠. 그들은 이것이 유효할 것이라고 생각하지 않았습니다. 이것을 실제로 모든 주요 구매자들의 최고 의제로 격상시키고 일을 진척시키기 위해서는 공개 폭로가 필요했습니다.[5]

에스페르센사와 같이 대구와 흰살생선의 꾸준한 공급에 의존하는 생산업체가 지속가능한 사업 계획을 유지하기 위해서는 전체 공급망이 지속적으로 자신의 책임을 다하도록 하는 방안을 찾아야 했다. 지역의 최대 생산업체로서 에스페르센사가 핵심이 되었다. 집 근처 공원이 재개발되기를 바라는 부동산 소유자나 메이드 인 재팬의 브랜드 품질에 의존하는 일본 기업인과 마찬가지로 에스페르센사를 비롯한 지역 생산업체들은 이 상황의 실제 책임 주체들이다.

맥도날드사는 에스페르센사의 최대 고객이다. 거대 레스토랑 체인이 다른 곳에서 식자재를 공급받기로 선택할 수도 있고 바렌츠해를 운항하는 선단에게는 다른 곳으로 이동할 수 있는 여지가 있다. 하지만 발트해와 바렌츠해 지역 어업의 건강함은 에스페르센사와 같은 스칸디나비아 지역과 유럽의 생산업체들에게는 생명선과도 같은 것이었다. 세계에서 가장 인기 있는 레스토랑 체인인 맥도날드사가 관계를 끊는다면 에스페르센사의 미래는 위험에 처할 것이 뻔했다.

하지만 CEO 클라우스 닐슨이 홀로 문제를 해결할 수는 없었다. 짐 캐넌이 세운 단체의 도움을 받아 에스페르센사는 유럽의 주요 수입업자들 그리고 궁극적으로는 업종협회의 참여 하에, 이후 업계 표준으로 빠르게 자리 잡게 될 계약 및 규약에 따라 공급망 내 모든 선박을 조사하기로 합의를 이끌어냈다. 어획이 합법적임을 입증하지 못하는 유통업자에게는 무거운 처벌을 가하고 궁극적으로는 구매거부를 강제하기로 한 것이다.

이러한 해법은 잃을 게 많은, 따라서 운영 기준을 제고함으로써 얻을 게 많은 업계 리더들에 의해 만들어졌다. 리더가 자신의 영업면허를 보호하기 위해 기준을 제고할 때 경쟁업체도 이를 따르게 된다.

캐넌은 이 과정에 대한 나의 궁금증에 답한 이메일에 계약이 실질적으로 어떻게 작용하는지 설명했다.

> 계약은 기본적으로 이렇게 말합니다. "나를 속여 선적한 거라면 난 네가 100% 깨끗하다는 걸 입증할 때까지 구매를 중단할 거야. 그리고 네가 내 고객을 속였다는 이야기가 들리면 마찬가지로 구매를 중단할 거야. 그리고 네가 날 속인다면 나의 모든 경쟁업체에게도 이를 알릴 거야." 이런 방법으로 평판이 나쁜 유통업자들은 단지 해당 어획량의 판매를 못하는 것뿐만 아니라 자신의 모

든 주고객들을 잃을 수도 있는 위험에 처합니다. … 그래서 이것은 훨씬 더 강력한 억제 수단입니다. … 공식적인 벌금보다도 훨씬 더 강력하죠.[6]

이러한 노력은 엄청난 성공을 거두었다. 하나의 해법에 도달하기 위해 먼 길을 거쳐야 했지만 6개월이 지나지 않아 어획량을 허위 신고한 선박은 대구 어업에서 떨어져 나가고 불법 어업은 거의 제로까지 떨어졌다.

신뢰를 구축하는 것은 시스템이 하나의 유효한 해법을 중심으로 뭉치고 공동 창조의 능력을 개발하는 데 결정적이다. 캐넌은 이어서 이렇게 말했다.

우리는 NGO들과 협력하여, 업계가 어떤 노력을 하고 있는지 NGO들이 이해하고 그것을 인정할 수 있도록, 그리고 공개적으로는 아니지만 적어도 개인적으로 모든 당사자들이 일치된 행동을 하고 있음을 그들이 확인할 수 있도록 했습니다. 업계와 그린피스 사이에 맺어진 개인적 관계는 지금도 이어지고 있습니다. 이것은 커다란 부수입입니다.[7]

이 글을 쓰고 있는 지금 바렌츠해는 대구가 지속가능하게 생산되는 세계 최대의 수원이 되었다. 그리고 이러한 건강한 어업은 지속가능한 해산물의 표준인 국제해양관리협의회Marine Stewardship Council의 인증을 받았다.

밥 랭거트는 2015년 맥도날드사를 퇴직했다. 재직한 25

년 동안 그는 바렌츠해 어업의 건강을 보장하기 위한 협약의 당사자들을 비롯하여 다양한 이해를 대변하는 이해관계자들과의 복잡한 협상을 수십 차례 성공적으로 이끌었다. 2019년에 그는《햄버거 하나로 시작한 기업이 어떻게 세계 최대 프랜차이즈로 성장했을까?*The Battle to Do Good: Inside McDonald's Sustainability Journey*》(성안당, 2020)를 출간하고 회사 재직 시절에 불거졌던 많은 쟁점들의 한복판에서 그가 경험한 것을 기록으로 남겼다.

2016년 자신이 얻은 교훈을 글로 옮기기 시작했을 때 밥은 우리의 초대를 받아들여 시티뱅크, 존슨앤존슨사, 셰브론사 등 지속가능성 및 이해관계자 관리에 책임을 다하는 선도 기업들을 위해 열린 포럼에 참석했다. 그는 발언할 내용을 손글씨로 정리한 아이디어 목록을 가지고 있었다.

밥과 짐 캐넌은 판도를 바꿀 제휴업체와 경쟁업체의 참여로 더 높은 실천 기준을 정착시키기 위해서는 적어도 세 가지 핵심 요소가 필요하다는 데 의견을 같이했다.

- 대중적 압력. 그린피스가 제공하는 것과 같은 내용이 언론과 대중들에게 노출되는 것은 핵심 구매자들을 압박하는 동시에 행동에 필수적인 촉매제가 된다.
- 당사자들 간의 신뢰. 캐넌은 모든 당사자들을 테이블에 앉히는 결정적인 요인으로 "구매자와 NGO 압력 단체,

그리고 전문가 사이의 차분하고 신중한 대화"를 꼽는다. 랭거트는 건설적인 대화가 이루어지기 위해서는 캐넌의 단체와 같이 흠잡을 데 없는 자격을 갖춘 신뢰할 만한 중재자, 그리고 엄중한 사실과 과학의 지원을 통해 신뢰가 구축되어야 한다는 사실을 발견했다.

- 민간의 이해관계. 마지막으로 중요한 사항은 민간 행위자들로 이루어진 공급망의 현명한 공동 대응이 필요하다는 점이다. 궁극적으로 이들은 문제의 근원에 대해 행동을 취함으로써 장기적 이익을 얻는다.

이러한 요소들의 기저에 있는 것은 테이블에는 다양한 관점이 필요하다는 점이다. 그러할 때 시장기반 원칙으로는 명확하게 파악할 수 없는 문제의 양상들을 다룰 수 있으며, 동시에 수준 높은 사고와 책임성 있는 해법을 도출할 수 있다. 테이블에는 커먼즈의 건강을 대변하는 이들에게도 자리를 내주어야 한다.

바렌츠해에서 남획을 근절하기 위해서는 구매자와 판매자들이 노력하여 임계점에 도달해야 한다. 어업 전체가 위험에 처했다. 에스페르센사는 유의미한 시장 노출도를 가진 다른 생산업체들도 테이블에 끌어들였다. 평판과 고객 관계를 보호해야 하는 동료 기업들과 협력하여 새로운 산업 기준을 도입하기도 했다. 업종협회가 함께 협력해 해법을 찾은 덕분에 불량 유통회사들은 더 이상 발붙일 곳이 없어졌다.

변화의 설계자: 시장기반 연합 및 시민사회단체

마크 무디-스튜어트 경은 자신의 저서 《책임 리더십: 지속 가능성과 윤리의 일선에서 배운다*Responsible Leadership: Lessons from the Front Line of Sustainability and Ethics*》에서 바렌츠해의 연합체와 같은 조직에 대한 자신의 경험을 기술하고 있다. 나는 마크와 많은 대화를 나누었다. 그는 로열더치쉘 그룹의 CEO로 재직하던 1999년에 기업의 역할을 주제로 열린 아스펜 대담에 참석했다. 이때 시작된 대화는 2000년대 중반 그가 앵글로 아메리칸사의 회장을 지내던 시기까지 지속되었다.

마크의 뛰어한 장점 중 하나는 쉘사의 광범위한 활동반경에 있는 사회 각층의 사람들에 대해 진정한 호기심을 가졌다는 점이다. 그는 인간 본성에 대해 명민한 이해력을 지녔다. 그래서 그와 용감한 그의 아내 주디가 추구한 가치, 쉘사의 각국 사무소에서 10개의 직책을 거치는 동안 그의 결정을 이끈 가치는 유엔을 비롯한 많은 단체가 열렬히 그의 조언을 구하는 이유가 되었다.

아스펜연구소에서의 임기 초반 쉘사의 런던 본사 앞에 있는 템스강 남쪽 둑에 앉아 마크와의 만남을 급하게 준비하던 기억이 떠오른다. 다가올 여름에 진행될 아스펜연구소의 기업 대담에서 공동의장을 맡아 달라고 그를 설득할 생각이었다. 나는 풀밭에 앉아 회사의 사회적 영향과 책임을 다룬 〈사람, 지구, 이윤〉 보고서를 처음으로 읽어보았다. 쉘사는 초기에 CSR 보고서를 발행한 세계적 기업들 가운데 하나였다. 업계에서는 〈텔 쉘Tell Shell〉 보고서로 알려져 있는데, 이 보고서가 향후 과제를 설정하기 위해 반대자와 운동가들의 솔직한 피드백과 비판을 활용했기 때문이다.

환경, 노동, 인권, 부패에 관한 원칙에 비추어 회사가 어떤 성과를 냈는지 참신한 언어로 투명하게 보고하는 것을 보면서 나는 완전히 넋을 잃었다. 보고서에는 의견을 적어 보낼 수 있는 엽서도 들어 있었다. 보고서를 읽으면서 마크의 개방적 리더십 스타일을 엿볼 수 있었다. 그는 상대방의 이야기를 잘 들어주었으며 그의 입에서 나오는 말은 모두 새겨들을 가치가 있었다. 나는 한편은 소비자와 브랜드, 다른 한편은 천연자원과 노동시장으로 이루어진 행위자 사슬에 대해 그에게 많은 것을 배웠다. 한번은 샐러드바에서 줄을 서 있을 때 그가 지나가듯이 이렇게 말했다. "당신도 알고 있겠지만 브랜드는 사실 문제가 아니에요. 걱정해야 할 건 보호할 브랜드가 없다는 것입니다."

마크는 이러한 시장기반 연합 및 시민사회단체와의 동맹에 책의 한 장을 할애한다. 이러한 연합을 통해 비판가 및 경쟁업체들과 함께 대화하고 실천함으로써 신뢰를 구축할 수 있으며, 민간의 이해관계를 반영해 운영 기준을 한층 높이는 방법에 대해서도 잘 알게 된다.

영업면허가 위험에 처할 때 이루어지는 경쟁업체들 간의 공동 창조

마크가 참여한 많은 단체 중에 국제광업금속협회ICCM가 있다. 이 단체는 '자원의 저주', 즉 풍부한 광물 자원이 있지만 법규가 미비한 지역에서 발생하는 빈곤의 만연, 열악한 노동 조건, 환경의 쇠퇴에 대응하기 위해 대규모 광업회사 9곳이 창설한 것이다.

국제광업금속협회가 천명한 연구, 투명성, 지속적 개선의 약속은 2002년 창립자들이 정한 것이다. 동료 기업들 간의 대화는 그들 스스로가, 궁극적으로 그들의 산업이 노동, 인권, 환경에 관한 국제 표준의 책임을 다하기 위해 설계된 일단의 원칙들로 이어졌다. 10년 후에 발간된 한 보고서에는 그동안 이룩한 성과와 함께 앞으로 극복해야 할 새로운 도전들이 담겨 있었다. 하지만 단체는 그 규모를 확대하여 현재 27개 유력 광업회사(이들 회사는 단체의 기준 준수 여부를 조사받는다)와 36개 산업 및 상품 협회, 그리고 전 세계 가맹단체를 대표하고 있다.

반은 자서전이고 반은 고백록이라고 묘사되는, 마크의 주목할 만한 책에 등장하는 여러 주제 중 하나는 지역 협회 및 지역사회에 결속된 지역 기업 네트워크의 중요성이다.

1999년 유엔글로벌콤팩트를 출범했을 때 코피 아난 유엔 사무총장은 쉘사와 유니레버사를 비롯해 40개의 국제적 기업들을 회의에 초대했다. 각 회원들은 인권, 노동, 환경에 관한 유엔 협약에 기초한 9개 원칙과 부패 및 뇌물 지급 압력에 대응하는 10번째 원칙에 대해 보고서를 제출하기로 약속했다.

현재는 160개국에서 12,000여 개 기업들이 서명에 동참했다. 유엔글로벌콤팩트 회원사 및 협력사는 복합적인 기업-사회 사안에 관한 기준을 높이고 업계 리더들 간의 동료학습 기회에 접근하기 위해 설계된 원칙을 지키려 노력한다.

마크는 석유, 가스, 광업 부문에서 겪은 수십 년간의 경험을 통해 승부는 결국 현장의 투명성과 책임성에서 판가름 난다는 것을, 또한 좋은 쪽이든 나쁜 쪽이든 기업 의사결정의 영향을 직접적으로 감지할 수 있는 것은 소재지 지역사회라는 것을 알고 있다. 유엔글로벌콤팩트의 활력은 지역 네트워크에서 나온다. 여기서 전 세계의 관리자와 경영자는 조찬 모임을 갖고 중국의 인권 문제나 방글라데시와 두바이의 이주 노동 관련 사안과 같이 해당 지역에서 가장 중요한 우선과제들을 논의할 수 있다.

지역 네트워크에 대한 강조는 2차 세계대전 이후에 전개된 경제개발위원회의 일자리 창출 과제를 상기시킨다. 기업과 다른 중요 기관들 간의 관계, 상호의존, 개인적 유대가 풍부하고도 분명하게 나타나는 곳은 지역사회이다.

협력 노력에 관한 마크의 또 다른 핵심 메시지는 목적이 "분명하면서도 제한적"일 때 협력이 가장 효과적이라는 것이다.

더 나은 면화 계획Better Cotton Initiative, BCI은 가장 빠르게 성장하고 있는 기업-사회 네트워크의 하나이다. 그것은 지역화와 전문화가 동시에 필요함을 보여준다.

더 나은 면화 계획은 상품과 관련된 세계자연기금의 사업 프로젝트로 시작되었다. 더 나은 면화 계획의 접근법은 바렌츠해 지역의 남획을 근절하기 위한 표적 캠페인과는 정반대의 성격을 갖는다. 면화는 다양한 방식으로 전 세계 250만 명으로 추정되는 사람들의 생계에 기여하는 다용도 상품이다. 우즈베키스탄, 중국, 인도와 더불어 미국이 주요 생산지이지만 면화는 모든 대륙의 온난한 기후 지역에서 재배된다.

더 나은 면화 계획의 웹사이트에서 분명히 언급하고 있듯이 더 나은 면화 계획 회원의 제품이라고 해서 물리적 추적가능성이 보장되는 것은 아니다.

단체의 회원으로는 재배와 수확부터 면화를 원사로, 이를 다시 옷감이나 다양한 산업용으로 만드는 다단계 공정에 이르기까지 공급망 내 모든 생산업체와 의류업계를 아우른다. 전 세계에서 원료를 조달하는 의류 제조업체와 소매업체는 공급망 내에서 농약 사용이나 비인간적 노동 관행을 없애라는 압력을 받을 수 있지만, 자신들의 제품에 대해 근거를 가지고 자신 있게 옹호할 수 없다.

국제해양관리협의회의 어종 등급 및 국제삼림관리협의회Forest Stewardship Council의 지속가능한 방식으로 수확된 목제품 인증은 제품의 추적가능성에 의존한다. 면화에 관한 한 노동 및 환경 관행의 단계적 변화에는 완전히 다른 공동 창조 모델이 필요하다. 여기서는 전체 시장을 다루어야 한다.

더 나은 면화 계획은 제조업체와 소매업체를 연결하고 최종적으로 농민들로까지 거슬러 올라간다. 시장 전체에 걸쳐 실질적인 변화가 일어나기 위해서는 정당한 노동 관행, 환경적 지속가능성, 자원 보존에 뜻을 둔 생산자 수가 꾸준히 늘어나야 한다. 관리 연속성이 너무 복잡하다 해도 달리 방법이 없다.

더 나은 면화 계획 생산자 수는 인상적이다. 2019년 더 나은 면화 기준에 따라 인증된 면화는 세계 시장의 19%를 차지했으며 현재는 투명성을 더욱 높이기 위한 과정이 진행되고 있다. 아동 노동 보호, 제초제 사용 및 성분 유출, 정당한 임금과 노동자 안전, 기후변화의 영향과 가뭄 및 기상이변 관리 등의 사안은 아주 복합적인 문제다. 단체는 21개국 220만여 농민들에게 지속가능한 농업 관행에 관한 교육을 제공했다.

여기에는 기술도 한몫을 하고 있다. 현재 면화 공급 원산지 입력 및 추적에 활용하기 위해 블록체인 실험이 진행되고 있다. 리바이스사의 마이클 코보리와 상품 유통업체 카길사의 마크 메이슨은 우리의 지속가능 최고책임자 포럼에 참여하고 있는 창의적인 두 회원이다. 이들은 상품 유통에 영향력을 행사하는 한편 유기 면화를 특별 거래 제품으로 규정하는 프로젝트에 협력했다.

하지만 대개의 경우 소비자들은 그저 괜찮아 보이는 청바지를 적정한 가격에 구입하길 원하거나 어쩌면 제품이 유해한 관행과 무관함을 보증한다는 작은 힌트 정도를 원할 뿐이다. 보호해야 할 브랜드가 있는 소매업체와 제조업체의 관심이야말로 더 나은 면화 계획 회원이 꾸준히 성장할 수 있도록 뒷받침하는 결합력과 추동력을 제공하는 중요한 요소다. 그들은 브랜드 없는 B2B 생산업체들에게 시민사회 행위자들과 함께하는 회의에 참석하도록 독려했다. 이들 시민사회 행위자들은 파키스탄 노동자의 경제적 안정성부터 중국 노동자의 화학물질 노출, 나아가 인도의 물부족과 오염에 이르기까지 특정 지역의 구체적 사안들을 대변한다.

하지만 이러한 노력은 더 나은 면화 계획의 규모에서는 적용하기 어렵다. 브라이언트 공원에 빗대어 말하자면 그것은 마치 공원 전체가 안전하고 깨끗해질 때까지는 아름다운 도심 공간에서 온전히 점심을 즐길 수 없는 것과 같다.

앞으로의 과제: 공동 창조를 위한 리더십

바렌츠해의 이야기는 계속해서 전개되고 있다. 짐 캐넌은 이 지역이 다시 한 번 기사거리가 되기를 기대하고 있다. "기후변화로 인해 북극 빙하가 계속해서 줄어들면서 어선은 점점 더 북쪽으로 이동해 한류성 산호 지역을 비롯한 원시 서식지를 샅샅이 훑고 있습니다."[8]

캐넌과 그의 단체가 다루는 문제들은 해결이 불가능해 보일 정도로 혼란스럽고 복합적이며 변화무쌍하다. 캐넌에게는 비전과 정서지능, 그리고 굳은 의지가 있다. 이러한 덕목들은 선도자를 파악하고 그들이 다른 미래를 꿈꾸도록 도움을 주는데, 이는 다른 이들과의 협력 속에서 변화를 이끌어내기 위해 반드시 필요한 것들이다.

비판가들은 생산자와 소비자를 연결하는 자발적 노력이 부족하다고 생각한다. 그래서 명확한 법과 규제를, 또한 상습 위반자에 대한 가시적 처벌을 원한다. 하지만 진보는 캠페인 활동가와 소비자가 머뭇거리는 리더와 투자자들에게 맞설 때 조금씩 실현될 것이다. 세계적 차원에서 지휘하고 통제할 수 있는 방법은 아직 없기 때문이다.

기업에서 아주 구체적인 변화를 꾀할 때조차도 특별한 리더, 근본 원인 분석과 시스템의 변화라는 보다 큰 목표를 감당할 수 있는 자아, 포부, 능력을 지닌 리더의 역할이 크다. 쉘사의 마크 무디-스튜어트, 맥도날드사의 밥 랭거트, 에스페르센사의 클라우스 닐슨은 비판가들에게 귀를 기울이는 한편 그들의 공급자, 심지어 경쟁업체들과도 협력한다.

기후변화 대응

기업 리더들, 그리고 우리 모두가 직면하고 있는 궁극적인 시스템상의 도전은 물론 기후변화이다. 우리에게는 사고방식의 전환에 발맞추어 시장을 작동하게 하는 가격 정책이 필요하다. 이는 기존 에너지원의 비용을 높이는 한편 탄소 포집 및 차세대 에너지원 투자를 늘리기 위한 것이다. 문제를 가볍게 여기거나 자발적 노력에만 의존하는 것이 가져올 결과는 심각할 것이다. 오늘날에는 미국의 정책 변화를 위한 기업 리더십이 절실히 필요하다.

2019년 겨울 코로나19 팬데믹이 시작됐을 때 비즈니스 원탁회의는 기후변화 대응에 관한 정책 성명 및 권고안 발표를 준비했다. 회원사와 전문가들을 중심으로 철저한 연구와 대화가 진행되었고 결과는 신중하게 보안에 부쳐졌다. 하지만 발표일이 다가오면서 나는 동료에게서 성명이 강력하고 설득력 있다는 이야기를 전해 들었다. 나는 원탁회의의 노력으로 마침내 우리가 정체를 벗어나 연방정책 마련에 대한 논의를 본격화할 수 있게 되었다고 확신했다.

원탁회의와 같이 광범위한 기반을 가진 기업 협의회는 회원들 간의 논쟁을 삼가고 기업들 사이에 광범위한 합의를 이루는 원원 정책에 집중함으로써 존속된다. 에너지 정책과 같이 엄청나게 복잡한 문제에 대해 정책 해법을 합의하고자 할 때 그 복잡함은 무한대로 커진다. 온실가스는 산업화와 소비자 전력 수요의 산물이다. 또한 지구온난화의 재앙을 피하기 위해 요구되는 거대한 변화는 산업과 상업의 모든 부분에 닿아 있다. 승자와 패자가 있으며 이들 모두가 원탁회의에 소속되어 있다.

민간부문이 공공정책에 큰 영향을 미치는 미국의 제도 하에서 가장 영향력 있는 기업 네트워크가 팔짱 끼고 구경만 하거나 반대론자의 손에 마이크를 넘긴다면 상황을 변화시킬 수 없다. 원탁회의는 정책적 입장을 정할 때 앞서 기술한 연합에서 통상적으로 볼 수 있는 것과 같은 다양한 목소리와 이해관계를 고려하지 않는다.

하지만 환경 캠페인 활동가와 여타의 기업 네트워크, 그리고 아스펜연구소와 같은 외곽단체가 수년간 촉구한 끝에, 또한 원탁회의 및 그 회원사 소속 직원의 신중한 책임관리가 도입되면서 장기적 관점은 마침내 승리를 거뒀다. 행동하지 않음으로써 치른 대가는 너무나 컸다. 그리고 원탁회의 리더들은 정책 변화의 필요성에 대해 이미 공개적인 발언을 하고 있었다.

나머지는 직원들과 가족구성원들에게서 이에 대한 이야기를 듣고 있었다.

나는 원탁회의 회원사에 재직하는 동료들에게서 압도적인 수의 CEO들이 정책 보고서의 최종안을 승인했다는 이야기를 들었다. 2019년 여름 기업 목적에 관한 성명을 발표함으로써 단체가 받은 주목을 고려해볼 때, 나는 사람들의 관심이 급증하고 마침내 기업의 지원을 받는 공공정책이 변화의 필요성을 역설하는 압도적인 여론을 따라잡을 수 있을 것이라 예상한다.

이 글을 쓰고 있는 지금 원탁회의의 기후 정책안은 보류된 상태다. 2020년 3월 코로나19의 확산으로 빠르게 '사회적 거리두기'와 봉쇄가 진행되고 모든 여행과 행사가 취소되면서 점심 모임은 무기한 연기되었다. 이때만 하더라도 기후에 관한 것이든 다른 무엇이든 실체가 있는 논의 공간을 만드는 것은 불가능하다고 여겨졌다.

하지만 재미있게도 기후위기가 시야에서 사라짐과 동시에 사람들의 관심사가 되었다. 이 글을 쓰고 있는 현재 로스앤젤레스와 상하이의 대기는 수십 년 만에 처음으로 청명해졌다. 이제 자전거는 뉴욕을 돌아다니는 최고의 방법이다.

이런 상황이 계속될 수 있을까? 이 위기의 순간은 진정한 기회를 제공할까, 아니면 우리는 이 기회를 놓치고 말까? 지금이 우리가 기다려온 기회라면 어찌할 것인가?

코로나바이러스로 인해 시스템이 입은 충격은 '채취, 생산,

폐기take, make, dispose' 모델을 재평가할 것을 강요하고 마침내 수십 년에 걸쳐 만들어진 순환경제 기업의 설계 원칙으로 전환하는 것을 허용할지도 모른다. 광범위한 세계 공급망 위에 기초한 기업들은 플랜 B를 고려해야 한다.

가장 규모가 큰 회사에 속한 팀들은 지구에 적합한 제품과 사업 모델을 설계할 기회를 조바심 내며 기다리고 있다.

주주와 나란히 존재하는 복수의 이해관계자들을 비즈니스 원탁회의가 인정함으로써 새로운 아이디어가 등장할 길이 열렸다. 시스템의 변화에 필요한 지원 규약(및 규정)이 뒤따를까? 노동자들의 주머니로 들어가는 부의 몫을 재고하기 위한 기업과 노동의 연합이 결성될까? 지분환매가 다시금 주가 조작으로서 규제될까? 그리고 지역의 기반시설과 서비스를 잠식하는 조세 회피 음모는 마침내 용납되지 않게 될까? 회사들은 세계 경제에서 가장 취약한 이들을 고려하는 동시에 커먼즈의 건강을 우선시하는 방향으로 대정부 부서를 재편할까?

무너진 보건의료 제도를 고치고 미래의 녹색 기반시설을 세우기 위한 공공과 민간의 투자가 우선순위 목록의 맨 위로 올라가야 한다. 장기적으로는 주주들 역시 혜택을 볼 것이다.

기업 우선순위의 실질적 변화는 언제나 역풍을 맞을 것이다. 그렇기 때문에 리더십이 중요하다. 그리고 우리 모두에게는 투자자와 소비자, 그리고 시민으로서 해야 할 각자의 역할이 있다. 저널리스트이자 사회 활동가인 도러시 데이는 다음과 같은 말을 남겼다. "앉아서 절망감을 느낄 권리는 누구에게도 없다. 할 일이 너무 많기 때문이다."

때로 가장 중요한 변화 주체는 기업 내부에서 나온다.

모든 기업에서 기업이 강력한 변화의 플랫폼이라고 믿는 유능하고 용감한 직원과 관리자들이 복합적 문제에 관해 행동의 수준을 높이고 있다. 그 효과를 높이기 위해서는 멋진 이야기를 들려주고 무엇이 가능한지에 대한 비전을 그려야 한다. 세계적 기업에서 CSR과 지속가능성 노력을 관리하는 우리의 동료들은 이러한 역량을 갖추고 있다. 그들은 구매부서와 공급망 관리의 일선에, 심지어 인적 자원 부서와 같은 직능이나 CFO의 사무실에도 존재한다. 이러한 특별한 리더들에게 공동 창조는 예외가 아니라 일반적인 것이다.

아스펜 퍼스트무버스 펠로우십을 통해 많은 이야기가 쌓일 수 있었다. 이는 전 산업 및 기업 내의 모든 직능에 걸쳐 수년간 변화 주체들을 지원한 결과물이다. 펠로우들은 개인정보 사용 규약을 개선하고 탄소배출 감축을 위한 새로운 접근법을 구상하는 한편 폐기물을 활용하는 소득 창출 사업을 창안하거나 은행 계좌가 없는 사람들의 금융 서비스 접근성을 지원한다.

20여 년에 걸친 브라이언트 공원의 변신은 지금 우리 앞에 놓인 과제를 어떻게 해결해나가야 할지 압축적으로 보여주는 청사진이다. 작은 성공이 중요하며 민간 기업과 공익의 교차 지점에서 혁신을 이룩할 수 있는 리더들이 더 많이 필요하다.

우리가 현재 경험하는 자본주의의 변화를 가로막는 가장 큰 걸림돌은 어쩌면 다른 무언가를 상상하지 못하는 것이다. 짐 캐넌과 제이슨 클레이, 그리고 이들과 협력하는 기업들의 이야기에서 우리는 다시 한 번 심대한 변화가 가능함을 깨닫는다.

기업 경영자는 아침에 침대에서 일어나 머리를 감싸 쥐며 절망에 빠지지 않는다. 그는 위기 속에서, 심지어 팬데믹의 고난 속에서도 기회를 찾는 데 몰두한다. 다른 분야에 종사하는 예지력 있는 리더들 역시 마찬가지다. 상업과 문화의 복합적인 상호작용이 중요하다. 그리고 공익과 기업의 필요가 일치할 때 놀라운 변화가 이루어진다.

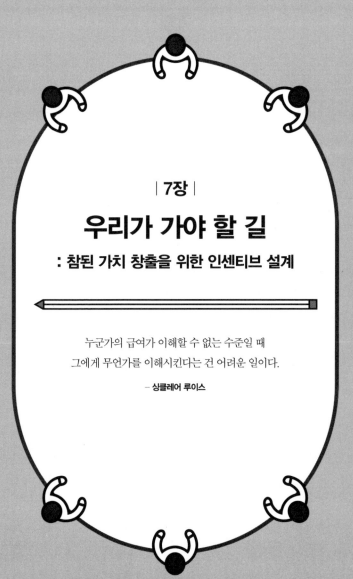

| 7장 |

우리가 가야 할 길

: 참된 가치 창출을 위한 인센티브 설계

누군가의 급여가 이해할 수 없는 수준일 때

그에게 무언가를 이해시킨다는 건 어려운 일이다.

– 싱클레어 루이스

도넬라 메도즈는 시스템적 사고에 관한 책을 저술했다.《시스템 속에서 사고하기: 초급편*In Thinking in Systems: A Primer*》에서 그녀는 시스템이 "사람, 세포, 분자 등과 같이 자체의 장기적 행동양식을 산출하도록 상호결합되어 있는 일련의 실체들"을 일컫는다고 말한다.[1] 그녀는 시스템의 변화를 일으키는 지렛점들을 중요도가 가장 낮은 것에서 높은 순으로 설명한다. 이 저작의 핵심 요지는, 가장 큰 지렛대는 사고방식에 영향을 미치는 시스템의 설계 및 지향의 설정이라는 것이다.*

기업의 경우 교육과 지향, 그리고 경영자에게 보상하는 방식은 무엇이 가장 중요한지를 나타내는 하나의 신호이다. 교육과 대화는 지향과 행동을 이끌어내는 하나의 방법이 될 수 있다. 그리고 지향을 확고히 하기 위해서는, 즉 진정 어린 지향이 영향력을 발휘하고 임계점에 도달할 수 있도록 하기 위해서는

---

* 메도즈는 동료들과 함께 저술한 초기 저작《성장의 한계*The Limits to Growth: A Report for the Club of Rome's Project on the Predicament of Mankind*》(갈라파고스, 2021)로 잘 알려져 있다. 이 책에서 제기된 인구 성장과 경제적 확장을 뒷받침하는 지구의 용량이라는 개념을 중심으로 1972년 논쟁이 촉발되었으며 이 논쟁은 오늘날까지도 계속되고 있다.

무엇을 보수 책정의 기준으로 삼느냐가 중요하다.

미국의 많은 공개 거래 회사와 헤지펀드의 경우 CEO 보수는 그 수준이 상상을 초월한다는 점에서 많은 논의와 분석의 대상이 되고 있다. 하지만 보수에 초점을 맞추는 더 중요한 이유는 그것이 시스템 설계에서 차지하는 역할 때문이다. 경영자는 무엇의 대가로 보수를 받을까? 최고경영자가 '이해관계자'에게 헌신한다고 말할 때 재정적 보상은 기업의 목적에 부합하도록 정해져 있을까?

1980년대에 시작된 주식 기반 보수로의 거대한 전환은 직원과 장기 투자를 희생시켜 CEO에게는 급격한 보수 인상을, 주주들에게는 프리미엄을 안겨주었다. 주가를 보상의 중심에 두는 것은 새로운 규칙을 잠식한다. 뿐만 아니라 CEO가 기업과 사회의 이익에 중요한 사안들을 선도해야 한다는 요구를 무시하는 처사다.

CEO는 중요하다. 그가 생각하는 방식, 가치 있게 여기는 것은 결정적인 변화의 출발점이다. 사회에 기여하려는 경영자의 지향에 발맞추기 위해서는 경영자 보수를 재설계해야 한다.

하지만 경영자 보상이라는 모호하고 복잡한 문제로 나아가기 전에 CEO의 사고방식에 대해 좀 더 자세히 검토해보자. CEO의 사고방식에 영향을 주거나 그가 대담한 행보를 취하도록 하는 것은 논리적인 모델이나 경영 사례가 아니다. 그것은 내면 깊숙한 곳에서 흘러나오는 어떤 것이며 그러한 경험을 외부에서 주입할 수 없다. 사회에 기여하는 일에 매우 능숙한 NGO 활동가의 경우에도 마찬가지다. 하지만 이사회와 장기 투자자들이 보내는 신호를 통해 CEO가 좀 더 우리가 바라는 행동과 결정을 취하도록 할 수 있다.

2019년 늦여름 비즈니스 원탁회의의 CEO 회원들은 회사 경영의 복잡성을 강조하는 한 성명에 서명했다. 성명에서는 다양한 구성 요소들이 필요하다는 점을 주요하게 다루었다. 그들은 공개기업이 주주를 우선시해야 한다는 관념을 기각했다. 다양한 반응들이 쏟아져 나왔다. 많은 이들이 열광했지만 일부는 냉소적이었고 또 다른 일부는 비판적이었다. 기관투자자협의회는 주주 이익의 중심성을 훼손한다며 성명을 두고 성토를 쏟아냈다.

원탁회의의 성명은 무형적 가치의 중요성 증가, 소셜 미디어와 직원들의 목소리가 지닌 투명성과 힘, 금융자본이 지닌 중요성의 상대적 쇠퇴 등이 불러온 필연적 귀결이다. 의사결정에 영향을 미치는 새로운 규칙을 뒷받침하는 이 힘들을 억누를 수는 없다. 기후변화와 생물종 감소에 대한 위기의식, 불평등과 부정의에 대한 끊임없는 우려는 생성적 과정generative process을 공동 창조하고 노동자와 지역사회를 소중하게 여기라는 집단적 외침이다.

이러한 힘들이 우세해져야 한다. 훨씬 더 폭발적인 사회운동이나 투표로 강제되기 전에 기업이 먼저 응답할 수는 없을까?

JP모건 체이스사의 CEO 제이미 다이먼은 비즈니스 원탁회의 의장의 자격으로 성명을 발표하면서 "아메리칸 드림은 살아있지만 퇴색하고 있다."며 이렇게 덧붙였다. "이러한 현대화된 원칙들은 모든 미국인들에게 복무하는 경제를 지속적으로 추진하겠다는 기업 공동체의 흔들림 없는 다짐을 반영한다." 존슨앤존슨사의 CEO 앨릭스 고스키에 따르면 성명은 "기업이 운영될 수 있는 방식과 운영되어야 하는 방식을 잘 반영하고 있다."

자신들이 가진 모든 권한과 영향력, 그리고 자원에 대한 통제권을 통해 이 CEO들이 하고자 하는 바는 무엇일까? 그들은 자신들의 영업면허를 어떻게 활용할까? 그리고 그것이 제대로 사용되고 있는지 어떻게 알 수 있을까? 이들은 행동을 시작하라는 신호를 어디에서 받을까?

사실이 지닌 문제

비즈니스 원탁회의의 행동 촉구에 반응한 이들 가운데 세일즈포스사의 CEO이자 주주 우선주의를 강력히 비판해온 마크 베니오프가 있었다. 〈뉴욕타임스〉에 실린 한 기고문에서 그는 기업 리더들에게 다음과 같은 사실에 주목할 것을 조언했다. "연구에 따르면 더 폭넓은 사명을 포용하는 회사들, 그리고 사명의 추구를 자신들의 기업 문화에 통합하는 회사들은 동료 회사들보다 우수한 성과를 내고 더 빠르게 성장하며 더욱 높은 이윤을 실현한다."[2]

베니오프의 의도는 선하지만 그의 조언에는 한 가지 문제가 있다. 설사 명백한 사실이 존재한다 하더라도 그것은 다른 현실에 몰두하는 리더의 행동이나 우선순위에 거의 영향을 미치지 않는다는 점이다. 사실을 입증하는 자료는 우리의 펠로우 중 한 명이 "중간관리자의 진흙층"이라 부른 것을 돌파하는 데 도움을 주지만 핵심 의사결정권자의 지향을 바꾸는 경우는 거의 없다.

사실 지금까지 수십 년 동안 진행된 실험을 보면서 우리는 곳곳에 만연한 계량지표 기반 기업 등급과 순위가 실질적으로 행동을 변화시키는 데 유용한 역할을 하는지에 대해 질문해보아야 할 것이다.

시스템의 변화는 계량지표가 아니라 직접적이고 의미 있는 경험을 통해 이루어진다. 담배 판매를 중단하겠다는 CVS의 결정을 예로 들어보자. 이러한 결정은 기업의 근본 목적을 새롭게 인식하는 과정에서 나온 것이다. 자신들의 매장이 건강과 안녕에 기여했는가, 아니면 그 반대인가? 델타사의 진보적인 이윤분배제도는 심각한 위기와 완전한 실패가 예견되는 가운데 탄생했다. 파산을 벗어나 더 나은 미래를 건설하기 위해 회사는 관련된 모든 이들을 참여시킬 필요가 있었다. 그래서 조종사를 비롯해 상당한 보수 삭감을 겪어야 했던 모든 이들에게 동기를 부여하는 방안을 찾은 것이다.

우리는 파네라 브레드, 코스트코, 컨테이너 스토어사, 스타벅스, 사우스웨스트사를 비롯해 꽤 많은 수의 고객서비스 기업들에게 기대를 걸어볼 수 있다. 이 기업들은 기존의 관례를 깨고 더 높은 보수와 혜택을 제공하면서 노동자를 사업 계획의 핵심으로 존중한다. 사실을 보여주는 자료와 사례는 사업 모델을 보강하는 데 도움이 되었지만 그것을 추동하는 힘은 아니었다.

칩 히스와 댄 히스는 베스트셀러 《스위치: 변화가 어려울 때 변화하는 법》에서 이러한 현상을 코끼리와 기수 행동의 차이로 묘사한다.* 기수는 근거를 가지고 지휘하며 지식과 계획이 있다.

코끼리는 모든 본능과 감정을 의미한다. 그것은 배고픔과 피로, 공포일 수 있다. 길 중간에 멈춰 서서 갑자기 방향을 바꿀 수도 있고 멈추기를 거부할 수도 있다. 변화의 경로를 따라 움직이기 위해서는 기수의 계획과 코끼리의 추진력이 모두 필요하다. 하지만 길을 나서는 것은 기수 두뇌의 이성보다 코끼리 두뇌의 본능과 관련이 깊다.

---

* 조너선 하이트는 자신의 책 《행복의 가설The Happiness Hypothesis》(2006)(물푸레, 2010)에서 처음 기수와 코끼리의 은유를 사용했다.

CEO에게는 공격적 캠페인으로 엉덩이를 걷어차인 듯한 느낌이나 카페나 주차장에서 이루어지는 직원과의 우연한 만남, 또는 사방팔방에서 쏟아지는, 아니면 부엌의 식탁에서 아이들이 던지는 도발적 질문이 경종을 울린다. 문제의 핵심에 이르기 위해 경영자들에게는 이러한 개인적 경험이 필요하다. 이러한 경험은 가치를 인식하고 평가하는 방식을 바꿀 수 있다. 이러한 경험 속에는 사람들의 믿음을 바꿀 힘이 있다.

리더의 사고방식에 영향을 미치는 것

리 스콧은 2000년대에 월마트사의 CEO를 지냈다. 미국에서 대략 150만 명의 시간제 노동자와 상근 노동자가 일하는 월마트사는 당시에도 그랬고 지금도 여전히 연방정부와 맞먹는 민간 최대 사용자이다. 미국에 5천 개에 가까운 매장을, 전 세계적으로는 11,000여 개의 매장을 보유하고 있다. 공급망은 방대하며 전 세계에 걸친 활동범위는 측정하기도 힘들 정도다.

스콧이 재임할 당시 월마트사는 노동조합과 환경 NGO가 조직한 캠페인의 압력에 시달렸다. 많은 지지를 받은 이 캠페인은 "일 년 내내 최저가"를 고수하는 사업 모델의 사회적·환경적 결과에 대해 대중들의 주의를 환기시키기 위한 것이었다. 지역사회, 공급자, 노동자에게서 받은 것만큼 회사가 내어줄 수 있는지의 여부가 시험대에 올랐다. 캠페인은 몇 년 앞서 시작되었지만 2000년 스콧이 CEO에 취임하고 얼마 지나지 않아 이 현장 캠페인은 북미와 유럽 일부 지역에서 대단한 성공을 거뒀다. 월마트사가 독일의 신규매장과 캐나다·뉴잉글랜드·캘리포니아의 일부 매장에 물건을 공급하기 위해 새 물류센터를 건설하는 것은 거의 가능하지 않게 되었다.

이후 2005년에 허리케인 카트리나가 멕시코만을 강타해 뉴올리언스와 멕시코만 해안 지역에 막대한 피해를 입혔을 때, 리 스콧과 월마트사는 신속히 전국 매장 선반에 물건을 채우는 운영 효율성을 발휘해 긴급 상황에 대응했다.

밤사이 월마트사는 담요, 물, 음식, 기저귀를 실은 20대의 트레일러를 폭풍 피해지역으로 보냈다. 그리고 지역의 매장 관리자들은 도움이 필요한 이웃들을 지원하기 위해 재고 집계 처리에서 제외된 물품들을 내놓았다. 월마트사의 트럭을 찍은 사진 한 장이 전국에서 발행되는 거의 모든 신문의 1면에 실렸다. 사진에는 10번 주간州間고속도로를 따라 길게 늘어선 트레일러들이 주방위군이 뉴올리언스 도심으로 향하는 도로를 열어주기를 기다리는 모습이 담겨 있었다. 이 특별한 사진 한 장으로 회사는 근 10년 사이 최고의 극찬을 받았다.

회사를 비판하는 사람들의 입장을 들어보고 관리자와 직원들의 참여를 유도하기 위한 순회 탐방 중에 스콧이 이런 질문을 던졌다. "월마트가 역대 최고의 회사가 되려면 무엇이 필요할까요?"

수백 번의 만남을 통해 얻게 된 피드백을 모아 하나의 대답이 만들어졌다. 폭풍이 가라앉고 한 달이 조금 지난 2005년 10월 직원들을 대상으로 한 스콧의 주목할 만한 연설에 그 답이 담겼다. "21세기 리더십"이라는 보도자료로 배포된 이 연설을 통해 월마트사가 추구해야 할 광범위하고 공격적인 목표가 설정되었다. 그것은 카트리나 시기에 두드러졌던 자선 행위를 넘어 기업 자체가 변화하도록 실천하기 위한 것이었다.

스콧은 기존의 관행을 "느리게 움직이는 카트리나"라 명명하고, 회사의 거대한 공급망에서 운영상의 변화를 이루고 새로운 조달 기준을 적용하겠다고 약속했다. 회사는 이러한 실천이 회사의 수익에 반영될 것이라 믿고 있다. 이러한 변화는 에너지 효율성 증가와 플라스틱 포장 축소, 지속가능한 방식으로 수확된 제품의 비중 증가, 그리고 월마트사의 온실가스 감축 목표에 부응할 수 있는 공급자 선호에 이르기까지 다양한 범위를 아우른다.

스콧은 또한 회사 운영의 인간적 면에 대해서도 언급했다. 환경부문에 대해 분명한 신호를 전달한 것과 비교하면 매장과 물류센터 내 저임금 노동자들을 위해 투자하겠다는 스콧의 2005년 메시지는 다소 미온적이었다. 연설문 발표 이후 일부 중요한 변화가 일어났으며, 노동자 보수에 대한 대처가 느리다는 비판을 계속해서 받고 있기는 했지만 스콧은 연방 최저임금 인상을 촉구함으로써 새로운 길을 열었다. 현 CEO인 더그 맥밀런은 비즈니스 원탁회의의 신임 의장으로서 이 목표와 관련해 직접적인 영향력을 행사할 수 있는 기회를 갖게 되었다.

리 스콧의 개입은 판도를 바꾸었다. 월마트사는 다른 제품 판매자들에게 아칸소주 벤턴빌에서 구매자들과 만남의 자리를 마련하고 핵심 공급자들과 함께 공통의 실천에 돌입해줄 것을 요청했다. 이들 공급자에는 거대한 회사들이 많았다.

월마트사의 이야기는 동화가 아니다. 일부 변화는 수월했지만 많은 경우 그렇지 않았고 이야기는 지금도 펼쳐지고 있다. 2015년 지속가능 최고책임자인 캐슬린 매클로플린은 10년 전의 열망에 비추어 회사의 진보를 되짚어보며 이렇게 말했다. "우리는 몇 가지 중요한 이정표와 성취를 기념할 수 있었습니다. 하지만 동시에 여러 장애물과 실패로 고전했습니다. 우리는 지속적인 변화와 관련해 무엇이 유효하며 무엇이 그렇지 않은지에 대해 많은 것을 알게 되었습니다."[3]

사업 모델이 낮은 가격 및 편의성 제공을 중심으로 구축될 때 높은 제품 기준과 노동 기준을 선도하는 것은 복잡한 일이 된다. 월마트는 우리가 즐겨 쓰는 많은 제품을 판매하는 최대 규모의 단일 소매업체로서 주요 경쟁업체인 아마존과 마찬가지로 낮은 가격이 어떠한 영향도 미치지 않을 것이라 생각하는 소비자의 주술적 사고를 부추긴다. 하지만 리 스콧의 등장, 그리고 허리케인 카트리나 이후 월마트사의 공급자들과 함께 시작한 여정은 경제계를 향한 경고 사격과도 같았다. 2005년 스콧이 월마트사에서 보여준 리더십은 사고방식에 근본적인 전환이 일어났다는 증거였다. 그것은 우리가 그의 공로로 돌릴 수 있는 정도를 넘어서 매우 많은 이사회실에서 새로운 논의를 촉발시켰다.

측정지표는 대개 우리가 이미 옳다고 믿는 것을 기록한다. 그리고 이미 존재하는 사실은 변화를 촉진할 수 있지만 변화의 원인이 되는 경우는 거의 없다.

아스펜연구소의 헨리 크라운 펠로우Henry Crown Fellow인 아난드 기리다라다스는 도발적인 책《엘리트 독식 사회:세상을 바꾸겠다는 그들의 열망과 위선*Winners Take All: The Elite Charade of Changing the World*》(생각의힘, 2019)를 썼다. 그는 이 책에서 불평등 문제, 그리고 중간계급의 희생을 발판으로 승자들의 지속적인 성공을 보장하는 시스템의 규칙을 다룬다. 그는 자신이 시장 세계라고 부르는 것에 이의를 제기한다. 즉 "현존 상태에서 이익을 얻는 한편으로 반듯하고 선하게 행동하려는, 나아가 세계를 바꾸려는 서로 맞서는 욕구"[4]를 가지고 있다는 것이다.

기리다라다스는 커다란 사회 문제에 대해서는 구체적인 해법을 촉구하는 반면에 노동보다 자본에 치우친 세금우대 정책, 업무의 아웃소싱에 보상하고 저임금을 유지하는 주주 중심적 조치 등 사회 문제를 온존·강화시키는 정책과 행위는 문제 삼지 않는 이들을 비판한다. 또한 자선 활동과 이른바 사회적기업의 진가에 대해 이의를 제기한다. 그는 무언가 선한 일을 하는 것으로는 충분하지 않다고 단언한다. 다시 말해, 이윤의 일부를 관대하게 내어놓는다고 해서 기업의 의사결정에 따른 부정적 결과에 대한 책임을 면할 수는 없다는 것이다.

기리다라다스는 기업을 긍정적 변화 주체로 추켜세우려는 우리 같은 이들에게 예리한 질문을 던진다. 즉, 핵심적으로 기업은 무엇을 위해 설계되느냐는 근원적인 질문을 다시 던지는 것이다.

기업이 결코 완전한 답은 아니지만 그렇다고 무시할 수 있는 것도 아니다. 이 책의 서문에 소개한 니틴 노리아의 말이 다시금 떠오른다. "기업이 의미 있는 역할을 수행하지 않는다면 오늘날 지구가 직면한 지속가능성, 보건의료, 빈곤, 금융제도 개선 등의 중요한 문제들은 해결될 수 없다."[5]

기업은 문제 해결을 주도할 수 있는가?

리 스콧이나 나이키사의 필 나이트가 한 세대 앞서 그랬던 것처럼 모든 경영자가 중요한 변화의 계기를 경험하리라 기대할 수는 없을 것이다. 그렇다면 리더의 사고방식을 실질적으로 바꾸기 위해 지금 필요한 것은 무엇일까? 또 낡은 규칙을 계속 그 자리에 머물게 하는 것은 무엇일까?

비즈니스 원탁회의의 많은 회원들은 '주주 우선주의'를 '이해관계자 관리'로 대체하는 성명에 서명한 것이 옳은, 심지어는 쉬운 일이었다고 판단한다. 요구되는 바를 자신들이 이미 행하고 있다고 생각하기 때문이다.

실로 원탁회의 회원사 규모로 성장한 기업들은 직원들에게 관심을 기울이고 지역사회를 지원하며 유해한 노동과 환경 관행을 공급망에서 벗겨낸다. 하지만 불평등은 커지고 지구는 더워지고 있다. 진짜 쟁점은 지분환매의 증가, 경영자 조세 회피를 극대화하기 위한 자문 서비스 계약, 그리고 무엇보다 경영자에 대한 보상 방식이다.

경영자는 무엇의 대가로 보수를 받는가?

2018년 기업들은 보수에 관한 새로운 데이터를 내놓기 시작했다. 이는 2008년 금융 붕괴 이후 의회가 내린 명령을 이행하는 조치였다. 매년 상장 기업들은 CEO 보수 패키지와 나머지 직원 보수의 중앙값을 비교한 자료를 분석·배포한다.

새로운 데이터는 복잡하지만 궁극적으로 공개기업의 문화와 가치에 대한 실상을 알려주는 정보를 제공한다. CEO 보수와 직원 보수의 중앙값을 비교하는 것은 회사가 주기적으로 최고경영자 보수에 대해 주주 투표를 진행해야 한다고 요구하는 동시에 CEO 보수를 토론 의제로 격상시키기 위해서다.

하지만 이른바 '경영자 보상에 대한 주주권고투표Say on Pay'의 결과는 CEO가 중간 노동자보다 백 배, 심지어 천 배 높은 소득을 올린다 하더라도 주가가 상승하는 한 투자자들은 신경 쓰지 않는다는 것을 보여준다. 노동자들 또한 대체로 경영자 보수에 침묵한다. CEO가 대부분의 미국인들이 받아들일 수 없는 수준의 보상을 받는다 하더라도 노동자들은 파이에서 그들 자신이 차지하는 몫에 더 관심이 크다. 또한 지금의 추세는 다른 CEO들의 행위가 투명하게 외부에 더욱 잘 알려짐으로써 의도치 않은 결과를 불러오고, 심지어는 보수 한도가 더 높게 설정되고 있음을 시사한다.

최근 알게 된 어느 회사의 경우 회사 상장 이후 20년 동안 CEO 보수가 다섯 배 증가한 반면 공장 노동자의 평균 보수는 5분의 1 감소했다. 이 CEO는 과도한 보수를 받고 있는 걸까? 경쟁력을 중시하는 기존의 관점에서라면 그렇지 않다. 심지어 비용편익 분석의 관점을 들이대더라도 편익의 척도가 주가라면 대답은 마찬가지다. 이 경영자의 보수는 결코 최고 보수를 받는 CEO 명단에도 끼지 못할 것이다. 어쨌든 전체 이윤과 관련해 보수는 거의 문제가 되지 않는다. 회사에는 오직 한 명의 CEO만이 있다. 터무니없는 경우를 제외한다면 CEO는 전체적으로 봤을 때 사소한 비용 요인이다.

CEO와 경영진의 보수 수준에 관한 한 미국은 세계에서 예외에 해당한다. 계단의 맨 위에는 매년 당첨되고 거의 매년 상금이 오르는 복권과 같은 CEO 급여가 있다. 반면 노동자들의 평균 보수는 여전히 그대로다. 정치적 불만, 기업에 대한 신뢰 상실, 1920년대 이래 우리가 경험한 어떠한 것보다 더 큰 불평등의 근원이 바로 여기에 있다. 생산성이 증가했을 때조차 지난 수십 년간 제품을 만들고 고객을 응대하며 보이지 않는 곳에서 이러한 노력을 뒷받침하는 사람들의 소득은 오르지 않았다.

CEO 보수의 처리 방안에 관한 논의가 늘어나는 가운데 최근에 많이 회자되는 한 가지 주제가 있다. 바로 CEO를 공격한다고 해서 불평등이 개선되지 않으며 아래로부터 문제를 해결해야 한다는 것이다. 분명 둘 다 필요하다. 하지만 CEO의 소득을 줄이는 것은 더 큰 문제의 한 부분일 뿐이다. 이 문제는 CEO의 보수를 경쟁력의 한 요소로서 옹호하는 이사들에 의해서는 좀처럼 논의되지 않는다.

하지만 관건이 되는 더 큰 쟁점이 있다.

보수의 액수보다 훨씬 더 중요한 것은 보수의 설계이다. 이것은 보상과 인센티브의 바탕에 놓인 지향을 가리킨다. 인센티브는 물론 경영의 목적과 기대에 부합해야 하지만 이사회실과 강의실을 지배하는 성과보수제도는 이해관계자에 대한 모든 논의를 무시하고 여전히 주주들에게, 즉 주가에 높은 비중을 둔다. 경영진이 계속해서 주가에 초점을 맞추도록 경영자에게는 스톡그랜트나 주식 기반 인센티브가 제공된다. 이는 관점에 따라 높은 주식 가치평가에 대해 정당한 보상을 받는 것으로 인식될 수도 있다.

주주 가치가 끈질기게 보수 책정의 기준으로 기능하는 데에는 적어도 두 가지 이유가 있다. 하나는 대리인 이론이다. 이는 그럴듯하지만 결함이 있는 관념으로, 관리자들이 계속해서 주주들을 의식하도록 하기 위해 고안된 것이다. 일단의 투자자들이 철도나 공장 건설에 재정을 조달하면서 동시에 모든 위험을 떠안았을 경우에는 기업의 관리자들을 진정 이 투자자들을 대신해 일하는 '대리인'으로 여기는 것이 납득이 가는 일이었다.

하지만 주식시장은 더 이상 그런 식으로 작동하지 않는다. 세계적 기업의 전문 관리자들은 관리자라는 단어에 담긴 실질적 의미상으로도 주주를 위해 일하는 것이 아니다. 경영자를 고용하는 이사회는 무엇보다 주주가 아니라 기업의 장기적 건강에 대해 신인의무를 갖는다. 주식 기반 인센티브로 경영자를 압박함으로써 기업의 시스템은 계속해서 주주들에게 단단히 얽매이게 된다. 경영자에 대한 주요 보상으로 주식을 제공하는 것은 이 책에서나 경영계 안팎의 비평가들이 입을 모아 언급하는 여러 이유에서 문제가 있다. 게다가 실질적인 문제가 하나 더 있다. 도대체 우리가 말하는 주주란 누구를 가리키는 것인가? 사실 주주라는 대상은 하나의 범주로 묶기에는 공통점이 그리 많지 않다. 그들의 이해관계와 시간 지평은 매우 광범위하다.

주주 가치가 보수 책정의 기준으로 기능하는 두 번째 이유는, 모든 투입 요소들을 장기적 성공에 맞춰야 한다는 논의가 우세한데도, 여전히 공개기업 이사회의 주인은 주가이기 때문이다. 기관주주서비스Institutional Shareholder Services, ISS와 글래스 루이스Glass Lewis 등의 의결권 자문회사는 자산 관리회사와 뮤추얼 펀드를 대상으로 권고안을 발행한다. 그리고 대부분은 지분 가치를 높이는 데 필요한 것이라면 무엇이든 옹호하는 그들의 권고를 따른다. 지분 가치를 높이는 고전적인 방식 중 하나는 주가를 보수 패키지에서 가장 중요한 기준이 되도록 하는 것이다. 그래서 심지어는 보수를 주식으로 지급한다. 이사회 규약 및 다른 공개기업들에 견주어 보수를 비교측정하는 자문회사들 역시 현 상태를 강화한다.

성과보수는 현실에서 어떻게 작용할까?

에퀼라는 CEO 보수를 비교측정하는 비공개 자문회사이다. 2018년의 기업 공시를 통해 우리는 통상적인 대형 공개기업의 CEO가 받는 보상 중 약 10%만이 현금이며 나머지는 주식과 주식 연동 인센티브로 구성된다는 것을 알고 있다. 높은 CEO 보수에 더해 주주 가치에 집중하고 1980년대 중반 주식 기반 보수로 일대 전환을 이루면서 지분 재구매가 늘어나는 현상이 나타났다. 그리고 이는 직원들에게 돌아가던 파이의 몫을 빼앗아 주주에게 프리미엄을 안겨주는 결과를 초래했다.

주요 수혜자에는 경영자 자신도 포함된다.

이러한 인센티브 및 보상 제도는 오늘날 우리가 목도하는 현상, 즉 한편에서는 주주가 고수익을 취하고 다른 한편에서는 혁신과 공공재(노동력 개발, 임금, R&D, 작업현장과 공급망에서의 품질 보증 등)에 대한 투자가 미흡한 현실과 완벽하게 맞아떨어진다. 이러한 보상제도 하에서 이윤은 생산적으로 사용되지 않는다.

역사적으로 관철되어온 임금 증가와 생산성 증가의 연계는 오늘날 깨어졌다. 소매업과 같은 저임금 산업에서 볼 수 있는 지분 재구매 규모와 낮은 임금 사이의 대비는 시스템의 실패를 입증한다.

예컨대, 루스벨트 연구소와 국가 고용법률 프로젝트National Employment Law Project의 연구진은 요식업의 경우 2015년과 2017년 사이 지분 재구매(또는 지분환매)의 규모가 이윤의 136%에 이른다는 사실을 발견했다.[6] 그들의 연구결과는 주식 중심의 경영자 보상, 지분환매의 엄청난 성장과 저조한 경제성장 및 낮은 임금 사이의 연결을 파헤친다. 이는 엄청난 부가 축적되는 시대에 국가적 망신이라고 할 수 있다.

지분환매의 대가

주주에게 분배되는 금액의 가장 큰 비중은 주가를 띄우기 위한 자사 지분 환매가 차지한다. 이러한 관행은 당연히 가장 많은 주식을 보유한 이들에게 더 큰 부를 안겨준다. 차입을 통해 더 많은 지분을 매점하는 회사의 사례는 흔히 볼 수 있으며 이는 주어진 연도에 회사가 어떻게 실제로 번 것보다 더 많은 이윤을 분배할 수 있는지를 보여준다. 경영진이 어떤 이유로 주식이 저평가되었다고 확신해 자사 주식을 환매하는 경우에는 납득이 가지만 실은 자세히 조사해보면 그럴 만한 근거는 발견되지 않는다.

1980년대까지 지분환매 관행은 시장 조작의 하나로 금지되었다. 그런데 오늘날에는 주가를 부양하기 위한 특단의 조치로서 활용한다는 것이 핵심이다.

지분환매라는 전국적 돌림병에 우리의 주의를 환기시키기 위해 누구보다 많은 일을 한 사람은 아마도 윌리엄 라조닉일 것이다. 그는 하버드에서 수학한 경제학자로 1975년 박사학위를 취득했다. 라조닉은 매사추세츠 로웰대학교에서 경제학을 가르친다. 로웰대학교는 1800년대 섬유 공장이 밀집되면서 '미국 산업혁명의 요람'이라는 별칭을 얻은 역사적인 공장 지대에 있다.

라조닉은 연구자로서 처음에 경제개발과 혁신 투자에 관심을 가졌다. 1980년대 중반 주주가치이론이 하버드에서 시작해 빠르게 다른 학자들과 연구소로 확산되면서 경영이론을 장악한 이후 그는 '생산 경제'와 '금융 경제'의 관계에 관심을 갖게 되었다.

결국 라조닉은 산학 연구 네트워크를 설립하고 뜻을 같이 하는 학자와 산업 전문가들을 연결하였다. 네트워크 연구자들은 2008년부터 2017년까지의 데이터를 조사한 결과 환매 및 배당금의 형태로 이윤의 94%가 주주들에게 분배될 정도로 이 10년 동안 지분환매가 증가했다는 사실을 발견했다. 2019년 3월 상원의원 태미 볼드윈은 주식환매를 억제하는 한편 기업 내 의사결정에서 노동자들에게 더 큰 발언권을 주기 위해 근로보상법안Reward Work Act을 재도입하고 라조닉에게 법안에 대한 전문가 증인으로 상원 청문회에 출석해줄 것을 요청했다.

드러커 연구소의 릭 워츠먼과 라조닉은 트럼프의 조세 감면 이후 다시 한 번 수치를 조사했다. 감면된 세금은 미국의 생산성과 노동자에게 재투자될 것이라고 공개적으로 표명된 바 있었지만, 그들은 별다른 변화가 일어나고 있지 않다는 판정을 내렸다.

2017년에 이루어진 법인세 감면으로 법정 세율은 36%에서 24%로 줄어들었다. 세액공제를 적용하고 세금 노출을 줄이기 위한 다양한 시도가 이루어진 결과 그해 회사들이 납부한 실질 세율은 평균 9%에 불과했다. 낮은 세율에 대한 오랜 기다림은 끝났다. 자국의 높은 세율을 회피하기 위해 해외에 현금을 숨기는 것은 더 이상 합리적이지 않았다. 기업들에는 이제 현금이 넘쳐나고 있었다.

2015년부터 미국인들의 기업에 대한 태도와 기대를 조사하고 있는 저스트 캐피털은 기업들이 세금 횡재를 맞았을 때 러셀 1000* 기업들을 대상으로 그들의 사명 선언문을 추적하기 시작했다. 자신들의 지향을 천명한 145개 회사를 조사한 결과 노동자에게 돌아간 혜택은 세금 면제액의 6%에 해당했다. 게다가 그 대부분은 영속적인 보수 인상이 아니라 일회성 상여금의 형태로 지급되었다. 조세 절감이 일자리 창출을 위한 투자에 활용될 것을 기업에 기대했지만 흐름은 이미 분명했다. 부에 보상하는 주식환매가 계속해서 노동에 대한 투자를 희생시킬 것이다.

많은 공개기업의 현행 CEO 보수 수준을 볼 때 이들 회사들은 마치 항공사와도 같다. 항공사의 경우 유일하게 문제가 되는 사람은 조종사이다. 문제가 되는 것은 지상 요원이나 비행 승무원, 예약 직원이나 품질관리자가 아니다. 지상에서 기체와 연료를 관리하는 사람, 부품을 만들고 볼트를 조이며 프레임을 용접하는 사람, 또는 카페에서 음식을 서빙하거나 심야 시간에 휴게실을 청소하는 사람 등 무대 뒤에서 일하는 남성과 여성은 확실히 아니다.

오늘날 기술 회사를 비롯한 여러 산업에서 노동력이 점차 모습을 감추고 계약업체에 의해 고용된다. 경쟁력이란 미명하

* 미국 주식시장에서 시가총액 기준 상위 1,000개의 기업을 포함하는 지수-옮긴이

에 이들 계약업체를 통한 아웃소싱으로 임금과 복지혜택을 줄이는 것이 더욱 수월해진다.

성과보수의 관행은 이해관계자 가치에 대해 비즈니스 원탁회의의 혁명적 성명이 담고 있는 정신을 훼손한다. 회사가 주가를 우선시할 때 기업의 생산 역량은 잠식되며 이러한 일이 애플이나 시티뱅크에서 일어나든, 아니면 제너럴 일렉트릭사나 머크사에서 일어나든 피해를 입는 것은 노동자뿐만이 아니라 우리 모두이다.

이사회는 여기에 공모하는 것처럼 보이며 그게 아니라면 적어도 순응하고 있다. 그들은 투자자들에게 신호를 받고 있으며 어떤 의미에서는 그들이 시키는 것을 행하고 있다. 그리고 그 대가로 점점 더 많은 보수를 지급받는다. CEO와 마찬가지로 이사들에게 스톡그랜트가 제공되거나 주가 연동 인센티브로 보상이 지급되는 경우가 빈번하다.

지난 수십 년간 주주에 초점을 맞춘 결과는 무엇일까?

- 낮은 직원 몰입도, 그리고 생산성 향상에 따른 보상이 생산한 직원들에게 돌아가지 않음
- 노조의 쇠퇴, 노조가 경쟁력과 효율성의 걸림돌이라는 인식
- 기술 및 인공지능 성장으로 직무 내용이 크게 변화했는데도 일자리 유지를 위한 투자는 저조

- 세계의 기업 R&D 부문에서 미국의 비중 감소
- 세계은행 데이터에 따르면 불평등 수준이 아르헨티나 및 코트디부아르와 어깨를 나란히 하며 발트해 국가, 영국, 스칸디나비아를 비롯한 유럽 전역의 일반적 수준보다 월등히 높음
- 경제적 기회의 부족으로 인한 지역사회의 균열

■ ■ ■

이러한 결과들로 인해 경영자 보수 지급 방식에 대한 새로운 논의가 시작되었다. 논의는 회사 직원, 그리고 이들과 유사한 직무를 수행하지만 직업 안정성의 혜택을 받지 못하는 계약노동자 사이의 틈을 좁히는 것과 관련된다. 또 재정적 목표와, 온실가스 감축 목표에서 다양성 증대를 아우르는 비재정적 목표 사이의 균형과 관련된다. 그리고 투명성, 보수와 목적의 일치, 장기적 전망과 관련된다. 또한 공정성과도 관련된다.

창의적 보수 설계

이러한 논의는 주요하게 주식 기반 보상이 건전한 판단을 가로막고 의도하지 않은 결과를 낳는다고 믿는 학자와 경영자,

그리고 전문적 조언자들 사이에서 이루어진다.

행동과학 및 동기 연구를 통해 우리는 목표가 강력한 인센티브 요인이 될 수 있지만 비판적 사고 능력을 요하는 직책에는 의도한 만큼 효과가 있지 않다는 것을 알고 있다. 기업 거버넌스 학자이자 《다른 신화가 필요하다:CEO 보수 실험이 실패한 이유는 무엇이며 어떻게 개선해야 하는가*Indispensable and Other Myths: Why the CEO Pay Experiment Failed and How to Fix It*》의 저자인 마이클 도프는 인센티브가 단순반복 업무와 작업량에 따라 보수를 받는 업무에는 매우 유효할 수 있지만 판단과 정서지능이 필요한 직무에는 적합하지 않다고 설명한다.[7]

우리는 또한 장기 보상은 시간이 경과함에 따라 그 힘을 상실한다는 점을 알고 있다. 주식으로 장기적 행동에 보상한다는 상투적 주문 역시 하나의 신화에 불과하다. 인센티브는 직접적으로 느껴질 때 가장 효과적이다. 따라서 우수한 경영자가 주가에 장기적으로 영향을 미친다 하더라도 이는 그들이 인센티브를 위해 열심히 일하기 때문이 아니다. 이와는 반대로 밸리언트사에서 폭스바겐사, 웰스파고사에서 보잉사에 이르기까지 최근의 사례들은 경영자 보수를 주식으로 지급하는 것이 어떻게 단기적 행동을 부추기는지 보여준다.

끝으로, 계층 사이의 격차가 너무 클 때 '실감되는 공정함felt fairness'이라는 개념은 위험에 빠진다. 격차가 너무 커질 때 팀워크, 참여, 개인의 행동력, 창조성은 갈가리 찢어진다.

경쟁업체에서 CEO와 평균 노동자 보수 비율이 100대 1 또는 심지어 250 대 1에 이를 때에도 피부로 느끼는 공정이 지닌 가치를 믿으며 새로운 규범을 실험해온 회사와 경영자들이 있다.

2009년 인텔사는 CEO 보수를 부사장 보수의 1.5~3배 범위 내로 제한하는 목표를 설정하면서 더 높은 생산성과 직원 행동력, 팀워크를 추구했다. 피터 드러커는 CEO가 평직원들보다 20배 이상의 보수를 받아서는 안 된다고 굳게 믿었다. 지금도 창업자가 이끌고 있는 벤앤제리스사는 CEO 보수와 평직원 보수의 비율을 크게 낮추겠다고 약속했는데 이는 지키기 힘들 정도로 낮다. 유니레버사의 파울 폴만은 '보상총책임자 global head of reward'를 채용해 회사 지도부에서 평직원에 이르기까지 공정성을 조사하라고 지시했다.

2020년 7월 블룸버그 보수지수Bloomberg Pay Index는 2019년도 CEO 보수 금액을 발표했다. 인텔사의 로버트 스완은 99,022,847달러를 받아 7위에 올랐으며 해당 금액의 대부분은 스톡그랜트와 스톡옵션으로 구성되었다.[8] 실감되는 공정함은 더 이상 우선순위가 아닌 것처럼 보인다.

하지만 다른 기업의 경우 코로나19가 초래한 경제적 난맥상은 매우 다른 대화의 여건을 조성하고 있다.

2020년 영국의 로이드 은행은 팬데믹 속에서 변화하는 규범에 따라 그리고 의결권 자문회사 기관주주서비스의 관행을 거부하며 고위 경영자에 대해 인센티브 보수를 장기 제한지분으로 전환하는 새로운 보수 모델을 추진할 것이라고 발표했다. 이러한 조치가 실행된다면 CEO 최대 보수는 실제로 830만 파운드에서 630만 파운드(770만 달러)로 감소하게 된다. 하지만 기관주주서비스는 여전히 이 계획에 대해 반대투표를 하라고 권고했으며 투표를 행사한 3분의 1 이상의 주주들은 기관주주서비스의 권고를 받아들여 불승인 의사를 표했다.

광범위한 기관 투자자들을 대표하는 기관주주서비스가 합리적인 보수에 반대표를 던지라고 권고하는 이유는 무엇일까?

그 대답은 귀가 따갑도록 들어온 성과보수, 즉 주가 상승 정도에 따라 보수를 지급하는 관행과 관련이 있다. 로이드 은행의 새로운 보수 제도는 진정한 인센티브 지급계획이라기보다는 장기 상여금 지급계획처럼 보인다. 그럼에도 기관주주서비스는 매우 제한적인 방식으로 성과를 측정하는 것을 고수하고 있는 것이다. 지점들이 문을 닫고 수많은 직원들이 해고되는 해에도 이사회는 다른 고려사항보다 주가를 우선시하여 경영자에게 보수를 지급할 것인가? 많은 기업들이 영업을 계속하기 위해 긴급 구제가 요구되는 상황에서도 그러할까?

변화는 어떻게 일어날 수 있을까?

■■■

우리에게는 다른 접근법이 필요하다. 그리고 그것은 성과 보수제도를 어설프게 손보는 것 이상을 요구한다. 우리가 최고 경영자보다 기업의 건강과 그것을 구성하는 많은 요소들을 살폈다면 어땠을까?

우리가 CEO에게서 고개를 돌려 회사에 초점을 맞춘다면 새로운 척도와 계량지표가 선명하게 눈에 들어올 것이다. 직원 참여와 유지, 생산성 및 고객 서비스 점수, 공급망 내에 도사리고 있는 주요 위험 요인 등이 그러한 것들이다.

오늘날 기업 내부의 보수 형평성 내지 공정성은 여전히 진부한 생각처럼 보이지만 그것은 튼튼하고 건강하고 탄력적인 문화를 고양하기 위해 고안된 것이다. CEO 보수를 동료 그룹으로 불리는 다른 CEO들에 견주어 측정하는 것은 비대해진 보수 패키지를 정당화하는 데에는 도움이 되겠지만 이는 가장 중요한 사람들, 즉 CEO 직접 보고자 및 관리자 그리고 재화와 서비스를 창출하고 고객을 응대하는 노동자와 직원을 무시하는 처사다. 시스템을 바로잡기 위해서는 상향식 조정 역시 필요하다.

기업을 구성하는 직원들에게 초점을 맞춘다고 해서 우리가 CEO 보수에 대해 제기한 모든 문제가 해소되지는 않을 것이다. 하지만 그것이 의미 있는 출발점이자 정형화되고 진부해진 시스템에 모종의 상식과 창조성을 불어넣는 사고실험이 될 수는 있다.

성과보수를 다시 생각한다
: 이사들에게 던지는 다섯 가지 질문

• 우리는 무엇의 대가로 경영자에게 보수를 지급하는가?

주가 또는 '총주주수익'이 보수 패키지의 가장 중요한 기준이 될 때 어떤 목표와 가치, 그리고 핵심 구성요소가 배제되는가?

• 회사가 번창하기 위해 진정한 유능함을 발휘해야 하는 곳은 어디인가?

재정적 조치와 더불어 기업 목적 및 장기적 가치의 비재정적 동인이 인센티브 지급계획에 분명하게 명시되고 충분한 비중을 차지해야 한다. 훌륭한 채용은 어떤 것인지, 또 상여금이나 인센티브를 받을 진정한 가치가 있는 것은 무엇인지 분명히 해야 한다.

• 인센티브 보수를 제공하는 근거는 무엇인가?

행동과학은 이에 대한 분명한 입장을 갖는다. 인센티브는 작업량에 따라 보수를 받는 업무에는 유효할 수 있지만 판단과 높은 정서지능을 요하는 업무에서는 의도하는 결과를 낳지 못한다. (또한 인센티브는 실로 단기적으로만 기능한다.) 고도의 업무를 수행하는 경영자에게는 건강한 문화 육성이나 혁신 및 장기적 사고를 활발히 하도록 하기 위한 추가 장려책이 필요하지 않다. 좋은 조건의 급여를 지급하되 복잡한 인센티브와 조건을 줄여야 한다.

• 보수 패키지는 명료하게 이해되는 방식으로 설계되는가?

경영진이 관리 가능한 최우선 목표에 초점을 맞춘다면, 보수 목적은 한두 쪽 정도로 요약될 수 있고 투자자, 직원, 그리고 CEO와 그의 직접 보고자들이 쉽게 이해할 수 있다.

• **무엇이 공정한가?**

외부의 CEO 간 비교측정 대신 내부의 형평성에 초점을 맞추어야 한다. 경영자의 보수는 직접 보고자의 보수와 비교해 공정한가? 상위 책임자와 평직원 사이의 보수 비율은 어떠한가? 또한 노동자와 주주 사이의 올바른 보상 분배 방식은 무엇인가?

합리적이고 효과적인 보수를 위한 현대적 원칙

경영자의 보수는 다시 한 번 비판의 대상이자 기업 및 사회 계약을 들여다보는 렌즈가 되었다.

코로나19로 인한 변화의 쓰나미와 경영자의 자발적 보수 삭감 바람이 우리가 기다려온 순간으로 이어질 수 있을까?

우리가 경영자에게 보상하는 방식, 즉 성과보수를 근본적으로 다시 생각하는 문이 열리게 될까? 경영자 보상이 경영자들의 보수를 비교측정하는 방식 대신 내일의 기업을 위해 내부 조직의 건강을 육성하는 방향으로 설계된다면 어떤 모습일까?*

* 2020년 아스펜연구소 기업과 사회 프로그램은 콘페리사와 공동으로 "합리적이고 효과적인 보수를 위한 현대적 원칙"을 배포했다. 이것은 일단의 질문과 원칙을 담은 것으로 이사회와 경영자가 보상 및 인센티브 설계에 대한 새로운 접근법을 고찰할 수 있도록 지원하기 위해 작성되었다.

내부의 지원과 변화에 대한 열망을 공유하고 협력하는 핵심 리더들 없이는 현행 시스템의 규범을 깨기 어렵다. 우리는 폭넓은 시스템 속에서 기본원칙들을 논의하고 규범을 재설정하기 위해 이사와 경영자의 작은 모임 또는 처음에는 만찬 정도의 모임에도 참여하면서 이러한 모임들을 더 많이 꾸릴 필요가 있다. 우리에게는 우리가 옳다고 생각하는 것에 뿌리내린 모범 사례가 필요하다. 경영자들을 야구 선수처럼 트레이드할 수는 없다. 하지만 그들과 게임에 대한 애정을 공유할 수는 있다. 모범 사례는 견고하고 장기적인 팀워크의 토대를 다지는 것에 초점을 두어야 한다.

이사회실의 관행을 거스를 용기와 확신이 있는 이사들을 파악하는 일이 쉽지는 않을 것이다. 하지만 그러한 일이 필요하다는 것은 분명하다. 〈하버드 비즈니스 리뷰〉에 수록된 논문 "기업 리더십의 핵심에 놓여 있는 오류"에서 조 바우어와 린 페인은 주주가치이론이 어떻게 "경영진의 시야를 좁히는지", 또한 인센티브와 주가의 연동이 어떤 점에서 사실상 도덕적 해이인지에 대해 이야기한다.

> 겹겹이 쌓인 경영진들의 이해관계가 이런 식으로 '정렬'될 때 기업은 현행 주주의 좁은 이해관계에 너무나 치우침으로써 고객 또는 다른 구성원들의 요구를 충족하지 못한다. 극단적인 경우 기업은 중심에서 너무 멀리 벗어나 더 이상 효과적으로 기능할 수 없게 된다.[9]

효과적으로 기능한다는 것은 어떤 목적에 그렇다는 것인가?

애플사의 팀 쿡은 지구상에서 가장 영향력 있는 회사 중 하나를 이끌고 있다. 그는 또한 가장 높은 보수를 받는 사람 중 하나다. 2019년 그에게 지급된 보수 패키지는 1억 3,300만 달러에 상당한다. 이 금액은 대형 스톡그랜트(1억 2,200만 달러), 770만 달러의 상여금, 3백만 달러의 급여, 그리고 88만 4천 달러의 임직원 특전으로 구성되어 있다. 쿡은 또한 직전 3년 중 두 해에 걸쳐 가장 많은 수입을 올린 상위 10명에 이름을 올렸다.

2018년 법인세 감면이 단행된 이후 당시 뉴욕 증권거래소의 최대 회사였던 애플은 천억 달러의 주식환매 계획을 발표함으로써 회사와 회사의 실적을 믿은 투자자들에게 보상하고 주가를 부양했다. 애플은 이런 식으로 가장 많은 주식을 보유한 이들의 수중에 더 많은 부를 집중시켰던 것이다. 애플사의 주가는 2020년까지 5년 동안 네 배로 뛰었다. 같은 기간 주식 재구매는 4천억 달러를 상회했다.

쿡은 자신에게 돈이 필요하지 않음을 기꺼이 인정하고 막대한 수입을 자선단체에 기부할 것이라고 말했다. 천만 달러를 받든 1억 달러를 받든 아마도 그는 같은 방식으로 회사를 운영할 것이다. 우리는 가장 존경받는 실리콘 밸리의 리더들을 위한 다른 시나리오를 상상할 수 있을까?

애플사와 같은 민간 기업들은 자신들이 선발한 기술 인재와 지식 노동자들을 보유한다. 더워지는 지구, 권리를 박탈당한 노동자, 커져가는 자국민 중심주의, 붕괴하는 기반시설 등 상처만이 가득한 세상에서 우리가 회사의 영업면허에 기대할 게 더 남아 있을까?

앞 장에서 논의한 공동 창조의 사례는 깨어진 시스템의 다양한 부분을 대변하는 제각각의 목소리들이 공동의 목적을 중심으로 모일 때 무엇이 가능한지를 보여주는 강력한 사례이다. 전자제품 폐기물을 줄이는 것부터 향후 수십 년을 위해 노동자들을 재조직하는 것에 이르기까지 기업과 기업이 의존하는 생태계의 장기적 건강을 보장하기 위해 특별히 애플사만이 할 수 있는 일에는 어떤 것이 있을까?

주가 중심의 시스템을 뒷받침하는 보수 및 인센티브 제도의 개선은 참된 가치 창출의 길로 나아가기 위해 결정적으로 중요하다. 하지만 두 번째로 중요한 단계이다. 최고의 회사와 경영자는 낡은 시스템을 해체하는 데 머물지 않을 것이다. 그들은 무언가 새로운 것을 건설할 것이다.

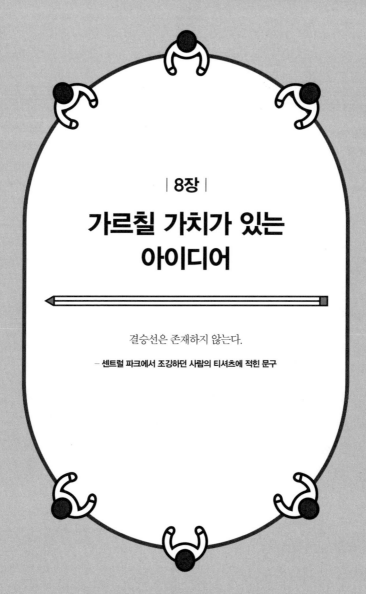

| 8장 |

가르칠 가치가 있는 아이디어

결승선은 존재하지 않는다.

– 센트럴 파크에서 조깅하던 사람의 티셔츠에 적힌 문구

1998년에 나는 아스펜연구소에서 신규 프로그램을 시작하기 위해 3년간 보조금을 지원받기로 하고 포드재단을 떠났다. 이때 내 관심의 초점은 경영대학원에서 무엇을 가르쳐야 하는가 하는 문제에 맞춰져 있었다. 나는 강의실에서 규정되는 기업의 목적과 관련하여 학계에서 대화가 일어나기를 희망했다. 그리고 기업의 성공을 측정하는 계량지표의 폭을 넓히고자 했다.

우리는 많은 발전을 했지만 여전히 해야 할 일이 많다. 경영대학원은 많은 비판을 받는 독특한 시스템의 일부이지만 이중 상당수는 변화의 지렛대이기도 하다. 경영 교육의 가치를 측정하려 애쓰는 것은 많은 부분에서 양질의 예술 또는 '좋은 예술'을 정의하려 애쓰는 것과 같다. 필요하거나 바람직하다고 여겨지는 것은 시간과 상황에 따라 진화한다. 최종 상태는 존재하지 않는다. 지금 이 순간 바람의 방향은 또다시 바뀌고 있다.

지난 수십 년간 경영학은 석사학위를 소지한 대부분의 수석 경영자들이 선택한 학위였다. 그리고 이 학위가 공학 및 법학 학위를 대체했다. 불확실한 시장에서 고등교육에 소요되는 비용으로 인해 2년제 MBA가 주는 매력이 변할 수도 있지만 질문은 여전히 남아 있다. 경영대학원이 졸업생의 사고방식과 지향에 미치는 영향은 무엇일까? 그리고 우리는 차세대 경영학도들이 무엇을 배우길 원하는가?

20여 년에 걸쳐 나와 동료들은 위대한 교육자들을 많이 지켜봐 왔다. 최고의 교육자 중 한 명은 샐리 블런트이다. 샐리는 2019년 켈로그 경영대학원 학장으로 재직한 10년을 마무리하고 자신의 마음을 좇아 시카고 카톨릭 자선재단의 CEO가 되었다. 그녀는 전략과 인간 행동에 관한 지식과 경험을 이 일에 모두 쏟아 부을 것이다. 내가 처음 샐리를 만났을 때 그녀는 뉴욕대학교 스턴 경영대학 학부과정의 학장을 맡고 있었다. 그녀에게 영감을 받아 우리는 아스펜 학부 네트워크를 설립하고 교양 및 인문학 강의를 대학 경영학 수업에 포함시키려는 교육자들에게 동료학습의 기회를 제공하였다.

아직 켈로그 경영대학원을 이끌고 있던 시절 아스펜연구소 이사들을 대상으로 한 발표에서 샐리는 경영학이 대학 캠퍼스에서 가장 인기 있는 전공이며 데이터가 집계된 이후로 계속 그래왔다고 말했다. 미국 학부생 중 약 2%(연간 35만 명)가 경영학과에 등록한다. 이 수치에 경영학 부전공 및 경영학 전공을 제공하지 않는 대학 내 기타 인증 프로그램은 포함되지 않았다. 학부 졸업자의 4분의 1은 MBA 과정에 진학한다.

따라서 샐리는 우리가 경영 교육을 "가능한 한 활기 있으면서 폭넓은" 것으로 만들어야 한다고 단언했다.

경영대학원이 지닌 무게감과 영향력은 엄청나다. 미국과 전 세계에 걸쳐 그토록 많은 사람들이 경영학 학위를 얻기 위해 노력하는 탓에 대학 순위를 매기고 비평하는 하나의 온전한 산업이 형성되기도 했다. 일부 비평은 매우 신랄하다. 제임스 스튜어트는 〈뉴욕타임스 북리뷰〉를 통해 대학원 경영학 교육의 표준이라고 할 수 있는 하버드 경영대학원을 다룬 한 신간을 소개했다. 스튜어트가 저자인 더프 맥도널드의 관점을 요약한 바에 따르면, 하버드 경영대학원의 성공과 남다른 권위가 스스로를 명백한 "위험"으로 몰아넣었다.[1]

다른 경영대학원들과 마찬가지로 하버드 역시 주주 중심적 기업 모델을 가르친다. 하지만 하버드는 하나의 빅텐트로서 회사와 그 관리자를 지구의 건강과 일치시키는 기업 모델과 계량지표를 열정적으로 탐색하는 학자와 교수들에게 결정적으로 중요한 플랫폼이기도 하다.

하버드 경영대학원은 통상적으로 한 해에 만 건의 입학지원서를 접수해 이중 아주 적은 비율만 입학을 허용한다. 이 점은 비판과 칭찬을 모두 받을 만하다. 또 하버드는 엄청난 규모의 기금을 보유하고 있으며, 일찍부터 온라인 학습에 투자했다. 당분간 하버드가 쇠퇴할 일은 없어 보인다.

엘리트 경영대학원들이 월스트리트 및 전문 서비스 기업에서 일할 수 있도록 학생들을 준비시키는 동시에 기업 성공에 대한 단순하고 협소한 척도를 조장한다는 비난을 받고 있지만 그저 비판만 하는 것은 학자들이 새로운 움직임을 모색하는 데 도움이 되지 않는다. 그리고 우리에게는 낭비할 시간이 없다.

경영학 교육에 부는 변화의 바람

선구적인 교수들은 '대리인 이론', 그리고 주주 중심적 규범과 관행에 의해 발생하는 문제들을 그저 넋 놓고 바라보는 대신 단일목적함수를 가르치는 것이 어떤 결과를 낳는지 탐구하고 있다. 그들은 직원과 차세대 관리자, 그리고 일반대중이 기업에 더 많은 것을 기대하고 있음을 알고 있다. 하지만 경영학자로서 그들에게 동기가 부여되는 것은 훌륭한 기업 운영 요인을 더 잘 이해할 수 있게 될 때이다.

이러한 점에서 조 바우어와 린 페인의 논문 "기업 리더십의 핵심에 놓여 있는 오류"는 매우 중요하다. 현존 상태를 받아들이는 대신 공공과 민간의 담론을 움직이기 위해 저자들이 기업 의사결정에 대한 자신들의 지식과 연구 기술을 활용하기 때문이다. 그들이 제공하는 창을 통해 우리는 기업 의사결정에 관한 더 나은 지침을 제공하기 위해 노력하는 학자들의 네트워크가 점점 성장하는 모습을 확인할 수 있다. 그들은 기업 거버넌스, 기업법, 기업 성과를 전문적으로 연구하며 유용한 질문을 던진다. 이때 이사회실과 경영진의 사고방식에 영향을 미치는 많은 학자들의 연구를 인용하고 이를 바탕으로 논의를 전개한다.

그들은 또한 학계가 어떻게 움직이는지, 영향력 있는 아이디어들이 어떻게 뿌리를 내리고 미래 세대의 학문을 형성하는지 보여준다. 그들은 윤리학 강의실, 또는 사회적 영향이나 지속가능성을 다루는 선택 강좌에서나 지적 호기심이 강한 학생들을 찾아볼 수 있던 시절에도 학생들에게 이해관계자 이론을 가르치기 위해 여러 세대의 교수들이 노력했음을 인정한다.

오늘날 일부 학문 분야의 학자들이 발전적 경영 사고를 갖추려는 기업 관리자에게 유용한 의사결정 모델과 구조를 가르치고 있다. 이를 통해 주주 가치로 이루어진 단순한 단일목적 함수를 효과적으로 비판할 수 있을 것이다.

미시간대학교 로스 경영대학원의 제리 데이비스와 노트르담대학교의 앤 추이는 책임 있는 기업경영 연구Responsible Research for Business and Management라는 단체를 통해 학자들을 연결한다. 제리와 앤, 그리고 마찬가지로 미시간대학교에 재직하고 있는 앤디 호프먼 같은 여러 학자들은 학술 저널 연구의 타당성에 의문을 제기한다. 그러면서 공익을 지향하며 사회적으로 중요한 사안들에 대해 연구하는 학자들의 역할을 다시 한 번 강조한다. 그들의 이러한 노력은 매우 시의적절하다. 우리에게는 보다 건강한 사회로 나아가는 결정적인 진로에 놓여 있는 사안들에 집중하는 최고의 지성들이 필요하다. 그들의 에너지와 연구 통찰력은 강의실에 영향을 미친다. 바로 우리에게 필요한 참신한 사고란 이런 것이다. 그것은 샐리 블런트가 촉구한 "활기 있으면서 폭넓은" 교육을 위한 새로운 토대를 세우는 데 도움을 준다.

나의 모교인 예일대 및 유수한 대학교의 영향력과 역량에 의해 뒷받침되는 많은 경영대학원에서 이러한 대화는 완전히 보편적이며 21세기다운 것이 되었다. 예일대학교는 국제 선진 경영 네트워크Global Network for Advanced Management, GNAM의 창립을 통해 경쟁우위가 있는 온라인 '네트워크 학습'을 수용했다. 이것은 마닐라, 옥스퍼드, 싱가포르, 멕시코, 남아공, 일본, 코스타리카, 인도, 이스라엘, 나이지리아 등의 지역에서 29개 회원 학교의 교수진과 학생들을 실시간으로 연결한다.

교육과정은 주로 네트워크 소속 MBA 팀이 제공하는 실시간 디지털 강의로 이루어진다. "세계화의 종언"이라는 제목의 강좌에서는 학생들에게 부상하는 경제적 민족주의, 반세계화주의, 포퓰리즘이 자신이 살아가는 지역과 세계에 어떤 결과를 불러올지 생각해보는 과제가 주어진다.

캘리포니아대학교 버클리의 하스 경영대학원은 국제 선진 경영 네트워크의 회원 학교이다. 전직 대학원 학장이었던 리처드 라이언스는 학생들을 변화시키고 지식과 더불어 태도와 성격에 영향을 미칠 수 있는 경영학 교육의 힘에 대해 이야기한다. 그는 2018년 국제 선진경영 네트워크 학장 회의에서 네트워크에 소속된 다른 학장들에게 이런 질문을 던졌다. 학생들이 A 상태에서 들어가 B 상태로 나온다고 할 때 "학장과 책임자로서 우리가 가장 자부심을 가질 수 있는 것은 무엇입니까?"

현재 경영대학원 및 고등교육은 큰 역할을 떠맡을 수 있는 가능성을 지니고 있다. 이것은 우리가 추구해온 변화를 위한 기회인가?

가르칠 가치가 있는 아이디어

나이키사의 공동 창업자이자 회장인 필 나이트는 2016년 2월 글로벌 리더십 사업을 위해 스탠퍼드대학교에 4조 달러의 기금을 제공했다. 이 주목할 만한 기부금으로 기후변화와 빈곤 등의 세계적 문제를 해결하기 위해 연구하고 활동할 계획을 가진 대학원생들에게 장학금을 지원한다. 나이트는 이 기증이 "변화의 계기"가 되기를 기대한다. 스탠퍼드는 나이트의 투자에 대해 어떻게 좋은 수익을 보장할 것인가?

나는 많은 나이트 장학생들이 스탠퍼드 경영대학원에 지원하기를 희망한다. MBA는 자기 잇속만 챙긴다는 고정관념이 있지만 스탠퍼드 경영대학원 진학을 선택하는 학생 세대는 실제 세계가 어떻게 돌아가는지, 어떻게 문제를 진단하고 해법을 설계하는지, 어떻게 직원과 팀에 동기를 부여하고 공급망을 활성화하는지, 그리고 어떻게 혁신하며 그 결과는 어떻게 측정하는지 배우기를 원한다. 또한 그들은 정상 궤도에 올랐을 때는 언제이고 따라서 새로운 무언가는 언제 시도해야 하는지를 알고 싶어 한다. 스탠퍼드 경영대학원은 실질적으로 어떠한 문제든지 다룰 수 있는 적절한 교과과정을 갖추고 있다.

그렇지만 여기에도 간극은 있다. 경영학도들이 대학원에 들어올 때 그들은 소비자와 시민처럼 사고하며 시장, 직원, 지역사회, 정부의 역할 및 이들 사이의 관계에 대해 자연스런 궁금증을 안고 있다. 하지만 아스펜연구소의 자료를 보면, 학생들이 MBA를 취득하고 학교를 나갈 때 그들의 사고는 폭 좁게도 기업의 이윤 극대화에 치우쳐 있음을 보여준다. 세계관이 넓어지는 대신 시야는 어쩔 수 없이 좁아져 가장 유용한 성공의 척도로서 이윤과 주가에 초점을 맞춘다. 이렇게 되면 기업과 기업 리더의 분명한 역할을 비롯해 대규모 시스템 변화를 위해 필요한 최선의 지점과 문제를 진단하고 해결하는 도구를 연결시키는 데 실패할 것이다.

필 나이트의 장학생들이 연구하고 개선할 것으로 기대되는 커다란 도전에는 기후변화와 생물종 멸종부터 가뭄으로 인한 대량 이주에 이르기까지 복잡한 시스템이 포함된다. 또한 여기에는 나이트가 나이키사 재직 시절의 경험으로 잘 알고 있는 한 가지 문제, 즉 세계적 이슈인 인권 및 노동 기준이 포함된다. 이러한 이슈들은 각각 민간 기업의 규칙에 영향을 받는다. 또한 기업 활동으로 자극되는 시장에서의 소비자 요구에 의해서도 영향을 받는다.

경영대학원에서 이러한 문제들을 연구해야 한다. 하지만 방대하고 규모가 큰 세계적 기업에게 장기적으로 영향을 미치기 위해서는 강의실에서 가르치는 기업 전략과 의사결정 규칙의 시야가 지금과 같은 기업의 건강에서 기업이 의존하는 더 폭넓은 생태계로 확장되어야 한다. 기업의 중간 관리자들은 이사회실과 최고경영진이 설정한 과업이 어떤 함의를 갖는지 이해하기 위해 기업 외부에 있는 변화의 조건과 계기, 그리고 파트너들을 분석하고 이해해야 한다.

경영학 교육자들은 렌즈의 초점을 다시 맞추는 데 도움이 될 참신한 질문들을 던질 수 있고 또 그래야 한다. 영국 옥스퍼드대학교의 사이드 경영대학원은 매년 학생들을 "세계적 기회와 위협global opportunities and threats" 연구에 참여시킨다. 문제를 규정하고 이해하기 위해 학생들은 동창들, 그리고 대학 내 다른 분과와 상호작용한다. 이것이 훌륭한 출발점이 될 수도 있을 것이다.

또한 명문대학교의 경영대학원이 계속해서 투자 기금, 전략 자문회사, 소비자 마케팅 프로그램, 산업 이사회실에서 일하는 인재들을 배출한다면 동시에 금융학 강의의 발전을 도모할 필요가 있다. 기업 목적에 대한 태도가 형성되는 것과 함께 투자를 관할하고 전략을 수립하는 의사결정 규칙을 가르치는 곳이 바로 이 대학원이기 때문이다. 차세대 리더들에게 다가가기 위해 가장 전향적인 사고를 하는 학자들은 지속가능성과 사회적기업에 관한 교과과정을 확대하고 핵심 교수내용에 영향을 미쳐야 한다.

여기서 나는 금융학자들을 비롯해 선택에 의해서든 아니면 필연에 의해서든 커다란 도전에 직면할 학생들을 가르칠 경영학 교육자들에게 세 가지 질문을 던지고자 한다.

첫째, 기업 목적과 관련해 학생들에게 전달되는 지배적인 메시지는 무엇인가? 학생들은 무엇을 배우는가?

이사회실을 지배하는 투자자와 기업 사냥꾼들은 기업이 현재의 주가에 주목하기를, 따라서 일자리를 줄이고 비용을 외부화 함으로써 주주들에게 적정한 몫을 보장해주기를 기대한다. 필 나이트가 맞이한 전면적 도전은 통상적인 의사결정 규칙의 설계보다 훨씬 더 광범위한 시야와 장기적인 시간 지평을 요구한다.

의사결정, 목적, 가치, 기업 문화가 사람들에게 미치는 결과를 훌륭하게 고려할 수 있는 여러 학문 분과들이 있다. 금융학 강의가 이들 분과에서 일어나는 변화를 따라잡는 것이 매우 중요하다. 경영대학원이 표방하는 것과 학생들이 실제로 배우는 것에 간극이 있으면 갈등이 생길 수 있다. 그것은 나이트 장학생들에게 정책대학원이 더 나을 수도 있다는 메시지가 될 수 있다.

둘째, '성장의 극대화'가 더 이상 경제적 패러다임으로 기능하지 않을 때 우리의 목적은 무엇이 되어야 하는가?

자체의 학술 저널과 학술 대회를 통해 탈성장 운동이 학계에 강한 입지를 다지고 있는 데에는 많은 이유가 있다. 스웨덴 출신의 젊은 기후 활동가 그레타 툰베리는 환경 운동 진영을 대표하는 가장 눈에 띄는 인물일 수 있다. 하지만 그녀는 단지 기존 질서를 뒤흔드는 중요한 목소리 중 하나일 뿐이다. 세계적으로 유명한 경제학자들이 이 합창에 동참하고 있다.

2019년 가을 유엔 기후변화 정상회의 참석을 위해 뉴욕으로 간 그레타는 각국 대표들을 향해 강한 어조로 오늘날의 지배적인 경제정책에 대해 발언했다. "우리는 대량 멸종의 초입에 들어서 있습니다. 여러분이 이야기할 수 있는 것이라곤 돈과 영원한 경제성장이라는 동화뿐입니다. 참 용감들 하십니다!" 성장 친화적 정책은 생물다양성 및 기후변화 대응과 충돌하는 길 위에 있다. 경영학 강의가 얼마나 빨리 쫓아갈 수 있을까?

새로운 목소리와 새로운 학자 집단은 GDP 성장에 대해 의문을 제기하고 있으며 이는 단지 지구의 한계, 기후변화, 생물종 감소 때문만은 아니다. 노벨상을 수상한 경제학자들, 그리고 많은 대중적 저자들과 전문가들은 완전히 발전한 경제에서 성장이 타당성을 갖는지 묻고 있다. 그들은 GDP와 생산성 증대가 유용한 척도라는 가정을 재검토하고 있다.

소비자 구매 습관의 커다란 변화와 경제적 불평등에 대한 우려는 강의실과 광장에서 의식적인 대화를 할 수 있는 기회를 이전보다 훨씬 더 많이 제공하고 있다.

셋째, 경영자의 역할은 무엇인가, 그리고 가장 중요한 사업 수단은 무엇인가?

2016년 슈퍼 화요일*의 여파가 계속되는 가운데 〈포춘〉지의 편집자 앨런 머레이는 선거의 반기업적 흐름에 대해 논평하면서 금융학자이자 예일대 경영대학원의 전 학장이었던 제프리 가르텐의 다음과 같은 성찰을 공유했다.

> 신임 대통령이 누가 되든 그가 중심을 잡아줄 거라고 생각한다면 그것은 대기업의 역대급 오판이 될 것이다. 그런 식으로 생각하는 것은 오늘날 미국이 느끼는 분노와 좌절의 정도를 완전히 평가절하하는 것이다. 많은 근본적 가정들의 재검토에 기반한 새로운 거대 전략이 없다면 미국의 선도적 세계 기업들은 기업이 성공적으로 운영되었던 세계와는 180도 다른 세계에 자신들이 직면하고 있음을 알게 될 것이다.[2]

시장 기반 해법에 대한 우리의 믿음이 유지되기 위해서는

---

*미국 대통령 선거에서 후보를 정하는 가장 큰 규모의 예비선거가 한꺼번에 열리는 날. 2016년에는 민주당 힐러리 클린턴, 공화당 도널드 트럼프가 승리했다. - 옮긴이

어떤 진실이 필요할까? CEO는 어디에 자신의 판돈을 걸어야 할까? 그리고 회사의 뛰어난 인재와 문제해결 역량을 어떻게 배치해야 할까?

가르텐은 경영학이 기조를 바꾸기를 촉구한다. 이는 기업에 대한 세금 감면, 무역 지원, 규제 완화에 초점을 맞추는 대신 현 시기 중대한 과제와 전체 사회의 건강에 대한 깊은 공적 관심으로 이동하는 것을 의미한다. 우리가 정책 영역에서 변화를 이루기 위해서는 기업들이 목소리를 내고 행동해야 한다. 배의 진로를 바로잡는 데 도움을 주기 위해 최고경영진과 이사회실에 놓여 있는 선택지들을 다시 검토할 필요가 있다. 거대한 도전을 극복하고 앞으로 나아가기 위해 기업 리더들은 최선의 것을 제공해야 한다.

오늘날 경영대학원에서 벌어지고 있는 대화는 주류 이론이 실망스러울 때, 교수가 기존 사업 방식이 불러일으킨 파괴적 결과들을 더 이상 외부효과나 시장 실패로 회피하는 식으로 빠져나갈 수 없을 때 경영학 강의에서 어떤 더 나은 답이 제시될 수 있는지를 시험대에 올려놓고 있다.

밀물이 들어온다고 모든 배가 떠오르는 건 아니다. 그렇다. 성장에는 한계가 있다. 또한 기업의 성공은 사회의 건강과 분리될 수 없다. 기업이 자신의 힘과 고객을 사회에서 얻기 때문이다.

이러한 것들이 가르칠 가치가 있는 아이디어들이다.

■ ■ ■

아스펜연구소에서 MBA 프로그램에 집중하기 위해 포드재단을 떠났을 때 나에게는 한 가지 계획이 있었다. 그것은 미국 내 선도적인 6개 MBA 프로그램과의 협업을 통해 경영학 교육이 기업 역할의 확장과 관련해 미래의 경영자들을 좀 더 잘 준비시킬 수 있는 방법을 재고해보자는 것이었다.

1998년, 앞으로 해야 할 일과 관련해 내가 마음속으로 외운 주문은 이런 것이었다. 기업이 사회에 미치는 영향에 관한 대화를 윤리학 강의실에서 끄집어내어, 일자리를 구하는 MBA와 직원 채용자에게 가장 중요한 교과목인 경영, 운영, 마케팅, 조직 행동, 그리고 금융학 안으로 옮겨놓을 때가 되었다.

나는 변화를 위한 행동 지향적 접근법, 체험을 통한 학습에 믿음을 가지고 있었다. 또 교육을 새롭게 정립함으로써 최고의 아이디어와 내용이 확산될 수 있다고 생각했다. 여전히 학생들에게 비용을 외부화하고 미래 가치를 할인하라고 가르치는 강의실을 바꾸기 위해 우리는 유동적 중간집단에 중점을 두어야 한다고 생각했다. 우리는 책임성에 대한 교수 방안을 모색하는 한편 맥킨지형 준거모형과 2x2 행렬 속에서 기업 의사결정의 장기적 결과를 고려하도록 지원하려고 했다.

포드재단이 3년간 지원하기로 한 보조금이 아스펜연구소에 예치되었을 때 나는 이미 그 계획에 심각한 결함이 있음을 알고 있었다. 그것은 엄청난 순진함의 발로였다.

포드재단에서 근무하던 마지막 몇 달간 나는 여전히 포드재단의 명함이 주는 혜택을 누리며 의견을 청취하기 위한 순회 탐방을 진행했다. 그리고 이 과정에서 많은 것이 분명해졌다. 나는 6곳의 경영대학원을 방문해 나의 목표에 공감하고 나의 분석이 타당하다고 확인해줄 학장과 학생, 그리고 누구나 알 만하고 도움을 줄 수 있는 교수들을 만났다. 하지만 이때는 1997년이었다. MBA는 전국에서 선택받는 학위였다. 대학들은 매년 교사 자격증만큼이나 많은 약 10만 명의 MBA를 배출하고 있었다. 경영대학원은 번창하고 있었다. 최상위 학교들은 정원을 몇 번이고 채울 수 있었다.

하지만 그것이 진정 문제였을까?

변화는 다음과 같이 서서히 찾아왔다. 하버드 경영대학원에 몸담았던 메리 젠틸레(그녀는 나에게 학자들에 대한 동기부여와 정년보장제도라는 보호막에 대해 알려주었다) 등의 내부자들과 협력하면서, 또한 우연히 여름 인턴으로 채용된 클레어 프라이서(그녀는 상근직으로 합류해 프로그램을 더욱 발전시켰다)와 함께 회의를 거듭하고 한 단계 한 단계 나아가면서 우리는 시행착오 속에서도 현존 상태에 균열을 낼 수 있는 변화의 주체와 혁신의 실마리를 파악할 수 있었다.

경영대학원 순위가 일차적으로 잡지를 팔고 현상을 유지하기 위해 설계되었다면, 우리는 강력한 파트너인 세계자원

연구소WRI와 더불어 "세로줄무늬 회색 정장을 넘어Beyond Grey Pinstripes"로 명명된 대안적 순위 제도를 만들었다. 그리고 이를 통해 사회 속 기업의 역할에 대해 질문하는 학자들을 세상에 알릴 수 있었다. 나의 동료 낸시 맥고는 팀에 합류해 세계자원연구소가 경영학 교육에 관한 업무에서 손을 뗀 뒤로도 수년 동안 이 복잡하지만 영향력 있는 연구 프로그램을 지속적으로 관리했다.

여러 학장들이 취임했다가 떠났지만 가장 중요한 역할을 했던 것은 무언가 새로운 일을 할 준비가 되어 있는 학생들을 끌어들이고 학자들을 지원한 주요 연구소들이었다.

내가 아직 포드재단에 있을 때 연구비를 지원했으며 이후 넷임팩트Net Impact로 불리게 된 단체는 캘리포니아주 산타바바라의 한 거실에 모인 12명의 학생들로 시작되었다. 이후 이 단체는 볼티모어에서 가장 큰 회의실을 가득 채우며 전국 대회를 개최할 정도로 성장했다. 각 경영대학원 캠퍼스에 포진한 단체 지부들은 사회적·환경적 책임성을 소중하게 여기게 될 세계에서 기업 의사결정이 가질 복합성에 대해 학생들을 대비시키는 교수법이 필요함을 주장했다.

이러한 노력과 연합을 통해 우리는 새로운 아이디어와 혁신적 교육과정을 시험하는 많은 학자들을 파악하게 되었다. '가르칠 가치가 있는 아이디어 상'과 주간 소식지가 훌륭한 교수법에 힘을 실었다. 연구를 통해 우리는 고전적 MBA 교육과정이 학생들의 태도에 어떠한 영향을 미치는지 이해하게 되었다. 장학금을 제공한 덕분에 사회적 책임을 위한 비즈니스Business for Social Responsibility와 같은 기업 업종협회의 회의로, 또는 특정 주제를 중심으로 결성되는 많은 소규모 모임으로 교수들이 모여들었다. 우리는 변화 주체의 네트워크를 구축하는 데 일조했으며 그들이 활동을 홍보할 수 있도록 기회를 제공했다.

미국, 유럽, 아프리카, 아시아, 라틴 아메리카 등에서 활동하는 많은 단체들, 대학 기반 연구센터, 독립적 업종협회, 경영대학원 인증기관인 국제경영대학발전협의회AACSB, The Association to Advance Collegiate Schools of Business., 유럽기업사회아카데미EABIS, European Academy of Business in Society, 유엔 책임경영 교육원칙PRME, 그 수가 늘고 있는 학계 내의 분과별·사안별 연관단체 등의 공동 노력은 경영대학원 내에서 제기되는 질문들에 영향을 미치고 있다. 이 모든 활동과 투자, 그리고 신호들이 모여 모든 경영학 캠퍼스에 숨어 있는 잠재력을 발굴해내고 있다.

경영대학원과 기업에서 벌어지는 새로운 대화

경영 및 기업 연구는 애초에 기업이 설립되는 근본적 이유로 되돌아갈 것을 요구한다. 기업은 매우 중요한 필요에 복무하고 개인적 노력이나 한 가족이 보유한 자원 이상을 요구하는 일을 완수하기 위한 것이다.

교육자들은 자신들의 졸업생을 고용하는 회사에게서 다양한 정보와 암시를 받는다. 하지만 교육자와 기업 사이에서 대화가 한 바퀴 돌고 나면 학교와 학생이 채용담당자에게 질문을 던질 차례가 올 것이다. 기업은 대학의 가장 우수한 졸업자들을 어떻게 배치할 것인가? 인재는 좋은 쓰임새로 일할 기회를 가질 것인가?

유수한 대학에서 배출되는 인재가 학생과 시민들에게 가장 중요한 것이 무엇인지 미래의 사용자에게 물어볼 수 있을 때, 일자리와 고용에 관한 회사의 철학은 물론이고 세금 납부와 대정부 활동에 대해서도 물어볼 수 있을 때 우리는 기업에 대한 신뢰를 다시 가질 수 있게 될 것이다. 지금 실현되고 있는 주주 수익과 기업 및 지역사회의 미래를 위한 투자 사이에서 어떻게 균형을 맞출 수 있을까? 경영자는 무엇의 대가로 보수를 받게 될까? 기업의 목적은 명료하고 설득력이 있으며 실행 가능한 것인가?

오늘날 기업 내에서 일어나고 있는 변화는 자신의 영업면허를 명예롭게 여기고 다시 광장으로 돌아가 커먼즈의 건강을 지원하겠다는 지향을 밝힌다는 점에서 감지할 수 있다. 위대한 민주주의 속에서 끊임없이 변화하는 아이디어들과 미국이라는 실험에 스며 있는 가치 속에서 민간 기업의 힘과 영향력, 그리고 문제해결 능력은 중요한 역할을 한다. 그리고 기업들은 우리의 가장 위대한 선물에 의해 더욱 풍요로워진다. 우리에게는 양질의 교육, 그리고 기업과 사회에 대한 높은 헌신으로 무장한 눈부실 정도로 다양한 인재들이 있다.

이로부터 가능한 것은 무엇인가?

■ ■ ■

센트럴 파크에서 조깅을 하던 사람의 티셔츠에 적힌 문구가 나의 눈을 사로잡았다. "결승선은 존재하지 않는다."

실로 그렇다.

우리 중 그 누구도 중요한 시도를 혼자 힘으로 완수할 수는 없다. 우리는 무엇이 유효한가에 대한 아이디어와 근거의 끝없는 흐름을 만들어내고 이를 바탕으로 현재의 필요에 대응한다. 그리고 동시에 우리 뒤에 오는 이들의 필요에 대비한다.

기업과 사회에 대한 구상은 결코 끝나지 않을 릴레이 경주와 같다. 하지만 억누를 수 없는 힘들이 보내오는 놓칠 수 없는 신호들이 있다. 이 힘들이 25년 전 내가 이 경주를 시작했을 때보다 더욱 강력한 토대 위에 우리를 올려놓았다. 새로운 규칙은 정립되었을 뿐만 아니라 실제적인 결과를 산출하고 있다. 다행히도 우리 세계가 직면한 전대미문의 도전에 대응하기에 시간은 아직 늦지 않았다.

감사의 말

나는 책을 쓰려고 계획한 적이 없다.

이런 생각이 처음 든 것은 아스펜 프로그램을 이끌었던 15년을 일단락하면서 생각을 정리할 시간이 필요했기 때문이다. 록펠러재단은 벨라지오 센터에서 방문연구를 할 기회를 제공하였고 이곳에서 나는 아스펜연구소 기업과 사회 프로그램에서 배운 바를 되돌아볼 시간을 갖게 되었다. 당연히 더 나은 사회적·환경적 성과를 추구하기 위해 어떻게 기업에 영향을 미칠 수 있는가가 화두였다. 록펠러재단은 기업과 협력하는 펠로우를 유치해본 적이 없었다. 그리고 2013년 늦가을 내가 그곳에서 보낸 4주간은 꿈같은 시간이었다. 나는 재단에 큰 감사를 표하며 필라르 팔라시아의 따뜻한 환대와 세심한 관심에도 고마움을 전하고 싶다.

베티 수 플라워스가 없었다면 책은 완성되지 못했을 것이다. 우리는 2000년 아스펜연구소에서 처음 만나 이후 환경적으로 건전하고 사회적으로 유용한 기업 의사결정을 지원하기 위해 함께 협력하는 관계가 되었다. 벨라지오로 떠나기 일주일 전 함께 샌드위치를 나누었을 때 베티 수가 책 출판에 대해 물어본 적이 있다. 실제로 계획이 있는 것처럼 보이려 애쓰는데 그녀가 끼어들며 매우 좋은 충고를 건넸다. "연구하지 말고 그냥 써요." 그녀의 지침은 당시에도 그랬고 이후에도 진정한 선물이 되었다. 그녀는 내게 자신감을 북돋워주었고 내가 필요할 때 딱 필요한 말만 하는 신비한 능력으로 다시 일어설 수 있는 용기를 주었다. 이 놀라운 베티 수에게도 감사의 말을 전한다.

책이 지금과 같은 모습을 갖춘 것은 베렛 쾰러 출판사의 스티브 피에르산티 덕분이다. 우리는 린 스타우트를 기념하는 학술대회에서 만났다. 그는 린 스타우트의 편집자였고 이후 나의 편집자가 되었다. 그는 내가 말하고자 하는 바를 파악하고 나에게 숙제를 내주는가 하면 책의 윤곽을 잡는 데도 큰 도움을 주었다. 이런 과정을 통해 나는 본 궤도에 오를 수 있었다. 당연히 스티브에게도 감사를 전한다. 10년 전 나를 찾아와 책을 한 번 써보라고 권유한 요하나 폰데링과 베렛 쾰러 출판사의 모든 헌신적인 직원들, 그리고 원고를 읽고 논평을 해준 이들에게도 고마움을 전한다.

나는 이미 린 스타우트가 지닌 중요성에 대해 서술한 바 있다. 린은 내가 주주 우선주의에 맞서는 열정을 갖게 해준 많은 사상가와 행동가 중 한 명이었다. 우리는 23년에 걸쳐 기업의 더 나은 성과를 가로막는 장벽을 낮추는 방법에 대해 대화를 나누었으며 이를 바탕으로 우리의 전략을 다듬었다.

레오 스트라인이 우리의 기업과 사회 프로그램 활동에 기여한 바는 헤아릴 수 없을 정도다. 빌 버딩거, 샐리 블런트, 마티 립턴, 아이라 밀스타인, 데이비드 랭스태프, 팻 그로스, 티어니 레믹, 데이먼 실버스, 엘리엇 거슨, 버즈 제이노, 샘 디 피아자, 존 올슨에게도 감사의 말을 전한다. 라라 워너와 크리센 메타는 각자의 방식으로 나의 사고 형성에 좋은 영향을 주었고, 나와 아스펜 기업과 사회 프로그램에서 일하는 멋진 동료들이 실질적 변화에 중요한 이론과 실천의 가교를 놓는 데 도움을 주었다.

우리의 비전을 함께 추구하며 시간을 내어 조언해준 많은 기업 경영자와 경영학자들에게도 깊이 감사한다. 기업에 대한 나의 믿음은 내가 만날 수 있었던 수백 명의 교수, 연구자, 관리자와 경영자, 내외부의 주체들로 이루어진 함수이다. 그들은 우리를 가로막는 압력과 긴장, 그리고 변화를 위한 최선의 지렛점을 분명하게 인식하게 해주었다. 그들의 솔직함, 에너지, 낙관주의, 진실성 때문에 계속해서 나는 이 길에 헌신할 수 있었다. 행크 샤흐트는 특별히 따로 언급하고 싶다. 그는 포드재단 이사로 재직하던 시절부터 나에게 공개기업에서의 의사결정에 대해 많은 가르침을 주었다. 그는 언제나 나를 위해 시간을 내주었다.

나는 포드재단과 아스펜연구소에서 알게 된 친구들과 동료들이 많이 있다. 그들은 훌륭한 조언과 격려를 해주었다. 1995년 나와 함께 이 길을 걷기 시작한 미셸 카헤인, 그리고 잔 재피, 배리 개버먼, 프랭크 데지오반니, 힐러리 페닝턴, 대런 워커 모두 나의 감사를 받을 자격이 있다.

수전 베레스포드는 문장을 다듬어 주었다. 수전은 다른 사람들이 신중하라거나 우려를 표명했을 때도 계속 진행하라고 말해주었고 나를 지원했다. 오랫동안 이어져온 그녀의 우정과 조언은 나에게 무엇과도 바꿀 수 없는 것이다.

로레인 스미스와 앤 그래엄에게도 깊은 감사의 말을 전한다. 그들은 원고 전체를 신중하게 읽고 건전한 비평과 명료하고 도전적인 제안을 해주었다. 이 모든 것이 편집 과정에서 나에게 바이블이 되었다. 모두 감사하다. 제안을 하고 궤도를 수정하게 해준 모든 분들, 특히 얼리사 라벨리노에게도 고마움을 전한다.

아스펜연구소의 모든 동료와 친구들, 특히 기업과 사회 프로그램의 동료들에게 이 책을 바친다. 우리가 함께한 활동은 대화의 기술과 리더 개발에 대한 연구소의 헌신을 보여주는 증거이다. 나는 다른 곳으로 자리를 옮겼지만 재직 기간 놀라운 기여를 한 기업과 사회 프로그램의 직원을 비롯해 여기 이름을 다 적지 못한 많은 이들과 함께 배우고, 웃고, 울고, 어려움을 같이했다. 나의 가장 깊은 감사를 전한다. 데이나 캐럴, 낸시 맥고,

미겔 파드로, 클레어 프라이서는 각자 독창적이고 특별한 방식으로 이 여정을 풍부하게 만들었다. 이들에게도 감사의 마음을 전한다. 나는 우리가 함께 만든 것에 대해 이들이 나처럼 자랑스러워하기를 바라며 또한 이 책이 유용하기를 바란다.

마지막으로, 하지만 마찬가지로 중요한 나의 가족들, 특히 남편 비크가 있다. 글쓰기 때문에 많은 날들을 함께하지 못했지만 잘 견뎌주었다. 그리고 그의 무조건적인 지원이 있었기에 포기하지 않고 계속 해나갈 수 있었다. 그는 36년을 함께 살았는데도 여전히 나를 웃게 할 수 있는 누구보다 소중한 사람이다. 나의 아이들 사라와 안나, 사위 크리스, 나의 형제들과 조카들, 특히 처음부터 나를 가장 열렬히 응원해준 동서 베트가 보여준 사랑과 인내, 지원은 그 어떤 말로도 온전히 고마움을 전할 길이 없다.

주

1장 위험을 다시 생각한다

1. Robert Horn, "Why Two Environmentally-Minded Designers Are Optimistic About the Future," Fortune, September 6, 2019, speech by Daan Roosegaarde,
Fortune Global Sustainability Forum, Yunnan, China, https://fortune.com/2019/09/06/bill-mcdonough-daan-roosegaarde-climate-change-design/.
2. Chris McKnett, "The Investment Logic for Sustainability," TED Summaries,video, April 13, 2015,
https://tedsummaries.com/2015/04/13/chris-mcknett-theinvestment-logic-for-sustainability/.
3. Mark DesJardine and Rodolphe Durand, "Disentangling the Effects of Hedge Fund Activism on Firm Financial and Social Performance," Strategic Management Journal 41, issue 6 (June 2020).
4. 볼드윈 상원의원실의 수석 경제정책 고문 브라이언 콘란Brian Conlan은 팩트셋FactSet을 인용해 이렇게 말했다. "2010년 이후 활동가 캠페인의

수는 매년 60% 증가해왔습니다. 작년에는 348건의 캠페인이 펼쳐져 2008년 이래 최고치를 기록했습니다. 추가 108건의 캠페인이 올 1/4 분기 중에 시작되었습니다. 헤지펀드 트래커HFR에 따르면 현재 활동가 기금은 거의 1,300억 달러에 육박하는 자산을 관리하고 있습니다. 이는 2001년과 대비해 2배 이상 증가한 금액으로 미국 최대의 기업도 표적으로 삼을 수 있는 군자금을 활동가들에게 제공하고 있습니다." (http://www.factset.com, 2016년 6월 접속; 현재 접속 불가).

Vipal Monga, David Benoit and Theo Francis, "As Activism Rises, U.S. Firms Spend More on Buybacks Than Factories," Wall Street Journal, May 26, 2015도 참조하라.

5. Martin Lipton, "Takeover Bids in the Target's Boardroom," Business Lawyer 35, no. 1 (November 1979): 104.
6. Roger Martin, Fixing the Game: Bubbles, Crashes, and What Capitalism Can Learn from the NFL (Boston: Harvard Business Review Press, 2011).
7. 에릭 모틀Eric Motley, 2020년 4월 8일 아스펜연구소 직원에게 보낸 이메일.
8. Mortimer J. Adler and Charles Van Doren, How to Read a Book: The Classic Guide to Intelligent Reading (New York: Touchstone, 1940).
9. James O'Toole, The Executive's Compass: Business and the Good Society (New York: Oxford University Press, 1993).
10. Michael E. Porter, George Serafeim, and Mark Kramer, "Where ESG Fails," Institutional Investor, October 16, 2019, https://www.institutionalinvestor. com/article/b1hm5ghqtxj9s7/Where-ESG-Fails.
11. Anat R. Admati, "Rethinking Corporations and Capitalism," Stanford GSB Experience, June 20, 2018, https://www.gsb.stanford.edu/experience/news-history/rethinking-corporations-capitalism.

2장 기업의 목적

1. Natalie Kitroeff and David Gelles, "Claims of Shoddy Production Draw Scrutiny to a Second Boeing Jet," New York Times, April 20, 2019, https://www.nytimes.com/2019/04/20/business/boeing-dreamliner-production-problems.html.
2. Harvard Business Review Staff , "The Best-Performing CEOs in the World," Harvard Business Review, November 2015, https://hbr.org/2015/11/the-best-performing-ceos-in-the-world.
3. "Our Commitment," Business Roundtable, August 19, 2019, https://opportunity. businessroundtable.org/ourcommitment/.
4. Lynn Stout, The Shareholder Value Myth: How Putting Shareholders First Harms Investors, Corporations, and the Public (San Francisco: Berrett-Koehler Publishers, 2012).

3장 책임에 대한 재정의

1. 필 나이트의 전국 언론 클럽 연설(워싱턴 DC, 1998년 5월 12일), https://www.c-span.org/video/?c4665762/user-clip-phil-knight-1998-speech.
2. Don Tapscott and David Ticoll, The Naked Corporation: How the Age of Transparency Will Revolutionize Business (New York: Free Press, 2003).
3. Jason Clay, "How Big Brands Can Help Save Biodiversity," TEDGlobal 2010, video, July 2010, https://www.ted.com/talks/jason_clay_how_big_brands_can_help_save_biodiversity?language=en.
4. Roger L. Martin, "The Virtue Matrix: Calculating the Return on

Corporate Responsibility," Harvard Business Review, March 2002, https://hbr.org/2002/03/the-virtue-matrix-calculating-the-return-on-corporate-responsibility.

4장 직원의 목소리

1. Arik Hesseldahl, "Salesforce CEO Benioff Takes Stand Against Indiana Anti-Gay Law," Vox, March 26, 2015, https://www.vox.com/2015/3/26/11560746/salesforce-ceo-benioff-takes-stand-against-indiana-anti-gay-law.
2. Gianpiero Petriglieri, "Are Our Management Theories Outdated?" Harvard Business Review, June 18, 2020.
3. Gianpiero Petriglieri, "Are Our Management Theories Outdated?"
4. Clayton M. Christensen, How Will You Measure Your Life? (New York: Harper Business, 2012).
5. John R. Bowman, Capitalisms Compared: Welfare, Work, and Business(Washington, DC: CQ Press, 2013).

5장 자본이 더 이상 희소하지 않을 때

1. Marjorie Kelly, The Divine Right of Capital: Dethroning the Corporate Aristocracy(San Francisco: Berrett-Koehler Publishers, 2001).
2. Aric Jenkins, "Spotify's CEO Reveals Why He's Not Doing a Traditional IPO," Fortune, April 2, 2018, https://fortune.com/2018/04/02/spotify-ipo-daniel-ek/
3. Miguel Padro, "America's Corporate Governance System Is

Racist Too," Aspen Institute Business and Society Program, June 29, 2020, https://www.aspeninstitute.org/blog-posts/americas-corporate-governance-system-isracist-too/.
4. Speech by John Kay, "Moving Beyond 'Capitalism,'" at "Inclusive Capitalism" conference, London, March 13, 2018, https://www.johnkay.com/2018/03/13/moving-beyond-capitalism/.

6장 시스템이 위험에 처할 때

1. Speech by William B. Benton, "The Economics of a Free Society: A Declaration of American Economic Policy," for the Committee for Economic Development, reprinted in Fortune, October 1944.
2. William B. Benton, "The Economics of a Free Society."
3. "Seafood Giants Join Forces to Combat Pirate Fishing," Fish Farmer, May 29, 2007, https://www.fishfarmermagazine.com/archive-2/seafood-giants-join-forcesto-combat-pirate-fishing-fishupdate-com/.
4. A. Espersen LLC, http://seafoodtrade.com/suppliers/a-espersen-llc.
5. 2016년 2월 6일 짐 캐넌은 저자에게 이메일을 보내 바렌츠해의 불법 어업 문제 및 지속가능어업 파트너십과 그린피스 노르딕, 그리고 어업을 보호하기 위해 구매자와 판매자, 소속 산업 협회를 경쟁 전단계의 집합 행동에 참여시키는 여타 단체들이 지원하는 복합적인 다단계 과정에 대해 설명했다.
6. 짐 캐넌, 2016년 2월 6일 저자에게 보낸 이메일.
7. 짐 캐넌.
8. 짐 캐넌.

7장 우리가 가야 할 길:참된 가치 창출을 위한 인센티브 설계

1. Donella H. Meadows, Thinking in Systems: A Primer (White River Junction, VT:Chelsea Green Publishing, 2008).
2. Marc Benioff , "We Need a New Capitalism," New York Times, October 14, 2019, https://www.nytimes.com/2019/10/14/opinion/benioff-salesforce-capitalism.html.
3. Kathleen McLaughlin, "A Letter from Our Chief Sustainability Officer," Wal-Mart Stores, Inc., 2016, https://cdn.corporate.walmart.com/ 3f/2d/7110c6954479bf5ebce64c303510/grr-3-cso-letter.pdf.
4. Anand Giridharadas, Winners Take All: The Elite Charade of Changing the World(New York: Knopf, 2018).
5. Nitin Nohria, "Column: Wealth and Jobs: The Broken Link," Harvard Business Review, November 2010, https://hbr.org/2010/11/column-wealth-and-jobs-the-broken-link.
6. Katy Milani and Irene Tung, "Curbing Stock Buybacks: A Crucial Step to Raising Worker Pay and Reducing Inequality," joint publication of National Employment Law Project (NELP) and the Roosevelt Institute, 2018, https://rooseveltinstitute. org/curbing-stock-buybacks-crucial-step/.
7. Michael Dorff, Indispensable and Other Myths: Why the CEO Pay Experiment Failed and How to Fix It (Berkeley: University of California Press, 2014).
8. Anders Melin and Cedric Sam, "Wall Street Gets the Flak, but Tech CEOs Get Paid All the Money," Bloomberg, July 10, 2020, https://www.bloomberg.com/graphics/2020-highest-paid-ceos/?sref=N2PD4LfX.
9. Joseph L. Bower and Lynn S. Paine, "The Error at the Heart of

Corporate Leadership," Harvard Business Review, May–June 2017, https://hbr.org/2017/05/managing-for-the-long-term.

8장 가르칠 가치가 있는 아이디어

1. James B. Stewart, "How Harvard Business School Has Reshaped American Capitalism," New York Times Book Review, April 24, 2017, https://www.nytimes .com/2017/04/24/books/review/golden-passport-duff -mcdonald.html.
2. Alan Murray, "Why Super Tuesday's Results Are Bad for Business," Fortune, March 2, 2016, https://fortune.com/2016/03/02/super-tuesday-business/.

찾아보기

ㄴ

ㄷ

ㅁ

ㅂ

ㅅ

ㅇ

ㅈ

ㅊ

ㅋ

ㅌ

ㅍ

ㅎ

ESG 시대가 요구하는 참된 가치 창출하기

기업 경영의 6가지 새로운 규칙

1판 1쇄 인쇄 2021년 9월 17일 **1판 1쇄 발행** 2021년 9월 27일

지은이 주디 새뮤얼슨

옮긴이 번역협동조합

펴낸이 전광철 **펴낸곳** 협동조합 착한책가게

주소 서울시 마포구 독막로 28길 10, 109동 상가 b101-957호

등록 제2015-000038호(2015년 1월 30일)

전화 02) 322-3238 **팩스** 02) 6499-8485

이메일 bonaliber@gmail.com

홈페이지 sogoodbook.com

ISBN 979-11-90400-25-1 (03320)

• 책값은 뒤표지에 있습니다.

• 잘못된 책은 구입하신 서점에서 바꾸어 드립니다.